2014 年度教育部人文社会科学研究青年基金
"新型城镇化进程中农村转移劳动力职业教育研究"（批准号：14YJC880118）
江苏省第五期"333 高层次人才培养工程"阶段性研究成果
江苏高校"青蓝工程"资助

新型城镇化进程中
农村转移劳动力职业教育研究

郑爱翔　著

厦门大学出版社
XIAMEN UNIVERSITY PRESS
国家一级出版社
全国百佳图书出版单位

图书在版编目(CIP)数据

新型城镇化进程中农村转移劳动力职业教育研究/郑爱翔著.
—厦门:厦门大学出版社,2017.3
ISBN 978-7-5615-6555-1

Ⅰ.①新…　Ⅱ.①郑…　Ⅲ.①民工-职业教育-研究-中国
Ⅳ.①D422.63②G719.2

中国版本图书馆 CIP 数据核字(2017)第 146592 号

出版发行	厦门大学出版社
社　　址	厦门市软件园二期望海路 39 号
邮政编码	361008
总 编 办	0592-2182177　0592-2181406(传真)
营销中心	0592-2184458　0592-2181365
网　　址	http://www.xmupress.com
邮　　箱	xmup@xmupress.com
印　　刷	虎彩印艺股份有限公司

开本	889mm×1194mm　1/32
印张	8.25
字数	250 千字
版次	2017 年 9 月第 1 版
印次	2017 年 9 月第 1 次印刷
定价	39.00 元

本书如有印装质量问题请直接寄承印厂调换

厦门大学出版社
微信二维码

厦门大学出版社
微博二维码

序

　　新型城镇化的核心是人的城镇化，市民化则是人的城镇化的落脚点。从当前新型城镇化的总体建设要求来看，农村转移劳动力实现就业仅仅是新型城镇化建设中的第一步，而农村劳动力在新的职业领域实现职业胜任，获得职业成长，并且最终融入城市才是推进新型城镇化建设、实现转移劳动力市民化的关键步骤。换言之，新型城镇化不仅要促进农村转移劳动力实现地域转移和职业转换，更要促进农村转移劳动力实现职业胜任和心理迁移，最终从职业上和心理上融入新型城镇的生活和工作环境中去。

　　从现实来看，近年来，随着农村劳动力转移工作的大力推进，大量农村劳动力实现了由乡村向城镇的工作生活地点的转移，实现了由农民向非农劳动者的角色转变。然而，在转移过程中，农村转移劳动力职业素质相对偏低、职业能力相对偏弱是普遍存在的问题。其结果是农村转移劳动力虽然实现了职业迁移，但是普遍从业岗位层次不高，职业成长和发展通道狭窄，距离真正融入城市，实现城镇化和农业人口市民化的目标还任重道远。在这一背景下，进行农村转移劳动力职业教育研究，寻求农村转移劳动力的职业能力和职业素质的提升之道极具现实意义。

　　本书作者系无锡职业技术学院教师，长期关注农村转移劳动力职业教育研究领域，近年来对当前农村转移劳动力市民化进程中的教育问题研究颇多。为促进农村转移劳动力职业教育事业的发展，推动农村转移劳动力的市民化进程，本书选择新型城镇化进程中的农村转移劳动力作为研究对象，以农村转移劳动力的职业教育作为研究内容，洞悉现实问题，提出建设性意见，以期为推动农村劳动力转移，实现以人为核心的新型城镇化提供决策依据。

本书主要由五章和附录部分组成。其中，第一章是导论部分，主要包括必要性阐述、综述性研究、核心概念界定以及本书的研究目标和意义说明这几部分内容。第二章是我国农村转移劳动力职业教育沿革与现状分析部分，由农村转移劳动力职业教育政策的沿革与演进研究、我国劳动力职业教育规模现状统计分析研究、基于行政和业务体系的职业教育组织结构现状与问题分析研究、基于能力的职业教育需求现状与问题分析研究等部分组成。第三章是国外劳动力职业教育经验借鉴部分，由对美国、英国、德国和澳大利亚各国职业教育模式的分析构成。本章最后还对各国职业教育的模式进行了经验提炼。第四章是新型城镇化进程中农村转移劳动力职业教育的整体策略研究，包括职业教育目标体系构建、职业教育宏观策略研究和职业教育微观策略研究三部分。第五章是新型城镇化进程中农村转移劳动力职业教育案例研究，包括两个案例：案例1是对创新江苏农村转移劳动力职业教育机制研究展开的分析研究，本案例将前文的理论分析与实际的理论应用相对接；案例2是新型城镇化进程中江苏省新生代农民工职业能力提升案例研究，本案例通过对江苏省新生代农民工职业能力现状与问题的分析，试图寻求新型城镇化进程中江苏省新生代农民工职业能力的提升路径。最后一部分是附录部分，主要汇集了我国在农村转移劳动力职业教育方面的重要法律与法规条文。

本书将当前的研究热点"新型城镇化"与"农村转移劳动力职业教育"有机结合，基于教育学、社会学和管理学视角，融合多学科理论，进行新型城镇化进程中农村转移劳动力职业教育的创新性研究。希望本书的出版对拓展职业教育理论和劳动力开发理论，推动农村转移劳动力的市民化，促进当前的新型城镇化建设有所裨益。

郑爱翔 于憬园

2017 年 7 月 5 日

目　录

第一章　导　论

第一节　问题的缘起

实施和推进农村转移劳动力职业教育是实现当代中国社会、经济发展转型阶段的重大战略举措。一方面，随着农村机械化和农业生产技术的发展，传统农业对于劳动力的需求减少，这一现实促使传统农村劳动力由农业向制造业、服务业等其他产业迁移；另一方面，当前我国工业和服务业正进行着从发达地区向欠发达地区或者农村地区梯度转移，这一过程中，大量农业人口向非农业人口进行跨产业的主动转移不可避免。根据英国、日本和韩国等国农村劳动力转移的经验，推进以"人"为核心的城镇化，提高农村劳动力的知识技能和素质是社会转型和国家产业经济调整的必由之路。

目前，我国正处于新型城镇化建设的攻坚阶段，其中"人"的城镇化，特别是以农村转移劳动力为主体的"市民化"是整个新型城镇化建设的核心。从国外实践看，"城镇化"是一个长期过程，而农村转移劳动力的"市民化"过程则更为漫长。这一过程不仅包括农村转移劳动力在产业和地域空间上的迁移，还包括其在心理和职业上的迁移。与发达国家相比，我国农村转移劳动力在文化、职业技能上整体素质偏低，这决定了在新型城镇化进程中我国农村转移劳动力多重迁移任务的长期性和艰巨性。

近年来，我国通过大力推进农村转移劳动力的职业教育帮助转移劳动力获得能够从事新职业的基本工作技能，大大促进了农村劳动力的转移就业。但是，在当前新型城镇化背景下，除了需要对农村劳动力转移就业进行持续推进，还需要通过职业教育促进农村转移劳动力职业能力的持续提升，以推动农村转移劳动力的市民化。具体而言，在当前新型城镇化进程中，大力实施农村转移劳动力的职业教育主要有以下四方面原因。

一、知识更新的需要

在当今生产服务过程中，科学化和智能化步伐加快，社会分工日趋精细，对社会人才的要求也不断提高，农村转移劳动力开始面临科技发展一日千里的技术环境。在这一背景下，一些新型职业岗位开始出现。在近年来人力资源和社会保障部颁布的各批次《新职业名录》中，诸如废热余压利用系统操作工、调味品品评师、煤气变压吸附制氢工和混凝土泵工等新兴职业不断涌现。另一方面，为适应现代化生产服务的需要，原来传统的职业岗位也不断进行着整合和分化，其中的整合是指原有的不同类别的工作岗位在工作扩大化和工作丰富化理念下，[1] 工作范围和工作责任进一步扩大，如数控机床和电子技术岗位一体化所形成的操作和编程等技术合成复合岗位；分化则是传统岗位在技术化浪潮和社会分工细化背景下的岗位专业化。

新型化、高度整合化和专业化的岗位发展趋势对劳动者的技术素质提出了更高要求。传统意义上的基本就业能力仅能满足基本就业需要，已难以跟上技术变革和岗位工作内容革新的步伐，难以满足岗位技术发展需求。因此，只有通过持续性的职业教育投入，才能使得农村转移劳动力在市民化进程中紧跟新型岗位技能知识节奏，真正融入新型市民化职业环境中。

二、增强职业竞争力的需要

现有农村劳动力职业能力投入机制以短期培训为主，主要针对职业迁移中的某一特定职业岗位展开技能教育培训，强调对操作应用技能的迅速导入。这类培训的就业效用导向十分明显。然而，当今社会技术发展日新月异，需要自身能力的不断提升才能适应岗位需求，同时，在新型城镇化进程中，只有持续提升自身职业能力，才能增强自

---

[1] 工作扩大化是指工作范围的扩大或工作多样性，从而给员工增加了工作种类和工作强度，其实质是员工工作内容的增加。工作丰富化与工作扩大化不同，不是简单增加员工的工作内容，而是指在工作中赋予员工更多的责任、自主权和控制权，从而调动员工的积极性，减少员工由于简单重复劳动带来的工作倦怠。

身的职场竞争力，进而融入企业，融入社会。

与传统农业化环境不同，城市环境中，劳动者的职业转换频率高于农村，职业竞争强度也会大于农村。城市化的竞争环境与传统农业生产环境中相对稳定的职业环境大相径庭。为了适应这一高强度的职业竞争环境，农村转移劳动力必须具有较强的职业能力以满足常态化的市场竞争和知识更新的需要，这势必要求劳动者通过系统化的职业教育持续提升职业竞争力。

三、市民化职业成长的需要

新型城镇化进程中的农村转移劳动力不仅有基本的就业需要，还有市民化职业成长的需要。然而，现有转移劳动力职业能力投入体系主要针对制造业、建筑业和服务业的一线岗位进行教育培训而设计。这一体系以解决农村转移劳动力的现实就业问题为导向，在设计方面并未考虑过多的后续职业成长需要。从短期看，现有机制对促进农村劳动力转移就业具有一定的推动作用，但是从长远来看，这一机制亟待进行更加完备的设计和筹划。

从新型城镇化进程中农村转移劳动力职业教育实施的内在逻辑看，农村转移劳动力的职业教育应该与市民化成长同步并行，即农村转移劳动力的职业教育是其市民化成长的基础，农村转移劳动力通过持续的职业教育投入推动自身的市民化成长。作为一项系统工程，农村转移劳动力的市民化必须全面进行系统统筹。如果在制度设计上忽略了职业教育投入以及职业能力持续性提升这一关键环节，那么，农村转移劳动力的市民化目标将缺乏现实支撑，市民化目标难以达成和坐实。在如何促进职业成长上，借鉴了德国、美国等西方国家的经验，上述国家无一例外地通过持续的职业教育投入机制推动劳动力的长期职业成长。由此可见，"职业教育机制→职业成长→市民化成长"，是一条清晰的市民化成长设计路线。

四、市民化生活质量提升的需要

如果将市民化看作农村转移劳动力的发展目标，那么市民化的前提首先是职业转移，然后是职业稳定，尔后是职业发展和提升，然而贯穿于其中的就是持续性的职业教育。如果将市民化看作一个渐进的过程，农村转移劳动力的职业教育与市民化成长则是一个同步的过程。农村转移劳动力需要通过职业教育投入持续提升职业能力，进而不断改善劳动者的工作环境，提高劳动者的生活质量，推动自身的市民化。长期低收入、低层次的职业环境对市民化是极度不利的。尽管学术界对于农村转移劳动力市民化存在结果论和过程论之争，但是在职业教育提升农村转移劳动力的职业能力和职业素养，进而改善农村转移劳动力生活质量，推动市民化的路径方面，则是殊途同归、不谋而合的。

目前我国农村转移劳动力普遍面临收入低、工作条件差、发展空间小等问题，这与农村转移劳动力从业岗位多为基层岗位，同时文化素质和职业素质总体偏低不无关联。长期低质量的生活和工作非但不会推进农村转移劳动力市民化，反而还会造成农村转移劳动力"逆市民化"困境。因此，在完成农村转移劳动力就业的基础上，还要通过持续的职业教育来满足已转移劳动力市民化生活质量的提升需要。

第二节 相关研究综述

一、城镇化进程中劳动力研究的可视化综述

劳动力研究是农村转移劳动力职业教育研究的重要理论背景，农村转移劳动力职业教育研究的兴起和发展与劳动力研究理论环境的变迁密不可分。

劳动力既是城镇化进程中的重要构成，也是新型城镇化进程中的核心概念。自20世纪八九十年代起，国内学者从城镇化视角研究劳动力问题，取得了一系列研究成果。近年来，随着新型城镇化的不断推进，这一领域受到学术界进一步密切关注，高水平论文不断涌现。然而，由于研究学科背景上的差异，不同学者对于城镇化语境下的劳动力研究视角差异巨大，与此同时，各类理论成果分布零散，理论跳跃性大。在此背景下，对城镇化语境下的劳动力研究进行系统化和整体化的理论梳理变得尤为急迫。这将有助于归纳这一领域的前期研究成果，厘清这一领域的发展轨迹，识别这一领域的研究热点，预测这一领域的发展趋势。

本书采用文献计量学和情报分析方法，借助于 CiteSpace 文献分析工具，围绕国内该领域收录的高水平学术论文绘制城镇化语境下的劳动力研究知识图谱，[1] 进行文献可视化分析，进而归纳和分析国内该领域研究的理论脉络、研究前沿和热点，为开展进一步研究提供借鉴。

---

[1] 知识图谱（Mapping Knowledge Domain）亦被称为科学知识图谱、知识域可视化或知识领域映射地图。该方法基于信息可视化技术、信息科学、应用数学、图形学等学科的理论与技术，结合计量学引文分析、共现分析等方法，把复杂的知识领域通过数据挖掘、信息处理、知识计量和图形绘制，以可视化的图谱，形象全面地展示学科的发展演进脉络、研究热点、前沿领域以及整体与核心知识架构，展现知识发展进程与结构关系，从而揭示知识领域的动态规律。

心作者所著，[1] 根据 Price 定律所述核心作者的最低发文量标准，这一领域中发文数量最多的核心作者在被中国知网收录的文献中发表论文 6 篇。通过将发文数量代入公式，可知发文量达到 2 篇及以上的作者均可视作核心作者。

通过运行 CiteSpace，由图 1-2 可见城镇化语境下劳动力研究者发文量分布图谱。在图谱中，节点越大，说明文献产量越多。由图谱可见，王雅鹏、刘铮、欧阳金琼、李娜以及殷江滨等人在图谱中具有较大的节点，说明上述作者文献产量较多。同时，从图谱中还可以进一步识别科研合作子网络。根据 CiteSpace 图谱规则，科研合作子网络通过节点间建立连线显示。从图谱中可见，目前城镇化语境下的劳动力理论研究中存在一定数量的合作子网络，其中以王雅鹏、欧阳金琼等人为核心的一些子网络间的合作活动活跃，合作频度较高。

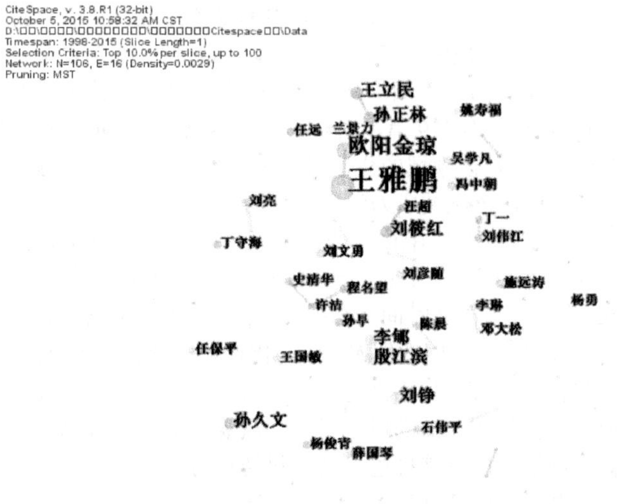

图 1-2 作者共现发文量图谱

---

[1] PRICE D J. Studies in Scientometrics. Part Ⅱ. The relation between source author and cited author and cited author populations. International Forum on Information and Documentation ［C］.Moscow 1, 1976(3) :19 - 22.

由图 1-3 的作者发文时间轴图谱可见，该领域在 2004 年以前高产作者相对较少；自 2004 年以后高产作者日趋活跃，2011 年以来高产作者更是不断涌现。这一方面说明伴随着长时期的科研积累后，一批领域专家逐渐表现活跃，进入高产期；另一方面，该图谱也在一定层面反映了我国城镇化实践与学术界对城镇化进程中劳动力研究的学术关注保持一致。近年来，大量高产作者的出现体现了新型城镇化背景下的劳动力研究对于学术界的巨大吸引力。

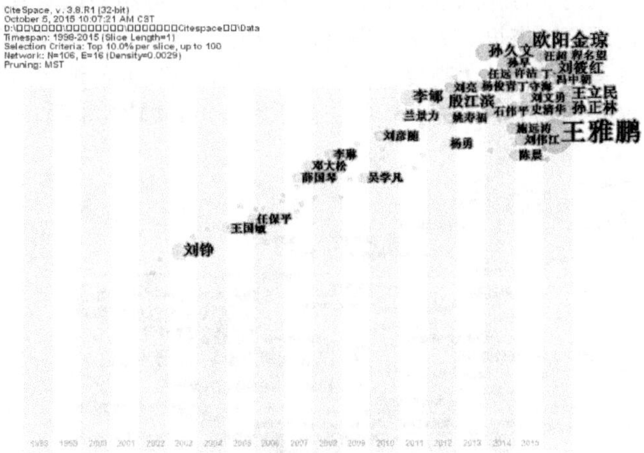

图 1-3　作者发文时间轴图谱

3.城镇化语境下劳动力研究的研究机构分析

通过对国内劳动力研究机构展开分析，有助于识别国内这一领域的研究中心，有利于对国内该领域各科研机构整体分布和合作状况展开分析。这对于归纳不同科研机构的主体特征以及梳理相关理论研究学派具有重要作用。

由图 1-4 可见，目前我国国内从事劳动力研究的团队众多，其中在图谱中，较大的节点为中国人民大学农业与农村发展学院、中国人民大学经济学院、西安交通大学经济与金融学院、华中农业大学经济管理学院和中国科学院地理科学与资源研究所等机构，这些单位机构科研实力领先。通过对主要研究机构类型的进一步分析，可知上述机构多数为高等院校，其中仅有中国科学院地理科学与资源研究所为专业研究机构，这表明高等院校是当前我国城镇化劳动力领域的主要研究力量。

不过，通过分析也发现这些合作主体间的科研合作并不紧密。在目前为数不多的科研机构合作子网络中，以中国人民大学农业与农村发展学院和中国农业科学院农业经济与发展研究所为代表的"高校—专业研究机构"合作系统，主要从经济体制与社会结构这两方面研究劳动力问题；以塔里木大学与华中农业大学以及西安交通大学与西安财经学院等为代表的"高校"校际合作系统，则以西部地区的劳动力转移研究为研究重点。这两个合作子网络合作成果较为丰硕。

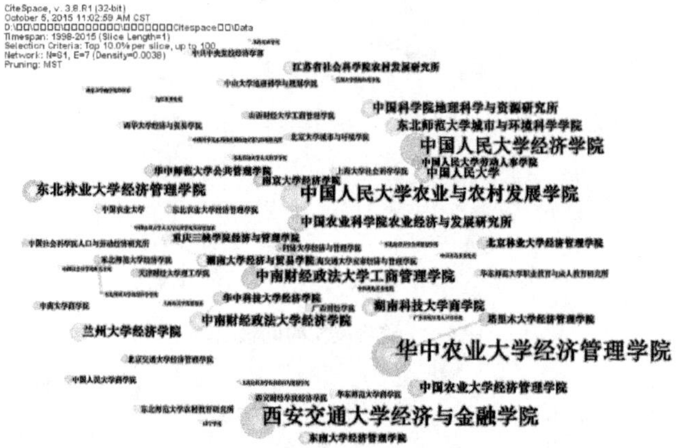

图 1-4　研究机构共现网络图谱

4. 城镇化语境下劳动力研究的期刊分布

进行期刊分布研究可以探测到国内重要期刊对城镇化语境下我国劳动力研究的重视程度，有助于为这一领域科研人员检索文献、发表论文提供情报依据。本书根据中国知网收录的 CSSCI 期刊的统计数据，绘制了城镇化语境下我国劳动力研究的期刊分布图表，含期刊名称、录用论文量以及被引频次统计（参见图1-5、图1-6、图1-7）。由图1-5可见，《中国人口·资源与环境》《农业经济》《经济纵横》《经济问题》和《城市发展研究》等期刊发文量居前。从发文量来看，上述期刊在城镇化语境下的劳动力研究中处于核心位置。对该领域权威期刊的分析，不仅需要从数量上进行判断，而且要结合其他期刊指标进行综合分析。从图1-6的期刊被引频次图可以看出，《人口研究》《中国人口科学》《人口与经济》《中国人口·资源与环境》和《人文杂志》等期刊被引用频次居前。此外，如果将期刊的影响因子（参见图1-7）作为期刊权威性的评判标准，《人口研究》《中国农业经济》《中国人口·资源与环境》等期刊则是国内该领域最为权威的期刊。通过综合三方面因素分析可知，目前《中国人口·资源与环境》《人口研究》《人口与经济》等刊物在城镇化语境下的劳动力研究领域中相对更为权威。

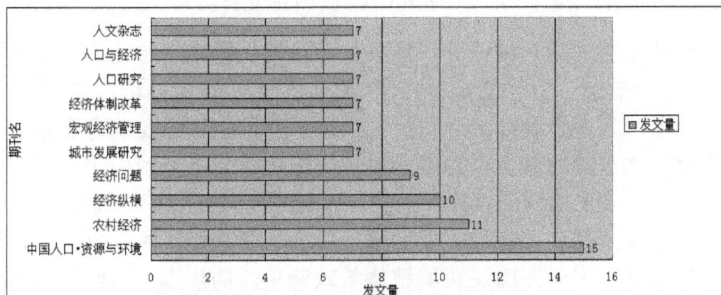

图1-5 该领域主要期刊录用情况

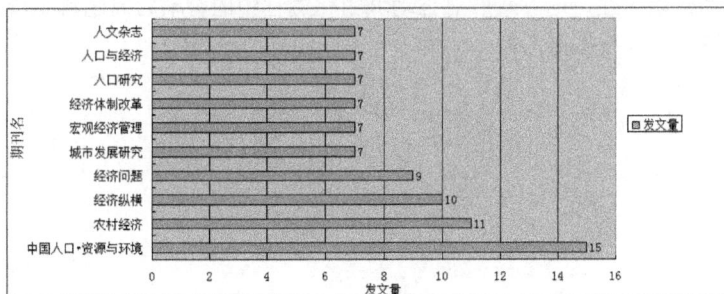

图1-6 该领域主要期刊被引用量

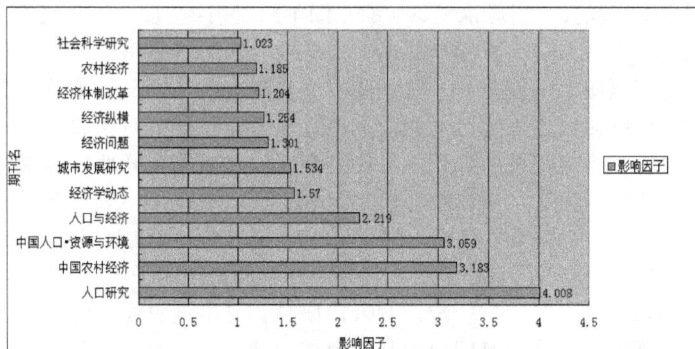

图1-7　该领域主要期刊影响因子

5. 城镇化语境下劳动力研究的基金项目支持分析

　　从被录用的期刊统计分析结果看，城镇化语境下劳动力研究受到529项各类基金项目的支持。其中180项受到地方基金项目支持，349项受到非地方基金项目支持，图1-8反映了排列前10位的各类基金支持项目。在非地方基金项目中，对于城镇化语境下劳动力研究这一研究领域资助较多的为国家社科基金、教育部人文社会科学研究项目等。一方面主要是因为该领域主要侧重于社会科学领域，所以更易获得社科项目支持；另一方面说明城镇化是政府关注的焦点，因此国家对于这一领域更为支持，具有更大的科研经费支持力度。从地方基金来看，排名居前的以内地省份居多，说明城镇化中的劳动力问题受到地方政府的密切关注，地方政府对推动城镇化进程中的劳动力问题科研投入力度较大（参见图1-9）。

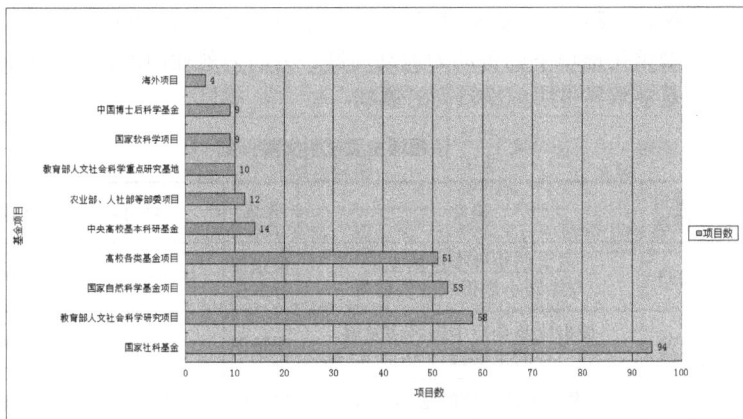

图 1-8　该领域主要基金来源

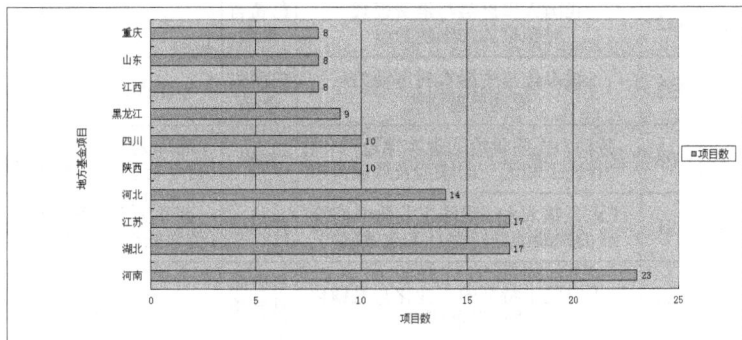

图 1-9　该领域主要地方政府基金来源

（三）城镇化语境下劳动力研究的知识基础及研究热点分析

1. 城镇化语境下劳动力研究的奠基性文献基础分析

高频被引文献意味着具有较高的研究者知识认同，这类文献往往具有极高的研究价值。高频被引文献是该领域开展后续研究的知识基

号内为引用频次）。总体而言，这些排名靠前的关键词的出现频度远高于其他词汇。

在关键词知识图谱中，高中心度关键词承担重要的媒介和纽带作用。[1] 关键词中心度越高，表明该词在知识网络中的被关注度越高，越能承担较强的控制和引导作用。[2] 其中中心度排名前 20 的主要关键词有：城镇化（0.41）、农村劳动力（0.38）、劳动力转移（0.32）、农民工（0.23）、剩余劳动力（0.23）、非农就业（0.17）、银行业竞争（0.16）、新型城镇化（0.14）、劳动力市场（0.14）、市民化（0.13）、工业化（0.12）、城市群（0.12）、土地流转（0.1）、人力资本（0.1）、农户（0.1）、社会资本（0.1）、转移人口（0.1）、人口城镇化（0.09）、粮食安全（0.09）、经济发展（0.09）。

从上述统计数据可见，高频关键词与高中心度关键词分布存在一定的差异，并不完全耦合。为进一步挖掘研究热点，通过将节点频次、中心度以及关键词间的联系情况等因素进行综合分析，前 10 位的关键节点按照中心度和频次显示，依次为：城镇化（0.41，205），农村劳动力（0.38，26），劳动力转移（0.32，44），非农就业（0.17，10），新型城镇化（0.14，48），劳动力市场（0.14，13），市民化（0.13，13），工业化（0.12，26），城市群（0.12，7），土地流转（0.1，13）。

---

[1] 刘泽渊，王贤文，陈超美.科学知识图谱方法及其在科技情报中的应用 [J].数字图书馆论坛.2009(10):14-34.

[2] 赵蓉英，许丽敏.文献计量学发展演进与研究前沿的知识图谱探析 [J].中国图书馆学报.2010(5):60-68.

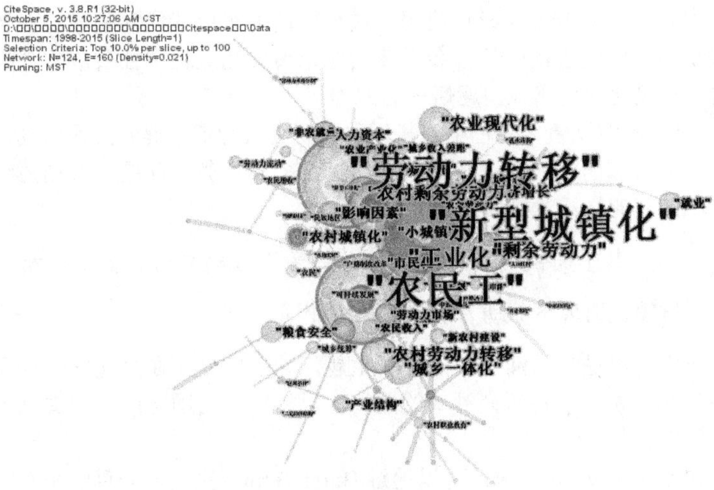

图 1-10 关键词共现可视化图谱

图 1-10 是通过 CiteSpace 绘制的关键词知识图谱。关键词知识图谱显示该领域研究中出现频率最高的关键词为"城镇化"。由于显示问题，本书暂将该词从图谱中隐去。围绕关键词共现可视化图谱，结合上述关键词频次和中心度等相关统计结果，可以将目前我国城镇化语境下的我国劳动力研究热点归纳为五个方面：

（1）城镇化进程中的劳动力流动问题：包括劳动力流动对城乡收入差距的影响、劳动力流动与产业转移问题以及城镇化与劳动力转移关系研究等方面。

（2）城镇化过程中劳动力流动与农村、农业的关系及影响问题：包括城镇化过程中劳动力流动与农村土地流转问题研究、城镇化过程中劳动力流动造成的粮食安全与农业生产效率研究，以及农村劳动力转移与农业建设协调平衡研究等方面。

（3）新型城镇化进程中的农村剩余劳动力就业问题研究：包括农村剩余劳动力的非农就业问题、城市劳动力供求与外来劳动力就业问题研究等方面。

（4）新型城镇化进程中劳动力市民化研究：包括户籍制度改革

对中国农村劳动力流动影响问题、城乡劳动力平等就业问题、农业转移劳动力市民化进程中的社会保障问题、市民化进程中社会成本分担问题、市民化实现路径问题研究等方面。

（5）新型城镇化进程中农村转移劳动力人力资本提升问题研究：包括以适岗和职业成长为目标的农村劳动力职业教育问题、劳动力结构与城镇产业结构对接问题等方面。

（四）基于关键词共现的城镇化语境下劳动力研究前沿分析

1. 城镇化语境下劳动力研究前沿突变词统计

研究前沿是当前涌现的研究新主题，体现的是正在兴起的理论研究趋势，反映了学科研究领域的过渡，以持续引用固定的基础文献聚类来体现。[1]

在 CiteSpace 软件中，可以通过 Burst Term（突变词）算法来有效探测城镇化语境下我国劳动力研究前沿。经 Citespace 软件运行后可知，该领域所获得的突变词主要有新型城镇化、农村城镇化、农民工、农村劳动力、小城镇、农业产业化等，其中大于 3.00 的突变词有新型城镇化（2012，10.27）、农村城镇化（2004，4.51）、农民工（2005，4.00）、农村劳动力（2002，3.98）、小城镇（2001，3.11）、农村产业化（2004，3.05）等。这些突变词在知识图谱中以深色节点圈形式显示（参见图1-11）。与其他关键词相比，以上突变词在短期内呈现骤增、暴增态势，反映了城镇化语境下劳动力研究在特定时期内兴起或突现的理论趋势或新兴主题。

---

[1] 陈超美.CiteSpace 中的 Burst Detection.[EB/OL]. [2012-08-01].http: //blog. sciencenet.cn/home.php?mod =space & uid = 496649 & do =blog & id = 566289.

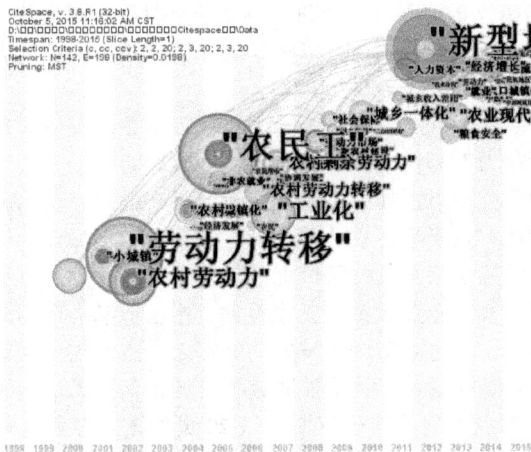

图 1-11 该领域前沿时区视图

2. 城镇化语境下劳动力研究前沿阶段特色分析

从图 1-12 的突变词转化中,可以发现该领域在不同时期研究前沿的节奏转化(参见图 1-12,图中方格内文字为突变词,括号中为突变时间),"城镇化"一词则先后经历"小城镇"→"农村城镇化"→"新型城镇化"的前沿词转化,而"劳动力"一词先后经历"农村劳动力"→"农民工"的前沿词转化,其间"农村产业化"也一度成为研究前沿词。

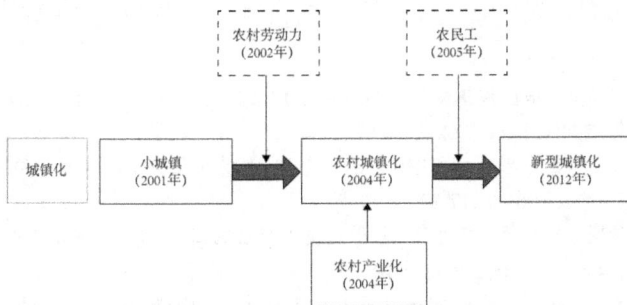

图 1-12 不同时期"城镇化"突变词转换图

以图 1-11 城镇化语境下劳动力研究领域前沿时区视图为基础，参考上述突变词统计以及转换图，可以将我国城镇化语境下劳动力研究归纳为三个发展阶段。

第一个阶段是从 1998 至 2003 年，这一阶段主要的突变词以"小城镇""农村劳动力"为代表，这显示出这一阶段将劳动力研究与产业研究相结合的研究特点。其中朱农和江涛等学者的观点较为典型。朱农指出农村工业有助于吸收农业劳动力、缓解人口向城市的过度聚集，要以城镇化的发展来推动传统产业的转变。[1]江涛则通过劳动力市场分割理论分析乡镇企业城镇化集聚现象，指出劳动力市场分割不利于乡镇企业发展，促进乡镇企业发展的路径之一就是实现城镇化集聚。[2]综合上述学者的观点，就是要通过"小城镇""人口城镇化"来推动地方经济产业发展。这一时期是以 20 世纪末期蓬勃发展的产业格局为背景进行劳动力研究，是早期研究的进一步延续。

第二阶段是从 2004 年至 2011 年，这一阶段主要的突变词是以"农民工""农村产业化""农民工"为代表。和前一阶段相比，这一阶段关注的问题主要围绕城镇化中的劳动力转移、劳动力就业等角度展开分析。具体而言，学者们主要基于劳动力从"农村"向"城市"的地域迁移，以及从"农村产业"向"非农产业"的产业迁移语境进行劳动力迁移研究。"农村地区城市化""城镇化""农村城镇化""乡村城镇化"以及"城乡统筹"是这一时期劳动力研究文献中出现较为频繁的名词关键词，辜胜阻[3]、白南生[4]等学者一致认为统筹城乡，发展城镇化是维护社会公平发展的必然要求。同时，随着这一时期劳动力供给"刘易斯拐点"的显现，"民工荒""用工荒"等关键词在这

[1]　朱农 . 长江地区城镇化发展的区域差异及其决定因素分析 [J]. 长江流域资源与环境 , 2000(2):166-172.

[2]　江涛 . 乡镇企业的城镇化集聚——基于劳动力市场分割理论的一种分析 [J]. 上海经济研究 , 2001(7):17-22.

[3]　辜胜阻 , 易善策 , 郑凌云 . 基于农民工特征的工业化与城镇化协调发展研究 [J]. 人口研究 , 2006 , 30 (5) :1-8.

[4]　白南生 , 李靖 . 城市化与中国农村劳动力流动问题研究 [J]. 中国人口科学 , 2008 (4) :2-10.

一时期的文献中迅速增加，简新华 [1]、郑秉文 [2]、周燕 [3] 等人对这一问题进行了深入的阐述，分别从社会保障、人口变化预测以及人口政策调整等方面提出了相应的建议。

第三个阶段自 2012 年持续至 2015 年，这一时期的研究以"新型城镇化"为基石，研究视角从传统研究的"经济""产业"关注逐步向"新市民""新型劳动力"的成长发展关注迁移。总体而言，尽管不同学者间分析问题视角不同，但仍主要趋向于从"新型城镇化""市民化"语境下展开研究，对"新型城镇化"的研究是这一阶段劳动力研究的显著特征。这一时期的研究重点围绕市民化保障与实现机制、市民化路径等领域展开研究，与此相关的户籍制度改革、市民化成本分担机制、市民化成长等领域成为新的研究前沿。上述研究前沿与传统城镇化前沿截然不同，新型城镇化语境下劳动力研究以"人"的城镇化为研究核心，这与目前我国新型城镇化建设的实践紧密相关。

（五）结论

经过二十余年的理论探索，城镇化语境下国内劳动力研究取得了丰硕的理论研究成果。本书通过对这一领域的重要研究文献进行可视化研究得出以下结论：

（1）从文献量看，城镇化语境下的劳动力研究经历了起步期、迅速成长期和爆发式增长期三个发展阶段，目前该领域处于爆发式增长阶段；从研究作者分布看，该领域具有一批高产作者，近年来这一领域对于学术界具有较大的吸引力，高水平研究成果不断涌现；从研究机构看，目前我国城镇化语境下劳动力研究主要以高等院校为研究主体，跨院校、跨组织间的科研合作不多；从期刊分布上看，该领域的《中国人口·资源与环境》《人口研究》《人口与经济》等期刊受

---

[1] 简新华, 张建伟. 从"民工潮"到"民工荒"——农村剩余劳动力有效转移的制度分析 [J]. 人口研究, 2005, 29 (2) :49-55.

[2] 郑秉文. 如何从经济学角度看待"用工荒"[J]. 经济学动态, 2010 (3) : 73-78.

[3] 周燕, 佟家栋."刘易斯拐点"、开放经济与中国二元经济转型 [J]. 南开经济研究 ,2012 (5) :3-17.

发展阶段，年文献量长期在 25 篇以下。2008 年到 2010 年是第二个发展阶段。这一阶段论文数量显著增加，年平均发表数量超过 60 篇，同时，研究热点不断涌现，研究水平也不断提高。从 2011 年开始，进入第三个发展阶段。这一阶段论文数量持续处于高位，达到年均 75 篇，同时，研究热点与政策紧密度更高，研究水平迈上了新的台阶。当前处于我国新型城镇化攻坚阶段，如何实现职业教育与新型城镇化对接，如何通过职业教育和培训促进人的"城镇化"将在未来一段时间内持续引起学术界关注。

2. 作者特征分析

根据 D.Price 对高产核心作者发文量和核心作者的最低发文量标准，[1] 这一领域中发文数量最多的核心作者在 CSSCI 期刊上共计发表论文 7 篇。通过将发文数量代入公式，可知发文量达到 2 篇及以上的作者可作为核心作者。

通过运行 CiteSpace，由图 1-14 可见该领域研究作者发文量分布图谱。在图谱中，节点越大，说明文献产量越大。由图谱可见，张世伟、辜胜阻、周小刚、张秀娥等人在图谱中具有较大节点，说明上述作者文献产量较大。同时，从图谱中还可以进一步识别科研合作子网络。根据 CiteSpace 图谱规则，科研合作子网络通过图谱节点间的连线得以显示，其中，以辜胜阻、张世伟、张秀娥、周小刚、杨晓军等人为核心的子网络合作活动较为活跃。

[1]　PRICE D J. Studies in Scientometrics.Part Ⅱ. The relation between source author and cited author and cited author populations. International Forum on Information and Documentation[C]. Moscow 1,1976(3) :19-22.

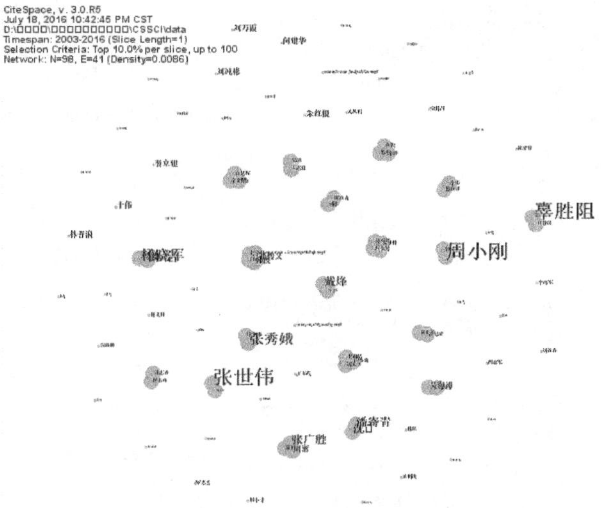

图 1-14　作者发文量分布图谱

3. 研究机构特征分析

由图 1-15 可见，目前国内从事农村转移劳动力职业教育研究的团队众多，其中在图谱中节点较大的依次为吉林大学商学院、中国社会科学研究院人口与劳动研究所、吉林大学数量经济研究中心、中南财经政法大学经济学院、首都经济贸易大学劳动经济学院、南京农业大学经济管理学院等机构，这些机构科研实力居前。通过对主要研究机构类型的进一步分析可知，上述机构多数为高等院校，其中仅有中国社会科学院为专业研究机构，这表明高等院校是当前我国城镇化劳动力的主要研究力量。此外，分析还发现，这些合作主体间的科研合作程度较弱，绝大多数研究机构都是独立进行研究。

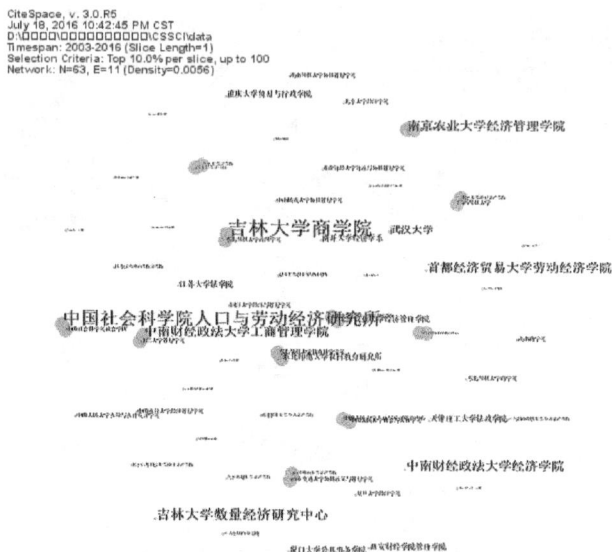

图 1-15   研究机构共现网络图谱

4. 期刊分析

本书根据中国知网的统计数据，绘制了农村转移劳动力职业教育研究的期刊分布图表，含期刊名称、录用论文量，以及被引频次统计等信息（参见图 1-16、图 1-17、图 1-18）。由图 1-16 可见，《农村经济》《调研世界》《中国人口科学》《教育发展研究》和《经济体制改革》等期刊发文量居前。上述期刊在该领域研究中处于核心位置。

对于该领域权威期刊的分析，不仅需要从数量上进行判断，而且要结合其他期刊指标进行综合分析。从图 1-17 的期刊被引频次可见，《人口研究》《浙江大学学报》（人文社会科学版）《人口学刊》《中国农业经济》和《社会学研究》等期刊被引用频次居前。如果将期刊的影响因子（图 1-18）作为期刊权威性评判标准，《人口研究》《中国农村经济》《农业经济问题》《人口与经济》《经济学动态》等期刊则是国内这一领域最为权威的期刊。通过综合三方面因素分析可知，目前《中国人口科学》《农村经济》《教育发展研究》等刊物在农村转移劳动力职业教育研究领域中相对更为权威。

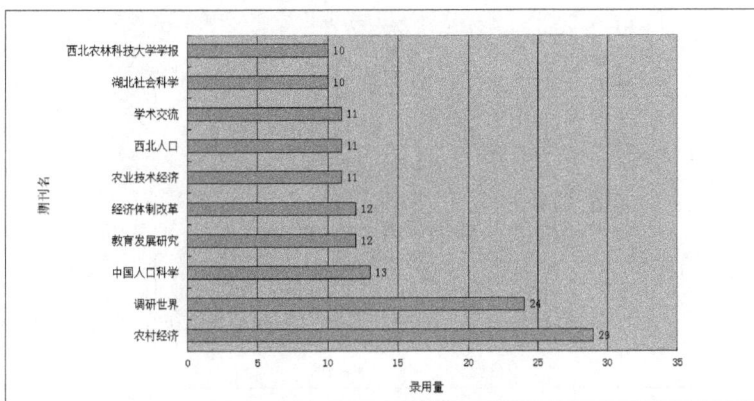

图 1-16　该领域主要期刊录用情况

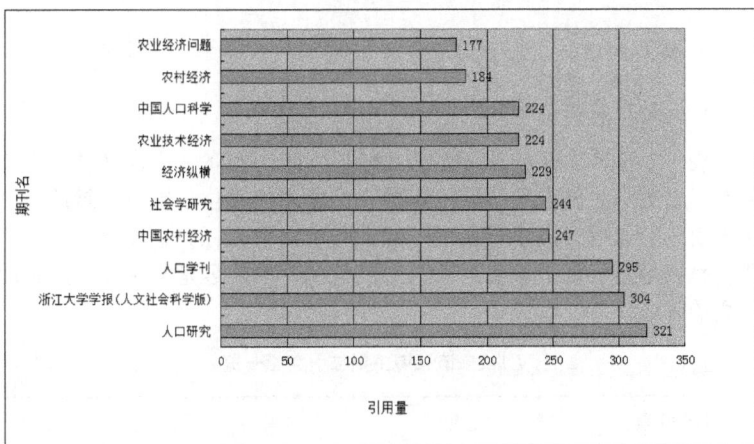

图 1-17　该领域主要期刊被引用量

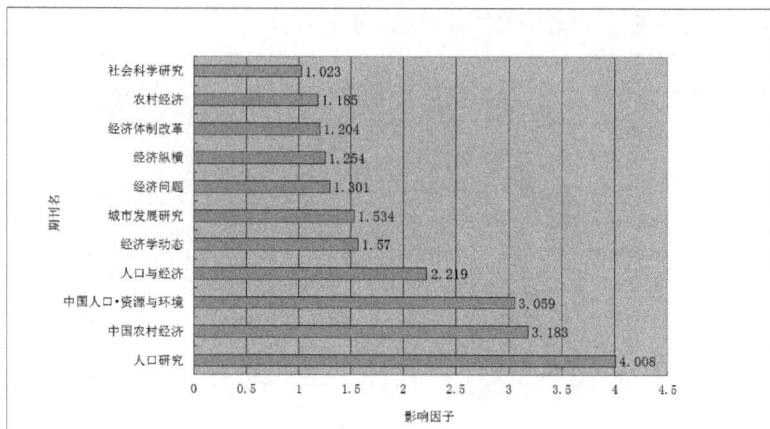

图 1-18　该领域主要期刊影响因子

（三）研究热点主题分析

1. 奠基性文献基础分析

表 1-2 显示该研究领域被引频次排名前 10 位的论文。从被引作者来看，曾茂林、杨丽君、辜胜阻等人的学术论文位于被引文献前列；从被引内容来看，新生代农民工职业教育问题、社会融入背景下的职业教育问题以及职业教育对收入和就业的影响问题是学术界引用频次较高的领域。

表 1-2　该领域主要被引文献一览

序号	被引频次	论文	作者	期刊名	期号
1	188	新生代农民工生命发展阶段职教体系研究	曾茂林	华东师范大学学报（教育科学版）	2012 年第 4 期
2	48	新型城镇化进程中促进新生代农民工融入城市的教育策略	杨丽君	现代经济探讨	2014 年第 11 期

续 表

序号	被引频次	论文	作者	期刊名	期号
3	37	新型城镇化下的职业教育转型思考	辜胜阻 刘磊 李睿	中国人口科学	2015 年 第 5 期
4	33	新型城镇化背景下高职教育新领域：对接新生代农民工培训	雷娜 董浩洁	广西社会科学	2014 年 第 11 期
5	32	社会转型与中国产业工人的技能培养体系	刘玉照 苏亮	西北师大学报（社会科学版）	2016 年 第 1 期
6	32	破除农民工低学历高收入的认识误区和实践藩篱	孙国荣	华东经济管理	2014 年 第 12 期
7	26	中等职业教育对农民工收入的影响——基于珠三角和长三角农民工的调查	魏万青	中国农村观察	2015 年 第 2 期
8	20	职业教育对农民工就业的影响分析——基于对全国 2730 个农民工的调查数据分析	刘万霞 秦中春	调研世界	2011 年 第 5 期
9	20	职业教育的发展与中国农村劳动力流动	徐瑾劼	学术探索	2010 年 第 3 期
10	17	高职毕业生职业适应的挑战与应对——与新生代农民工比较视角	孙蓓雄	黑龙江高教研究	2013 年 第 3 期

2. 研究热点主题可视化描述

为了探测该领域的研究热点，运行 CiteSpace 软件选择使用 Pathfinder 或 Minimum Spanning 算法对文献共引网络进行分析处理，并通过显示高频关键词来识别目前我国农村转移劳动力职业教育研究领域的研究热点。图 1-19 是通过 CiteSpace 绘制的关键词知识图谱。

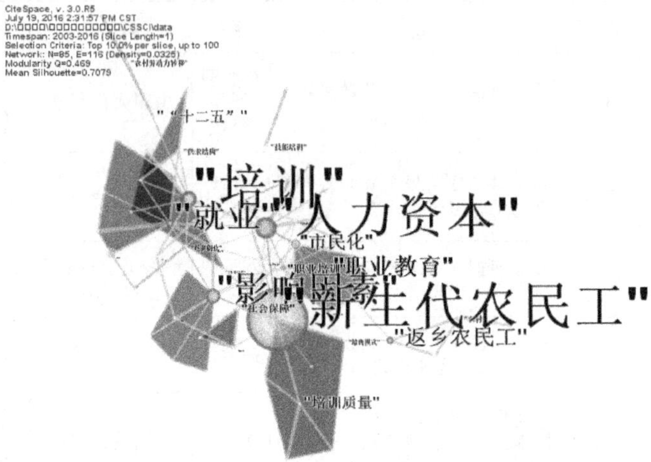

图 1-19 关键词共现可视化图谱

（1）关键词共现词频分析

通过 CiteSpace 软件运行发现，该领域共有关键词 776 个，关键词出现总频次为 1968 次，平均每篇文献有关键词 3.05 个。这些关键词从一定程度上反映了国内这一领域研究的主题和热点。其中频次排名前 20 位的主要关键词有：农民工（282）、新生代农民工（115）、人力资本（49）、影响因素（37）、市民化（34）、培训（31）、就业（25）、职业培训（24）、金融危机（22）、社会资本（21）、收入（18）、职业教育（16）、返乡农民工（15）、教育培训（15）、社会保障（14）、城镇化（14）、对策（14）、城市化（11）、农村劳动力（11）、职业技能培训（11）。[1] 总体而言，这些排名靠前的关键词的出现频度远高于其他词汇。

在关键词知识图谱中，高中心度关键词反映了研究领域的关注度。其中中心度排名前 20 的主要关键词有：农民工（0.47）、新生代农民工（0.25）、培训（0.25）、人力资本（0.24）、影响因素（0.17）、就业（0.16）、职业教育（0.12）、返乡农民工（0.11）、市民化（0.09）、

----

[1] 此处括号内为引用频次。

培训质量（0.07）、"十二五"（0.07）、职业培训（0.05）、社会保障（0.05）、城镇化（0.04）、农村劳动力转移（0.04）、技能培训（0.04）、农村（0.04）、供求结构（0.04）、返乡创业（0.03）、培训模式（0.03）。

从上述数据展示可见，高频关键词与高中心度关键词分布存在一定的差异，并不完全耦合。为进一步挖掘研究热点，通过将节点频次、中心度以及关键词间的联系情况等因素进行综合分析，前10位的关键节点按照中心度和频次显示依次为：农民工（282，0.47）、新生代农民工（115，0.25）、人力资本（49，0.24）、影响因素（37，0.17）、市民化（34，0.09）、培训（31，0.25）、就业（25，0.16）、职业培训（24，0.05）、职业教育（16，0.12）、返乡农民工（15，0.11）、城镇化（14，0.04）、社会保障（14，0.05）。

（2）研究热点主题归纳

围绕关键词共现可视化图谱，结合上述关键词频次和中心度等相关统计结果，可以将目前我国劳动力职业教育研究热点归纳为四个方面：

一是新生代农民工职业教育研究。主要针对新生代农民工的心理和知识特质进行职业教育机制研究。

二是就业目标下的职业教育研究。早期研究主要侧重于转移就业目标下的农村转移劳动力职业教育研究，目前侧重于返乡就业或城市创业目标下的职业教育研究。

三是新型城镇化背景下的职业教育研究。主要侧重于农村转移劳动力市民化目标与职业教育机制的对接研究。

四是农村转移劳动力职业教育质量研究。主要包括农村转移劳动力职业教育质量体系政策研究和培训质量心理感知（满意度、价值感知等）两方面研究。

（四）基于关键词共现的研究前沿分析

1. 研究前沿突变词统计

研究前沿反映了涌现的研究新主题。在 CiteSpace 软件中，可以通过 Burst Term（突变词）算法来有效探测农村转移劳动力职业教育研究前沿。从表1-3的突变词转化中，可以发现该领域在不同时期研究前沿的节奏转化，先后经历"对策"→"金融危机"→"新生代农民工"→"新型城镇化"的前沿词转化。以图 1-20 研究领域前沿突变词时区图谱为基础，参考上述突变词统计，可以对我国农村转移劳动力职业教育研究的各阶段前沿研究进行归纳（参见表 1-3）。

表 1-3 突变主题及被引历史曲线

突变词	开始年份	结束年份	2003—2016
对策	2006	2009	
金融危机	2009	2011	
新生代农民工	2012	2014	
新型城镇化	2014	2016	

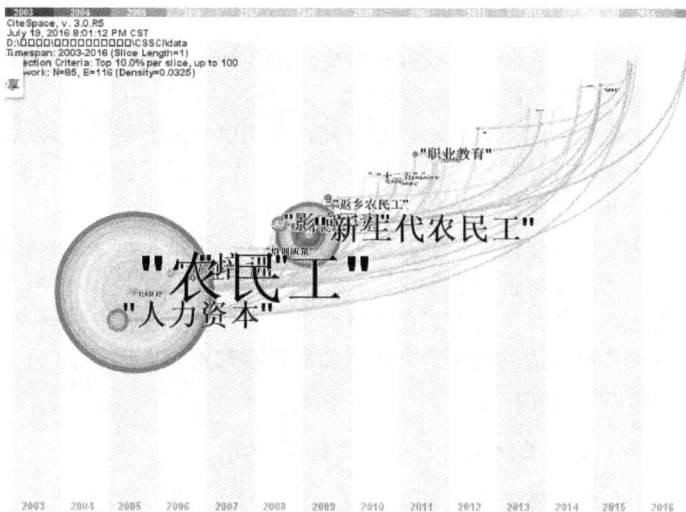

图 1-20 前沿突变词时区图谱

2. 研究前沿阶段性特色分析

与其他关键词相比，突变词在短期内呈现骤增、暴增态势，反映了该领域研究在特定时期内兴起或突现的理论趋势或新兴主题。上述突变词中，部分突变词与特定的国家政策相关涉，如2014年的突变词"新型城镇化"等；部分突变词与特定的社会经济环境、事件相关，如2009年的突变词"金融危机"等；还有部分与研究主体的新特征有关，如2008年的突变词"新生代农民工"等。按照时间划分，上述突变词在该领域内具有以下前沿阶段性特色：

第一阶段爆发期是从 2006 年至 2009 年，这一阶段的突变词以"对策"为代表。总体上说，这一时期的研究多从如何促进劳动力转移的视角进行职业教育"对策"研究。其中，熊晞[1]、杨兆山[2]、张秋林[3]等学者关注农村工业化、乡村城镇化以及人口城镇化中的职业教育问题，进行农村转移劳动力参与职业教育的必要性研究，提出要"具有农民工培训紧迫感""农民工亟需就业培训""高度重视农民工培训问题"等观点，并据此提出了促进职业教育的相应对策。

第二阶段爆发期是从 2009 年至 2011 年，这一阶段主要的突变词以"金融危机"为代表。该时期的研究具有较强的政策环境特征，尤其是 2008 年前后的全球性"金融危机"，对我国的农村转移劳动力流向产生了一定的影响。这一背景下，"返乡农民工"的职业教育和培训问题成为该时期的研究热点。潘寄青、沈涍将农村转移劳动力教育培训需求划分为劳动力转移教育培训需求与返乡创业教育培训需求，并据此进行资金支持机制建设的策略研究。[4]杨艳红、熊刚从金融危机背景下分析劳动力的职业教育与就业疏导问题，提出了系统性教育

[1] 熊晞. 加强教育培训是解决农民工问题的根本途径 [J]. 新视野, 2006 (4): 19-20.

[2] 杨兆山, 张海波. 构建以输入地区在职教育为主的农民工教育模式 [J]. 东北师大学报 (哲学社会科学版), 2007 (5) :10-15.

[3] 张秋林, 张晔林. 需求视角下的农民工两阶段主动培训投入影响因素研究. 南京农业大学学报（社会科学版）, 2008, 8 (2) :1-7.

[4] 潘寄青, 沈涍. 新生代农民工职业培训的政府责任与协调机制 [J]. 江西社会科学,2012(6):199-203.

培训模式的策略。[1] 辜胜阻、武兢则基于全球性金融危机背景下的经济形势提出了提升返乡农民工创业素养,推动创业教育的思路。[2] 牛刚、孙维以苏北地区的返乡农民工教育培训模式作为研究对象,提出了基于政府、企业、农民工和教育培训机构的教育培训模式创新策略。[3] 从这些研究中不难发现,学者们针对全球性金融危机下农民工的教育培训新需求进行了细分,并据此制定了相应的差异性培训策略。

第三阶段爆发期是从 2012 年到 2014 年,这一阶段的主要突变词是"新生代农民工"。学者们通过研究发现,新生代农民工与老一代农民工存在较大的心理差异。尤其在富士康员工跳楼事件等的影响下,学术界开始将研究视角转向新生代农民工的研究。曾茂林提出了建立务工前、中、后期职业教育体系和城乡职教社区双层网络建设的观点。[4] 杨丽君认为新生代农民工生活面临挑战,身心存在压力,面临"收入较低、学历不高、技能短缺和情感孤立"的压力,要通过职业教育多元主体进行新生代农民工教育方面的扶助。[5] 李俊针对新生代农民工的特点,提出了加强学历教育和职业培训两手抓,以及对接职业培训和职业证书的相关建议。[6] 上述研究力求寻找新生代农民工的心理和职业特质,并制定针对性策略,具有较强的理论价值和实践价值。

第四阶段爆发期是从 2014 年至 2016 年,这一阶段的突变词以"新型城镇化"为代表。随着我国"新型城镇化战略"的推进,农村转移

---

[1] 杨艳红,熊刚.试析金融危机下农民工培训的系统性管理 [J].江西社会科学,2009(8):240-243.

[2] 辜胜阻,武兢.扶持农民工以创业带动就业的对策研究 [J].求实,2009(6):45-48.

[3] 牛刚,孙维.返乡农民工培训模式创新研究——来自苏北的经验 [J].西北农林科技大学学报 (社会科学版),2010(4):15-19.

[4] 曾茂林.新生代农民工生命发展阶段职教体系研究 [J].华东师范大学学报 (教育科学版),2012(12):37-43.

[5] 杨丽君.新型城镇化进程中促进新生代农民工融入城市的教育策略 [J].现代经济探讨,2014(11):26-29.

[6] 李俊.职业培训与新生代农民工的职业发展 [J].中国青年研究,2014(12):52-58.

劳动力如何通过职业教育实现"市民化"成为这一时期国内学术界研究的前沿课题。马建富提出了通过补偿教育和多元主体教育促进农民工市民化的策略建议。[1] 辜胜阻、刘磊和李睿认为，在新型城镇化背景下，农村转移劳动力具有市民化的目标，因此需要大力开展城市创业就业教育。[2] 贾建锋、闫佳祺和孙新波通过借鉴西方发达国家城镇化中劳动力职业教育的经验，提出了完善法律体系、丰富教育培训形式和保障资金来源的意见。[3] 此外，还有部分学者将新生代农民工、职业教育与市民化发展需要相结合，寻找三者之间的耦合点。雷娜、董浩洁分析了新生代农民工职业技能单一、职业转换能力差等问题，提出了整合高职院校资源推动引导性培训和创业培训等策略。[4] 韩娟针对新生代农民工异地职业培训政府干预困境，提出了强化政府间协调、合理选择政策干预工具等政策意见。[5] 整体而言，现有阶段的研究前沿与早期研究存在较大的理论分野，新型城镇化语境下劳动力职业教育研究不仅关注就业能力的提升，更关注"人"的城镇化，强调职业教育下的"全人开发"和"市民化成长"，这与目前我国新型城镇化建设的实践紧密相关。

（五）结论和未来方向

1. 结论

经过十余年的理论探索，农村转移劳动力职业教育研究取得了丰硕的理论研究成果。本书通过对这一领域的重要研究文献进行可视化

---

[1] 马建富. 新型城镇化进程中农民工人力资本提升的职业教育路径 [J]. 教育发展研究, 2014(9):7-14.

[2] 辜胜阻, 刘磊, 李睿. 新型城镇化下的职业教育转型思考 [J]. 中国人口科学, 2015(5): 2-9.

[3] 贾建锋, 闫佳祺, 孙新波. 发达国家城镇化进程中农民工职业教育对中国的经验借鉴与政策启示 [J]. 现代教育管理, 2016(5):27-33.

[4] 雷娜, 董浩洁. 新型城镇化背景下高职教育新领域 [J]. 广西社会科学, 2014(11):207-210.

[5] 韩娟. 论新生代农民工异地就业培训的政府干预问题 [J]. 教育发展研究, 2016(1):13-18.

研究，得出以下结论：

（1）从文献产出看，农村转移劳动力职业教育研究经历了三个发展阶段，目前该领域处于研究深化阶段；从研究作者分布看，该领域具有一批高产作者；从研究机构看，目前我国该领域研究主要以高等院校为研究主体；从期刊分析看，《中国人口科学》《农村经济》《教育发展研究》等刊物在该领域中更为权威。

（2）从当前该领域的研究热点看，"农民工""新生代农民工""人力资本""影响因素""市民化""培训""就业""职业培训""职业教育""返乡农民工""城镇化""社会保障"是国内学者在该领域研究中关注的热词。经归纳，当前我国该领域研究热点主要包括新生代农民工职业教育研究、就业目标下的职业教育研究、新型城镇化背景下的职业教育研究以及农村转移劳动力职业教育质量研究。

（3）通过突变词检测可知，该领域研究高潮迭起，研究日趋成熟和精细化。目前该领域的研究前沿已实现从早期一般性职业教育的"对策"研究，到"金融危机"背景、"新生代农民工"以及目前的"新型城镇化"背景下的职业教育研究的转型。研究热点此起彼伏，层层递进，尤其在进入 2009 年以后，研究热点切换速度明显提升。

2. 未来方向

本书通过对农村转移劳动力职业教育研究文献的整理，探测出该领域研究的基本研究特征、研究热点及前沿主题。然而，我们也发现当前农村转移劳动力职业教育研究还存在一定的不足，在以下几个方面仍然值得进一步强化和完善：

（1）加强科研子网络合作

通过研究发现，目前该领域研究跨院校、跨组织间的合作不多，这在一定程度上束缚了该领域的发展，不利于各研究机构的优势协同。针对这一问题，在未来研究中需要加强不同研究机构利用自身学科优势开展的合作，通过跨专业、跨学科、跨领域协作推动研究的横向和纵向发展。

（2）强化对实践中典型模式的提炼

通过对该领域文献分析发现，近年来该领域优秀学术成果不断涌现，但是研究中对国内农村转移劳动力职业教育实践成功模式的分析和提炼不够，同时，对西方发达国家相关领域的成功经验也明显关注不足，尤其是系统化的案例分析和整理严重匮乏。这与当前持续推进的农村转移劳动力职业教育实践不相协调。因此，未来研究中亟须加强对国内外相关领域优秀典型案例的挖掘研究，为持续推动农村转移劳动力职业教育，促进我国新型城镇化建设和农村转移劳动力的市民化提供决策参考和政策依据。

（3）重视实证与规范研究协同

现阶段，实证研究方法得到推崇，但客观上也导致了规范研究方法的相对弱化，不利于劳动力职业教育的价值评判研究和决策研究的深入推进。因此，在当前形势下，应加强综合运用规范研究方法和实证研究方法的协同应用，既保证研究的科学性，又要兼顾成果的应用价值和决策指导功能。

第三节   相关核心概念

一、农村劳动力转移与农村转移劳动力

（一）对农村劳动力转移的界定

从汉语词义本身，农村劳动力转移更侧重从动态视角反映农村劳动力的生活和工作迁移的过程及状态。但是，将农村转移劳动力放置于经济学背景中进行界定，更能够准确地反映该词的特质。

对农村劳动力转移的经济学研究最早源于西方，Lewis [1] 的二元经济理论较好地阐述了劳动力转移、工业化和农业发展之间的关系。[2]Lewis 的二元经济理论指出，城市工业部门是促进经济发展的动力，因此，要促进经济发展，就要扩大城市工业部门，而城市工业部门的扩大则依靠不断的资本积累。为解决资本积累中的劳动力需求，可以将目光转向农业部门，因为农业部门存在一定规模的隐蔽失业人口，这可以为城市工业部门扩张输送大量的劳动力。在农村剩余劳动力无限供给的条件下，传统农业部门的劳动边际生产率要低于工业部门的劳动边际生产力。因此，农村剩余劳动力由传统农业部门向工业部门转移，既可以解决劳动力的就业，增加劳动力的收入，又有助于提高工业部门的产出和积累，进一步吸收农业部门劳动力的加入，从而吸纳更多的劳动力转移就业。最终，这一良性循环可以促进国民经

[1]   全名 William Arthur Lewis，经济学家，教授。一生出版了 12 本专著，撰写了 10 余篇政府发展报告和 70 余篇论文，在发展经济学方面做出了开创性研究。他深入研究了发展中国家在发展经济中应当特别考虑的问题，于 1979 年获得诺贝尔经济学奖。Lewis 从 20 世纪 50 年代中期开始进行发展中国家贫困及经济发展速度缓慢内在原因的研究，1954 年 Lewis 在《劳动无限供给条件下的经济发展》一文中提出了著名的二元经济模型理论，该理论阐述了"两个部门结构发展模型"概念，揭示了发展中国家并存着由传统的自给自足的农业经济体系和城市现代工业体系两种不同的经济体系，这两种体系构成了"二元经济结构"。

[2]   威廉・阿瑟・刘易斯 . 二元经济论 [M]. 北京：经济学院出版社，1989.

济增长，推动社会整体福利的增加。

　　Lewis 的二元经济理论后来经 Fei 和 Ranis 完善，形成了"刘－费－拉"模型，又经 Jorgenson 等人的发展趋向成熟。Ranis 和 Fei 在 Lewis 的基础上从动态角度研究农业和工业均衡增长的二元结构理论。他们在《经济发展的一种理论》一文中提出，因农业生产率的提高而出现的农业剩余是农业劳动力流入工业部门的前提条件，并据此推断出发展中国家经济发展的关键是在于把农村的"隐蔽失业"全部转移到工业部门（Ranis-Fei Model）。[1]Jorgenson 同样认识到了农业剩余在劳动力迁移中的重要作用，他提出农业剩余是劳动力从农业部门转移到工业部门的前提条件，当农业剩余出现时，农业部门就有一部分劳动力从土地上释放出来，开始向工业部门转移，农业劳动力向工业部门转移的速度取决于农业剩余的增长速度（Jorgenson Model）。[2]此后美国学者 Todaro 指出农村劳动者是否迁入城市是由基于城市就业机会和城乡收入差距的比较决定的，当城市就业机会和收入高于农村时，农村劳动者就会在即使城市存在失业风险的情况下向城市流动。[3]他又与 Harris 在同一期刊合作发表了《人口流动、失业和发展：两部门分析》，标志着 Todaro Model 的正式建立。[4]

　　尽管二元经济理论存在一定的缺陷，但是该理论揭示了工业化进程中劳动力迁移的整体趋势，同时也反映了劳动力流动是劳动力在比较利益驱使下的理性经济行为。

　　由上述经典理论可知，农村劳动力转移从方向上通常是指劳动力

[1] Ranis-Fei Model，可译为拉尼斯-费景汉模式。参见G RANIS, JCH FEI.A theory of economic development [J]. The American Economic Review, 1961, 51(4): 533-558.

[2] Jorgenson Model，可译为乔根森模式。参见 DW JORGENSON.The development of a dual economy [J]. The Economic Journal, 1961, 71(282): 309-334.

[3] M P TODARO. A model of labor migration and urban unemployment in less developed countries[J]. The American Economic Review, 1969,59(1):138-148.

[4] Todaro Model, 可译为托达罗人口流动模型。参见 J R HARRIS, M P TODARO. Migration, unemployment and development：A two-sector analysis [J]. The Economic Journal, 1970, 60(1): 126-142.

由农村向城市的迁移，既表现了农村劳动力的迁移状态，也反映了农村劳动力的迁移趋势，更反映了农村劳动力的迁移过程，这一迁移从根本上是由经济原因触发的。在当前我国新型城镇化进程中，"农村劳动力转移"在由农业部门向非农业部门流动的过程中，需要逐渐实现地域转移、职业转移和心理转移。如此，农村转移劳动力才能够最终融入新型生活和工作环境中。

（二）农村转移劳动力的相关概念

1. 农村剩余劳动力

根据 Ragnar Narks 的界定，农村剩余劳动力是可以离开农业部门，但是也不会影响农业部门需求的那部分劳动力。[1] 这部分劳动力离开农业部门，不仅不会影响农业部门的产量，还可能提高农业部门的生产效率。从经济学的角度看，农村剩余劳动力具有的经济学特征是边际劳动生产率为零，在此之后增加的农村劳动力就是农村剩余劳动力。从农村剩余劳动力与农村转移劳动力的关系看，农村剩余劳动力并不等同于农村转移劳动力。一部分农村剩余劳动力滞留在农业部门，处于失业或者半失业状态；另一部分农村剩余劳动力选择转移到其他非农业部门，只有后者才可以称为农村转移劳动力。

2. 农民工与新生代农民工

目前，我国还存在"农民工"和"新生代农民工"两个名词，这两个名词属于我国在当前阶段的特有名词。其中，农民工的外延与农村转移劳动力相近，但小于农村剩余劳动力。农民工是一个相对静态的概念，是农村转移劳动力中在第二、第三产业等非农产业中从事劳动但户籍仍为农民的劳动者。这一名词是职业身份和户籍身份的结合体。而农村转移劳动力则是一个相对动态的概念，强调"转移"的动态过程。同时，这一概念对职业身份并未提及，仅突出劳动力从农业部门到非农部门的转移状态，并且对劳动力的户籍身份亦未有指涉。与农民工相比，新生代农民工具有鲜明的年龄特征。一般认为新生代农民工为 1980 年及以后出生的农民工，该界定标准在我国学术界内

---

[1] 纳克斯. 不发达国家的资本形成问题 [M]. 北京：商务印书馆，1966.

得到了广泛认可和采纳。[1] 从新生代农民工与农村转移劳动力的关系来看，农村转移劳动力的外延显然大于新生代农民工，而新生代农民工只是农村转移劳动力中的特定群体。

3. 农村转移劳动力

从农村转移劳动力的自身概念内涵来看，广义上的农村转移劳动力包括就地转移的劳动力和异地转移的劳动力。其中，前者并没有进行地域迁移，而是仅仅进行职业和产业迁移，从农业部门迁移到非农部门，从事非农部门的职业和工作；后者不但完成了职业迁移，同时也实现了地域迁移，即现有的生活和工作空间由原有的农村生活区域迁移到了城镇或者城市。狭义上的农村转移劳动力特指异地转移的、年龄在 16 周岁以上的农村劳动力。本书的研究对象限定于狭义的农村转移劳动力。

综合以上分析，通过对以上相关概念之间的比较，不难发现农村转移劳动力从概念外延上小于农村剩余劳动力，大于农民工和新生代农民工。这一概念具有以下特点：第一，农村转移劳动力是农业部门的剩余劳动力；第二，农村转移劳动力是被转移到非农业部门的劳动力；第三，农村转移劳动力没有特定的职业、户籍以及年龄限定；第四，农村转移劳动力的主要生活和工作地点在城镇或城市。

二、职业教育、职业培训与终身职业教育

（一）职业教育

职业教育是为了适应经济和社会发展需要，对受教育者的职业知识、职业技能和职业道德进行的系统化培养和训练，是使其适应职业和岗位需要的教育形式。广义上的职业教育的形式有中等职业教育、高等职业教育等正规职业教育，还包括企业对员工的入职培训和在职

[1] 2010 年 1 月 31 日，国务院发布的 2010 年中央一号文件《关于加大统筹城乡发展力度 进一步夯实农业农村发展基础的若干意见》中，首次使用了"新生代农民工"的提法。本书新生代农民工的这一界定标准来自国家统计局《2013 年全国农民工监测调查报告》。

培训，以及各类社会教育培训机构承担的职业教育等各类非正规教育形式。狭义上的职业教育则仅包含上述正规职业教育形式。本书采用了广义的职业教育概念，包括正规的职业培养和非正规的职业训练两种形式。

（二）职业培训

职业培训是指为满足经济和社会发展需要，对劳动者的职业素质和职业能力进行的教育和训练活动。从主体上看，职业教育的主体是受教育者，既包括在职人员，也包括非在职人员；职业培训的主体以在职人员为主，包括新入职员工和在职人员，一些求职人员也包括在内。从外延上看，职业教育和职业培训具有一定的联系，广义上的职业教育范畴大于职业培训，职业培训是职业教育的一种具体形式。从内容上，职业教育和职业培训具有一定的区别，职业教育具有宏观化、系统化、全面化、正规化的教育特点，一般具有固定的学制和学时，以提升劳动者的职业素质和职业能力为目标；职业培训具有微观化、零散化、局部性和灵活性的特点，学制相对灵活，以满足特定就业能力和职业能力为目标。从某种程度上来说，职业培训隶属于职业教育。

表1-4 各类型农村转移劳动力职业培训一览

培训类型	培训对象	培训组织机构	培训支出方式	培训目标	奖励方式
就业技能培训	对农村新成长劳动力和拟转移到非农产业务工经商的农村劳动者开展专项技能或初级技能培训	技工院校、职业院校、企业培训机构、就业训练中心、民办职业培训机构等教育培训机构	政府购买服务培训方式	达到上岗要求或掌握初级以上职业技能，着力提高培训后的就业率	符合条件的，按规定给予职业培训补贴、职业技能鉴定补贴和生活费补贴
岗位技能提升培训	对与企业签订6个月以上期限劳动合同的在岗农民工开展提高技能水平的培训	企业依托所属培训机构或政府认定的教育培训机构	企业职工教育经费列支	满足技术进步和产业升级对职工技能水平的要求	符合条件的，按规定给予企业一定比例的职业培训补贴和职业技能鉴定补贴

续 表

培训类型	培训对象	培训组织机构	培训支出方式	培训目标	奖励方式
高技能人才培训	对具备中级以上职业技能等级的在岗农民工开展高技能人才培训	人力资源社会保障部门	企业职工教育经费列支	提升其技能水平和职业技能等级	符合条件的，按规定给予技师培训补贴
创业培训	对有创业意愿并具备一定创业条件的农村转移就业劳动者开展提高其创业能力的创业培训	创业培训机构	/	提高其创业能力	符合条件的，按规定给予创业培训补贴

注：根据《农民工职业技能提升计划——"春潮行动"实施方案》整理归纳。

（三）终身职业教育

"终身教育"最早由法国的 Lengrand[1] 于 1965 年在第三届促进成人教育国际委员会上提出，他认为传统的一次性在校教育已难以满足现代人类发展需要，因此必须对整个教育体系进行大的调整和改进。其后 Hutchins、Faure 等人在 Lengrand 的倡导基础上进行理论发展，指出终身教育就是"终身持续不断学习"，并提出通过终身教育向"学

----

[1] Paul Lengrand，保罗·朗格朗，(1910-2003)，当代法国成人教育家，终身教育理论的积极倡导者和理论奠基者。1965 年，在联合国教科文组织召开的第三届促进成人教育国际委员会议上，Lengrand 进行了以"education permanente"为主题的学术报告，受到与会者关注，后来联合国教科文组织将"education permanente"改为英译"lifelong education"，即"终身教育"。后来 Lengrand 在《成人教育与终身教育》（1969）、《终身教育问题》（1970）、《终身教育引论》（1970）等著作中全面阐述了终身教育思想，使得终身教育的概念更为全面和清晰，促使终身教育由一种思想转为各国主导的教育政策和普遍的教育实践。其中，《终身教育引论》（1970）一书被译为 18 种文字，书中所提出的主张成为许多国家阐述和实施终身教育的主要依据，在国际范围内极具影响力。

习化社会迈进"的实现路径，将终身教育从理念提倡阶段推向了一个新的阶段。在美国等发达国家"生计教育"（career education）等思潮的推动下，职业教育与终身化教育合理对接，并且得到了迅速发展。进入 20 世纪后期，职业教育终身化理论日趋成熟，终身职业教育理论的代表学者 Stasz、Delors、Bailey 等人一致认为，个人发展需要通过职业教育终身化来实现，并提出了终身教育和终身学习的实现路径。他们强调，除了正规的职业教育投入外，必须更注重正规职业教育以外的持续教育职业投入。

通过对上述国外学者的理论归纳可见，社会越发展，终身职业教育越重要，社会对终身职业教育也越重视。在我国当前阶段，在农村转移劳动力职业教育体系设计中引入终身职业教育理念，对于推动我国当前新型城镇化建设，促进农村转移劳动力的市民化具有重要意义。

具体而言，新型城镇化进程中的农村转移劳动力市民化过程，既是农村转移劳动力逐渐适应城市化、融入城市化的过程，也是逐渐实现职业成长和职业提升的过程。[1] 这一过程中，农村转移劳动力在不同职业时期的职业教育需求会有所差异，农村转移劳动力的职业教育终身化也暗含农村转移劳动力职业教育长期化、连续化以及各阶段差异化之意。

从广义上看，农村转移劳动力市民化进程中终身职业教育体系是促进农村转移劳动力市民化成长的终身职业教育总和，从范围上包括转移前职业启蒙教育、转移过程中的职业准备教育以及转移后的职业继续教育三个连续的职业教育阶段。[2] 从狭义上看，农村转移劳动力终身职业教育体系特指农村转移劳动力转移中以及转移后接受的职业教育，是农村劳动力转移的职业准备教育阶段以及后续市民化阶段一系列职业继续教育的总和（参见图 1-21）。

---

[1] 马建富.新型城镇化进程中农民工人力资本提升的职业教育路径 [J].教育发展研究, 2014 (9):7-14.

[2] 谭明.提升现代职业教育体系的终身化水平 [J].中国职业技术教育, 2014(21):113-118.

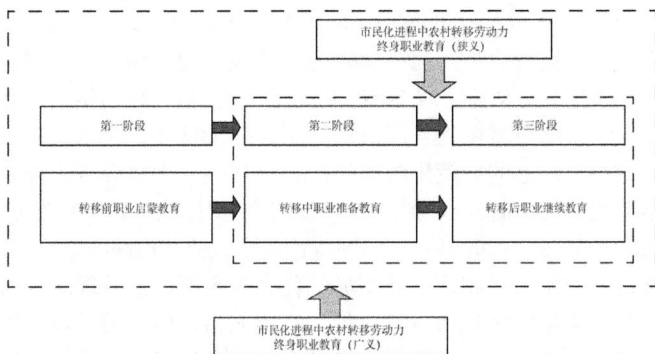

图 1-21 市民化进程中农村转移劳动力终身职业教育内涵示意图

三、城镇化、新型城镇化与市民化

（一）城镇化

资料显示，"城镇化"被官方首次采用确认是在 16 年前。2000年 10 月 11 日，在中共第十五届中央委员会第五次全体会议通过的《关于制定国民经济和社会发展第十个五年计划的建议》中，正式采用了"城镇化"一词。从概念上看，城镇化是人口由农村地区向城市、城镇地区集聚的过程和农村地区转变为城市、城镇地区的过程，这一过程与国家的经济发展、科技进步以及社会结构调整是同步进行的，是以第一产业（农业）为主的乡村型社会向以第二产业（工业）和第三产业（服务业）等非农产业为主的城市型社会，由传统社会向现代社会转变的状态和过程。根据国家统计局数据显示，2002 年至 2011 年，我国城镇化率以平均每年 1.35 个百分点的速度发展，城镇人口平均每年增长 2096 万人。2011 年，城镇人口比重达到 51.27%，比 2002 年上升了 12.18 个百分点；城镇人口为 69079 万人，比 2002 年增加了18867 万人；乡村人口 65656 万人，比 2002 年减少了 12585 万人。

（二）新型城镇化

西班牙城市规划师 Ildefonso Cerdà 于 1867 年在《城市化概论》一

书中首次提出"urbanization"（城市化）一词。[1] 国家"八五"计划中首次出现"城市化"一词；2003 年，中央党校调研室谢志强教授在《社会科学报》发表了题为《新型城镇化：中国城市化道路的新选择》的文章，进行新型城镇化发展问题的探讨；2002 年，十六大报告首次提出"走中国特色的城镇化道路"；2012 年底，中央经济工作会议首次提出"走集约、智能、绿色、低碳的新型城镇化道路"；2013 年，十八届三中全会正式提出"走中国特色新型城镇化道路"。

与传统的城镇化相比，新型城镇化具有全新的建设理念。新型城镇化不是简单地扩张城市规模，增加城市人口，而是通过城乡统筹和可持续发展，在"产业支撑、人居环境、社会保障、生活方式"等方面实现由"乡"到"城"的新的转变，最终实现"人的无差别发展"。为实现新型城镇化，需要贯彻"创新、协调、绿色、开放、共享的发展理念"，"坚持走以人为本、四化同步、优化布局、生态文明、文化传承的中国特色新型城镇化道路"。与传统的城镇化相比，新型城镇化的最大特点是以"人"为核心的城镇化。

在新型城镇化建设过程中，促进农民工在转移地的社会融入是工作的核心。根据《国务院关于深入推进新型城镇化建设的若干意见》，为推进农村转移人口的市民化，需要做好以下几方面工作：加快户籍制度的改革和落实，促进有能力在城镇中定居的农村转移人口在城镇中定居落户，并享有同等权利；推进居住证制度覆盖全部未落户城镇常住人口，逐步缩小与户籍人口在基本公共服务上的差距，使其享受与城镇人口同等的公共服务；加强在学前教育、义务教育、职业技能提升以及城镇社保上的政策推进，推进城镇基本公共服务常住人口全覆盖；加快建立农业转移人口的市民化激励机制，实施财政转移支付同农业转移人口市民化相挂钩，城镇建设用地增加规模与吸纳农业转移人口落户数量相挂钩等激励政策。

---

[1] Ildefonso Cerdà. Teoria General de la Urbanizacio´n y Aplicacion de sus Principios y Doctrina a la Reforma y Ensanche de Barcelona [General Theory of Urbanization and the Application of its Principles and Doctrine to the Renovation and Suburban Development of Barcelona] [M]. Madrid: Imprenta Espanola, 1867.

（三）市民化

"市民化"概念的产生晚于"新型城镇化"。"新型城镇化"是"市民化"的环境背景，"市民化"是"新型城镇化"中"人"的建设方向和目标。2015 年 11 月发布的《中华人民共和国国民经济和社会发展第十三个五年规划纲要》第三十二章中，更进一步明确提出要"加快农业转移人口市民化"。

市民化在界定上有广义和狭义之分，其中广义的市民化是指农村转移劳动力获得市民身份资格和权利，具有城镇工作的工作技能和文化素质，形成城镇生活方式和文化适应力的过程。广义的市民化既有农村转移劳动力获得城镇市民身份之形式，更有农村转移劳动力融入城镇市民工作、生活、文化之实义。相比之下，狭义的市民化则是指农村转移劳动力获得城市居民身份和权利的过程，强调农村转移劳动力在新型城镇化进程中的身份获得。

四、社会融入与职业融入

（一）社会融入

在当前新型城镇化背景下，农村转移劳动力市民化进程既是农村转移劳动力逐渐适应城市、融入城市的过程，也是其逐渐实现职业迁移、职业融入的职业成长过程，更是逐步适应城镇生活和文化，实现社会融入的过程。

本质上，社会融入属于社会学研究领域。该领域研究可追溯到迪尔凯姆的社会团结理论以及帕森斯等人的社会整合理论研究。Scott 认为社会融合就是个体或者群体通过共享经验和历史，互相交流记忆、态度和情感，相互渗透，相互融合，最终整合于同一个文化环境的状态。[1]Sen 认为，融合社会是社会成员共享社会经验和积极参与，享有

---

[1] A. JACKSON , K. SCOTT. Does Work Include Children? The Effects of the Labour Market on Family Income, Time and Stress[M]. Toronto：Laidlaw Foundation，2002.

平等，分享社会经验并获得基本的社会共同利益。[1]中国学者任远认为"社会融合是不同个体、群体或文化之间以构筑良性和谐的社会为目标，互相配合、互相适应的过程"。[2]在"社会融合"理论基础上，一些西方学者从社会排斥视角从失业人员、犯罪人员、单亲家庭以及残疾人员等角度进行社会融入研究。欧盟基金会1995年将社会排斥定义为"个人或者群体被全部或者单独地排除于充分的社会参与之外"。在该定义中"个人或群体"虽然居住于某个社会环境内，但是不能参与社会活动。基于此，一些学者从社会排斥角度解释社会融入，认为社会融入是"通过缩小差距，促进参与机会，降低最弱势社区与社会之间的不平等"。[3]Rachel Merton认为社会融入是个人或者群体能够参与并且能在经济、社会、心理和政治等社会生活领域做出贡献的重要前提。这既依赖有个人的能力，同时还要能够参与到工作中或成为其他社会角色。[4]

由以上学者界定可知，社会融入在"社会融合"与"社会排斥"理论研究的过程中逐渐成熟，"融合""参与""共享"是"社会融入"的核心。我国的新型城镇化建设赋予"社会融入"更强的本土特质。广义的社会融入包含职业融入、人际融入、文化融入和心理融入等方面。其中，职业融入属于社会融入的低阶形式。

（二）职业融入

农村转移劳动力的职业融入是实现后续社会融入高阶形式的基础。只有实现了职业融入，才具备了后续高阶社会融入的基础和条件。

在新型城镇化进程中，农村转移劳动力的职业融入与市民化成长相辅相成，职业融入既是实现市民化的必要条件，同时也是市民化发

[1] A. SEN. Development as Freedom[M]. New York：Anchor Books，2000.

[2] 任远, 邬民乐.城市流动人口的社会融合: 文献述评[J].人口研究,2006(3): 87-94.

[3] ESFP（European Structural Funds Program）.Further Information：Social Inclusion[R]. 2007-2013 European Structural Funds Program.

[4] A R MERTON, J BATEMAN. Social Inclusion-Its importance to mental health[M]. Mental Health Coordinating Council Inc, 2007.

展到一定阶段的重要里程碑。从动态上看，农村转移劳动力的职业融入是指其逐渐适应非农职业，习惯非农职业，并形成稳定职业倾向的长期心理演变过程；从静态上看，则是指农村转移劳动力逐渐适应新职业，并对目前所从事的职业形成职业认可的心理状态，这一过程是从被动的职业迁移到积极的职业认可的职业心理转变状态。

五、职业胜任素质与职业能力

（一）职业胜任素质

对于"职业胜任素质"一词并没有明确的界定。对于职业胜任素质的研究可以追溯到古典管理理论阶段。科学管理理论之父 Taylor[1] 在 1911 年率先提出"管理胜任素质运动"，他认为管理者应该用时间和动作分析方法来界定工人能力素质的构成成分。其后经过近半个多世纪的发展，1954 年，Flanagan 在职业胜任素质研究方法上获得了突破，他最早创立了关键事件方法，研究了 1941 年至 1946 年间美国空军飞行员的绩效问题，并将其应用于非严格的能力素质模型中。尽管这套方法不是严格的职业胜任素质分析方法，但这为后续的素质分析打下了良好的基础。1973 年，McClelland[2] 在 Testing Competence Rather

---

[1]　Frederick Winslow Taylor，弗雷德里克·温斯洛·泰勒，美国人，著名管理学家，经济学家。他的著作包括《计件工资制》（1895 年）、《车间管理》（1903 年）、《科学管理原理》（其中包括在国会上的证词，1912 年）。Taylor 认为科学管理是"诸种要素——不是个别要素的结合，构成了科学管理，可以概括如下：科学，不是单凭经验的方法。协调，不是不和别人合作，不是个人主义。最高的产量，取代有限的产量。发挥每个人最高的效率，实现最大的富裕"。由于其在科学管理理论方面做出的伟大贡献，被后世尊称为"科学管理之父"。

[2]　David C. McClelland，戴维·麦克利兰，美国心理学家，主要研究人格、职业胜任能力、企业家精神等领域。McClelland 创制过测量成就的技术，并对成就动机进行了深入研究，提出了著名的三种需要理论（Three Needs Theory）。此外，McClelland 率先提出"胜任力"概念，指出胜任力是能将某一工作中有卓越成就者与普通者区分开来的个人的深层次特征。McClelland 在社会心理领域贡献卓著，于 1987 年获美国心理学会颁发的杰出科学贡献奖。

Than Intelligence 一文中指出用智力测验来预测工作成功是不科学的，他认为决定一个人在工作上能否取得好的成就，除了拥有工作所必需的知识、技能外，更重要的是人格特质、动机及价值观等因素。这一观点奠定了职业胜任素质模型的基础。在此以后，职业胜任素质模型理论研究迅猛发展。Spencer 等根据心理学家 Freud 的思想进行模型构建，他们认为职业胜任素质由动机、特质、自我概念、知识及技巧五种类型构成，并在此基础上形成了包括专业技术人员、销售人员、服务人员、管理人员和企业家的职业胜任素质模型。[1] 国内对于职业胜任素质研究起步较晚，主要是针对特定岗位的职业胜任素质模型展开应用研究。国内唐春勇 [2]、张维迎 [3]、伏燕 [4] 和李曼丽 [5] 等学者将这一工具应用于管理、技术和科研人员的职业胜任素质模型构建当中，获得了针对一系列特定岗位群的职业素质胜任模型。

通过对国内外职业胜任素质领域相关研究的梳理，不难发现，目前学术界在职业胜任素质的内涵界定上具有两条解释思路，一条思路是以职业胜任为目标进行的通用职业胜任素质的提炼，另一条思路是围绕特定岗位进行的胜任素质构建。无论哪种思路，都反映了职业素质作为对社会职业适应能力和胜任力的综合体现，主要表现在职业兴趣、职业能力、职业素养等方面。

（二）职业能力

在对职业能力的界定上，我国学者徐国庆认为职业能力属于工作

[1] Spencer & Spencer. Competence at Work: Models for Superior Performance[M]. New York:Willey, New York , 1993.

[2] 唐春勇，周颖 . 企业高层管理者胜任特征的物元分析 [J]. 西南交通大学学报，2005，40 (1) :99-103.

[3] 张维迎 . 构建中国的管理者胜任素质体系——评赵曙明新著《我国管理者职业化胜任素质研究》[J]. 南京大学学报 (哲学·人文科学·社会科学)，2009，46 (1) :139-141.

[4] 伏燕，刘兰华 . 我国公务员胜任素质建设的制度探索 [J]. 北京行政学院学报，2013 (3) :41-45.

[5] 李曼丽，何琦隽 . 卓越工程师胜任素质模型研究——以电力行业某国家重大工程项目中的工程师为例 [J]. 高等工程教育研究，2014 (2) :18-28.

任务的胜任力范畴，将职业能力诠释为工作任务对职业人心理的映射。[1] 李怀康认为职业能力是与劳动者生理与心理相关联的行为特征，反映了劳动者完成任务的方法和实施能力。[2] 张琼认为职业能力是劳动者通过学习所掌握的生存、发展、变革以及反思的能力。[3] 张弛则认为职业能力是劳动者从事职业生活所具备的知识、技术、态度和价值观的总和。[4] 从上述学者观点可知，职业能力实质上反映了劳动者从事特定职业所需要的具体的行为能力，该能力并非与生俱来，必须通过后天学习方能获得。

与其他劳动主体相比，农村转移劳动力的职业能力内涵具有一定的特殊性。从静态看，农村转移劳动力的职业能力依附于特定的主体之上，在一定时期内具有稳定性；从动态看，农村转移劳动力的职业能力的内涵不断更新和变化，与当前新型城镇化建设和农村转移劳动力自身市民化发展的逻辑相联系。在农村转移劳动力向新市民转化的职业成长各阶段，职业能力需求各不相同，具体可以分为前市民化和市民化两个阶段。

前市民化阶段属于农村劳动力转移的第一阶段，这一阶段农村转移劳动力以就业为目标，需要迅速掌握适应职业迁移、地域迁移所需要的就业技能。该阶段的农村转移劳动力多从事一线技术性和事务性工作，就业层次以基层岗位为主。在这一阶段，农村转移劳动力的职业能力具有显著的就业导向性特质，顺利转移就业是农村转移劳动力面临的基本任务目标。从一定意义上讲，这一阶段农村转移劳动力的职业能力甚至可以等同于就业能力，具备了职业能力就意味着获得了就业能力。在前市民化阶段，促使农村转移劳动力获得相应的职业能力既是促进其就业的根本条件，更是维护与保证社会稳定的基本要求。

市民化阶段属于农村劳动力转移的第二阶段。农村转移劳动力在完成地域迁移和职业迁移之后，还需要实现自身的市民化心理迁移。

[1] 徐国庆. 职业能力的本质及其学习模式 [J]. 职教通讯,2007(1):24-28,36.

[2] 李怀康. 职业核心能力开发报告 [J]. 高等职业教育,2007(2):4-8.

[3] 张琼,郭德怀. 校企合作：高等职业教育可持续发展的战略举措 [J]. 继续教育研究,2010(9):72-73.

[4] 张弛. 职业能力概念框架的构建 [J]. 职教论坛,2015(25):12-16.

在市民化动机驱动下，农村转移劳动力除了基本的就业需求外，还具有进一步职业成长和社会融入的市民化需要，这是农村转移劳动力职业能力内涵不断更新和完善的根本动力。新型城镇化进程中，农村转移劳动力的职业能力呈现动态性和多样化特征，从个人职业成长角度看，农村转移劳动力既有掌握新技术、实现职业胜任的需求，又有了解新行业、实现职业转型的需要，更有促进职业发展、赢得职业提升的需要。在这一形势下，需要充分认识农村转移劳动力市民化进程中职业能力提升任务的长期性和艰巨性，农村转移劳动力职业生涯各阶段的多样化职业能力需求目标必须通过持久的、连续的终身职业能力提升机制来实现。

第四节 本书研究目标和意义

一、研究目标

严格遵循国家战略导向，以解决应用问题为主，凝练学术性问题为辅，以已有研究为起点，既要填补研究空白，又要防止重复建设。

（一）学术性目标

1. 完成我国农村转移劳动力职业教育沿革、现状和问题研究，梳理新型城镇化进程中农村劳动力转移路径和发展特征。

2. 从职业教育的主体（组织结构）、多主体教育参与、教育教学制度改革、政策制度保障等方面构建新型城镇化进程中农村转移劳动力职业教育研究体系。

3. 构建新型城镇化背景下具有"中国特色"的职业教育推进农村转移劳动力职业能力提升的研究范式。

（二）应用性目标

以新型城镇化进程下农村转移劳动力发展需求为背景，以提升农村转移劳动力职业能力为目标，以改革职业教育培养模式为导向，以构建网络化主体的职业教育体系、探索农村转移劳动力职业能力提升路径为手段，以政府政策支持、健全相关法律法规为保障，构建新型城镇化进程中农村转移劳动力职业教育体系。一方面实现有效提高农村劳动力就业水平和职业发展能力，另一方面为新型城镇化发展和农村经济发展提供智力支撑。

二、研究意义

从我国国情来看，新型城镇化既是促进农村产业经济发展和地方经济结构调整的重要力量，更是转移农村剩余劳动力、解决"三农问题"的有效、必要手段。通过新型城镇化建设，推进以人为核心的城镇化，实现个人发展和城镇建设融合，可以让农村转移劳动力逐步融入城镇。在这一融入过程中，广大农村劳动力不可避免地将要面临劳动职业、劳动岗位、劳动环境、劳动技能以及劳动素养等方面的转变。然而，目前我国绝大多数农村劳动力接受教育程度有限，职业技能水平低下，职业素养欠缺，尚不能满足新型城镇化进程中对于高素质、技能型人才的需求。职业教育作为服务区域经济和地方经济的智力支撑系统，在劳动者技能的培养方面具有极大优势，因此在新型城镇化进程中推进农村劳动力职业教育，构建适应我国新型城镇化发展要求的农村劳动力转移职业教育机制，为现代化建设提供人力资源的战略支持已成为当前紧迫且重大的关键问题。

（一）理论意义

1. 从教育学、社会学和管理学的多学科视角进行新型城镇化进程中农村转移劳动力职业教育研究。在充分分析和研究目前我国新型城镇化建设和我国农村劳动力转移职业教育现状的基础上，借鉴其他国家的成功经验，结合我国职业教育发展战略规划，提出我国通过职业教育推动农村转移劳动力职业能力提升的总体战略和亚战略，并提出战略实施的主要支撑体系，这将有利于从战略层面为职业教育推动农村劳动力转移发展提供战略框架。

2. 梳理农村转移劳动力、职业教育、新型城镇化、职业能力等专业术语的概念及内涵，有利于明确新型城镇化进程下农村劳动力转移职业教育研究的研究边界，为后续的持续深入研究提供理论基础。

3. 在深入进行理论文献分析研究，辨析该领域的理论变迁、研究热点和未来发展趋势的基础上，分析新型城镇化进程中农村转移劳动力职业教育的发展现状和问题，进而提出推动我国农村转移劳动力职业教育的策略，有利于为探索职业教育、推进农村转移劳动力职业能力提升构建理论基础。

（二）实际应用价值

1. 通过构建农村转移劳动力职业教育体系研究，有利于为政府相关行政部门指导农村转移劳动力职业教育、推动农村劳动力转移工作提供决策依据，有利于从政府宏观战略层确立职业教育在农村转移劳动力中的作用和地位，明确职业教育在新型城镇化进程中农村转移劳动力职业技能提升和市民化战略方面的作用。

2. 通过实地调研、问卷调查、定量分析等研究方法，掌握新型城镇化进程中的农村转移劳动力职业能力现状，有助于提出促进农村转移劳动力职业技能进一步提升的对策。

3. 通过对基于新型城镇化发展的农村转移劳动力职业教育模式研究和职业教育促进农村转移劳动力职业能力提升研究，有助于政府、中高职院校、社会培训机构、企业、行业协会等多元化主体有效开展职业教育，为切实有效提升农村转移劳动力综合职业能力提供策略依据。

总　　结

本章是导论部分，由四节构成，是全书的总领章。第一节是问题的缘起，主要介绍在新型城镇化背景下进行农村转移劳动力职业教育研究的必要性。第二节是相关研究综述，重点对城镇化语境下的劳动力研究、农村转移劳动力职业教育研究进行综述性研究。在研究中，主要采用 CiteSpace 文献分析工具进行现有文献的可视化分析，重点研究现有研究的研究特征、知识基础、研究热点以及研究前沿，并根据研究现状寻求研究空白和理论突破口。第三节是对本书中的相关核心概念进行界定，重点对"农村劳动力转移与农村转移劳动力""职业教育、职业培训与终身职业教育""城镇化、新型城镇化与市民化""社会融入与职业融入""职业胜任素质与职业能力"等几组概念进行界定与区分，并在这一过程中明确本书研究的理论边界。第四节介绍本书的学术性研究目标和应用性目标、理论意义和实际应用意义。

第二章　我国农村转移劳动力职业教育沿革与现状分析

第一节　农村转移劳动力职业教育政策的沿革与演进

一、农村剩余劳动力就地转移阶段（1979—1983 年）

改革开放初期，中国城镇企业改革尚未启动，对劳动力尚未出现大规模需求；同时大量知青返城，城镇面临较大的就业压力。因此，在这一阶段，为鼓励农村剩余劳动力充分就业，增加农民收入，当时主要通过鼓励农民在当地农村进行"多种经营"，通过副业生产进行劳动力的就地转移。

为鼓励农村剩余劳动力通过到社队企业（乡镇企业）就业的方式进行就地转移，1982 年的"1 号文件"《全国农村工作会议纪要》（以下简称《纪要》）明确提出要将"剩余劳动力转移到多种经营方面"，要求"要教育农民顾全大局，保证按规定质量完成农副产品交售任务，支援工业、城市和出口，力争为国家建设多做贡献"。但是《纪要》对职业技能教育并未真正有所指涉。此后 1983 年的"1 号文件"《当前农业经济政策的若干问题》中进一步提出要努力办好现有的社队企业，为农民的多种经营提供服务，在教育方面要求"继续实行对农业的技术改造，改善农业生产条件，加强农业科学技术和教育工作，使农业有一个比较先进的物质、技术基础"。截至 1983 年底，社队企业（乡镇企业）共吸纳农村劳动力 3044 万人，占农村劳动力总数的 8.8%。总体而言，这一时期针对农村剩余劳动力"农业科学技术"的职业教育政策虽已提出，但是政策总体思路还不够清晰，主要政策落脚点还是在劳动力就地转移的方式途径方面。

二、第一次"民工潮"阶段（1984—1991 年）

从 1984 年开始，国家政策开始出现大的调整，允许农村剩余劳动力向城镇转移，中央的"1 号文件"连续强调农村发展问题，提出"随着农村分工的发展，将有越来越多的人脱离耕地经营，从事林牧渔等生产，并将有较大部分转入小工业和小集镇服务业"。1984 年国务院《关于农民进入集镇落户问题的通知》中规定"凡申请到集镇务工、经商、办服务业的农民和家属，在集镇有固定住所，有经营能力，或在乡镇企事业单位长期务工的，公安部门应准予落常住户口，及时办理入户手续，发给城里口粮户口簿，统计为非农业人口"。1985 年中共中央在《关于进一步活跃农村经济的十项政策》中明确提出"在各级政府统一管理下，允许农民进城开店设坊，兴办服务业，提供各种劳务。城市要在用地和服务设施方面提供便利条件""鼓励技术转移和人才流动""鼓励各有关部门组织志愿服务队，赴农村和边疆少数民族地区，提供科技、教育、医务等方面的服务，有突出贡献的还应给予重奖"。同时，为提高农村转移劳动力的技术能力，1998 年国家教委提出《关于组织实施"燎原计划"的请示》（以下简称《请示》）并得到了国务院批复。《请示》中指出，"随着农村产业结构的调整，特别是沿海地区发展外向型经济战略的逐步落实，今后农村劳动力将有一大批转向非农产业，乡镇企业将有更大发展。农村教育要适应这一形势。在一些地区，可逐步把为农村劳动力转移而进行的技术培训的部分任务纳入'燎原计划'"，"为乡镇企业培养、培训人才，只靠县和县下教育的力量不够，需要城市的支持。这将牵动城市教育面向城乡经济一体化进行整体改革"，强调"'燎原计划'要与'星火计划''丰收计划'紧密配合。通过'燎原计划'的实施，在'星火''丰收'计划开发的新技术与农村经济之间，架起教育的'桥梁'，使科学技术大面积地得到推广应用，转化为生产力"。该《请示》首次提出农村劳动力转移中的农村教育和技能教育培训问题，不过，这一时期农村转移劳动力的职业培训主要还是就地转移的职业培训，本质上属于农村教育范畴。总体而言，这一时期城镇基础设施建设和非公有制企业发展中亟需大量劳动力，加之国家对农村劳动力进城的政策鼓励，使得农村农业生产劳动力比重迅速下降，从 1984 年的 92% 降至 1988

年的 78.5%，非农生产力比重则由 8% 升至 21.5%。

不过，从 1989 年开始至 1991 年，国内经济环境出现波动，出现较大的通货膨胀压力，同时，"民工潮"给社会运输和治安带来的负面效应也日渐显现。在这一背景下，政府开始进行经济调控，调节乡镇企业的发展结构。这一时期，农村转移劳动力呈低潮趋势，"民工潮"受到抑制，1989 年至 1990 年间，乡镇企业职工人数减少了 102 万人。

三、第二次"民工潮"阶段（1992—2000 年）

随着 1992 年邓小平南巡讲话的发表，改革开放进入了新阶段，政府通过两方面举措应对农村劳动力转移问题。一方面，继续鼓励多种经营，发展乡镇企业，鼓励劳动力就地转移；另一方面，开展农村劳动力的就业职业技能教育，克服劳动力转移就业过程中的盲目性，同时取消各种票证，消除劳动力转移的障碍。1996 年我国颁布了《中华人民共和国职业教育法》，规定"国家采取措施，发展农村职业教育，扶持少数民族地区、边远贫困地区职业教育的发展""各级人民政府可以将农村科学技术开发、技术推广的经费，适当用于农村职业培训"，赋予农村职业教育以法律地位。1997 年的《中华人民共和国乡镇企业法》通过立法形式确立了乡镇企业的地位，保护乡镇企业的发展，该法促进了乡镇企业的健康发展，也促进了农村剩余劳动力的就地转移。同年，为促进农村剩余劳动力的跨区域转移，共青团中央、公安部和劳动部等部委联合下发了《关于实施社区"千校百万"外来务工青年培训计划的意见》（以下简称《意见》），该《意见》指出，为提高外来务工人员的思想道德素质，增强法制观念，将采取定点办学和流动办学的方式，针对 35 周岁以下取得城市暂住证和流动就业证、在城市从事合法生产经营的外来务工人员进行培训。教育培训内容"要着眼于促进经济建设和社会发展需要，提高外来务工青年思想道德文化素质和法制观念，选择适合外来务工青年特点、实用性强的内容"。该《意见》是我国首个针对农村转移劳动力教育的法律文件，该文件的颁布代表我国正式从教育层面对农村劳动力转移工作进行管理和规范。不过，在当时的情境下，该文件将教育主体限定为取得城市暂住证和流动就业证并且在城市从事合法生产经营的外来务工人员，教育主体面较窄。同时教育培训内容主要围绕思想品德和法律规范，为提高外来人员的城镇适应性展开，还不是真正意义上的职业教育。

四、农村劳动力转移规模化阶段（2001—2007 年）

2001 年后，农村劳动力转移逐渐形成规模，农民收入得到了增加，农业和农村经济结构得到了调整。为进一步促进农村劳动力转移，政府逐渐将农村劳动力的"就地转化"政策向"城乡通开"政策调整，在转移农民就业、城市定居等方面放开限制，同时鼓励务工人员参加职业教育与培训，以提高就业能力。2001 年，教育部印发了《教育部关于中等职业学校面向农村进城务工人员开展职业教育与培训的通知》（以下简称《通知》），针对农村转移劳动力的"现代生产技术、信息技术、安全生产、环境保护、法制纪律、心理健康和职业道德"等方面教育展开，以"提升进城务工农村劳动力的技能水平和整体素质"，提高"自身的发展和生活水平"。以此《通知》为标志，我国先后出台了与农村转移劳动力职业教育相关的大量法律法规。

2004 年印发《国务院关于大力推进职业教育改革与发展的决定》，文件指出"职业教育要为农村劳动力转移服务。实施国家农村劳动力转移培训工程，促进农村劳动力合理有序转移和农民脱贫致富，提高进城农民工的职业技能，帮助他们在城镇稳定就业"，强调"职业教育要为建设社会主义新农村服务，继续强化农村'三教'统筹，促进'农科教'结合。实施农村实用人才培训工程，充分发挥农村各类职业学校、成人文化技术学校以及各种农业技术推广培训机构的作用，大范围培养农村实用型人才和技能型人才，大面积普及农业先进实用技术，大力提高农民思想道德和科学文化素质"。总体而言，这一时期的职业教育政策开始密集向农村转移，相关农村职业教育政策不断得到修正，此后的大量政策都是针对农村或者农村转移人口。[1]2006年，出台了《国务院关于解决农民工问题的若干意见》（以下简称《意见》），《意见》指出"逐步实行城乡平等的就业制度""进一步做

---

[1] 彭华安 . 新中国成立以来农村职业教育政策的演进逻辑 [J]. 教育理论与实践 ,2013(24):21-23.

好农民转移就业服务工作""加强农民工职业技能培训""落实农民工培训责任""大力发展面向农村的职业教育",总体而言,该《意见》从形式上进一步明确了职业教育和职业培训在农村转移劳动力就业中的功能作用,强调了以"农民工职业技能培训和引导性培训"为主,以"提高农民转移就业能力和外出适应能力"为目标。2007年,农业部、中国科协、中组部、中宣部、教育部等17个部门共同组织编写了《农民科学素质教育大纲》(以下简称《大纲》),提出了2006年至2020年农民科学素质教育的主要内容。同时为了加强对农村转移劳动力的职业教育,还相继在粮食主产区、劳动力主要输出地区、贫困地区和革命老区等地区开展了阳光工程、农村劳动力技能就业计划、农村劳动力转移培训计划、星火科技培训、雨露计划等形式的就业教育和培训,以提高农村转移劳动力的素质和技能。此外,2006年六部委还下发了《做好2006年农村劳动力转移培训阳光工程实施工作的通知》,要求扩大阳光工程规模,中央对东部地区按人均120～130元,中部地区按人均160～170元,西部地区按180～200元的标准进行补助,对各省进行任务分解,并要求提高教育培训质量和加强监管。

五、新形势下的农村劳动力转移阶段（2008 年至今）

进入2008年,国际金融危机影响不断加深,一些国内企业生产经营面临困难,农村转移劳动力的就业压力明显增加。在此背景下,国务院办公厅颁布了《关于切实做好当前农民工工作的通知》,通知要求"要围绕市场需求开展订单培训和定向培训,提高农民工择业竞争能力;围绕产业结构调整和企业技术改造新开工项目开展职业技能培训,提高农民工就业的适应能力;围绕回乡创业组织开展创业培训,提高农民工的自主创业能力;围绕农业现代化、产业化开展农村实用技术培训,提高返乡农民工的农业技能;对青年农民工开展劳动预备制培训,适当延长培训期限,强化职业技能实训,使其至少熟练掌握一项职业技能"。《通知》中首次明确将创业培训纳入农民工教育培训范畴,赋予职业教育新的内涵,使职业教育不仅包括一般的执业、从业培训,还包括自主创业。此后,2009年教育部发布了《关于切实做好返乡农民工职业教育和培训等工作的通知》,要求主要包括"要充分认识做好返乡农民工职业教育、技能培训和子女入学工作的重要意义""努力招收返乡农民工接受中等职业教育""积极主动开展返乡农民工的技能培训""切实落实开展返乡农民工职业教育和技能培训的学校""精心组织实施教育培训工作""确保返乡农民工子女及时入学接受教育""加强督导检查""多渠道解决经费投入"等。

当前，职业教育政策开始与新型城镇化建设对接，注重通过职业教育促进农村转移劳动力的市民化和社会融合，使其从农村转移劳动力转化为新型的城镇居民。[1]2014 年国务院农民工工作领导小组办公室发布了《关于印发国务院关于进一步做好为农民工服务工作的意见宣传提纲的通知》（以下简称《通知》），《通知》要求"努力提高农民工职业技能水平"和"加快发展农村新成长劳动力职业教育"，"一是要充分发挥人力资源社会保障部门的职业培训主管职能和主体作用，加大农民工职业培训工作力度，实施农民工职业技能提升计划。对农村转移就业劳动者开展就业技能培训，对在岗农民工开展岗位技能提升培训，对具备中级以上职业技能的农民工开展高技能人才培训，将农民工纳入终身职业教育体系。二是要充分发挥扶贫、科技、教育、住房城乡建设等部门在农民工职业培训中的重要作用，制定农民工职业技能培训综合计划，相关部门按分工组织实施，加强农民工职业培训工作的统筹管理。三是要改进农民工职业培训工作。加大培训资金投入，合理确定培训补贴标准，落实职业技能鉴定补贴政策，改进培训补贴方式。重点开展订单式培训、定向培训、企业定岗培训，面向市场确定培训职业（工种），形成培训机构平等竞争、农民工自主参加培训、政府购买服务的机制"。同时该《通知》提出了"着力促进农民工社会融合""依托各类学校开设农民工夜校等方式，开展新市民培训"的市民化实现路径。该《通知》在新型城镇化工作开展之际提出，对通过教育等服务手段促进农村转移劳动力的市民化，推动市民化建设具有重要意义。

2014 年，人力资源社会保障部印发《农民工职业技能提升计划——"春潮行动"实施方案》（以下简称《方案》），《方案》要求"以

---

[1] 李梦卿，张欢.我国农村职业教育发展：从农业化走向城镇化.[J] 职教论坛,2014(28):28.

农村新成长劳动力为重点，以提升劳动者职业素质和就业创业能力为目标"，通过就业技能培训、岗位技能提升培训和创业培训形式，"每年面向农村新成长劳动力和拟转移就业劳动者开展政府补贴培训700万人次，培训合格率达到90%以上，就业率达到80%以上""每年面向在岗农民工开展政府补贴培训300万人次，培训合格率达到90%以上""每年面向有创业意愿的农村转移就业劳动者开展创业培训100万人次，培训合格率达到80%以上，创业成功率达到50%以上"。

　　近年来，城市就业压力逐渐增大，政府开始鼓励农民工和大学生返乡创业，目前返乡人数年均增幅保持在两位数左右。为了鼓励返乡创业，2016年人社部等五部门联合印发了《关于实施农民工等人员返乡创业培训五年行动计划（2016—2020年）的通知》，提出了到2020年鼓励农民工返乡创业的资金支持、创业教育与培训等一系列政策，主要包括做好教育培训对象的信息统计分析、开展有针对性的创业培训、积极开展互联网创业培训、依托优质资源开展创业培训、加强创业培训基础能力建设、建立创业培训与创业孵化对接机制，以及做好创业培训对象后续跟踪扶持等内容。

第二节 劳动力职业教育规模现状统计分析 [1]

一、劳动力职业教育单位规模分析

（一）我国职业教育学校数统计分析

表 2-1 2005—2014 年我国职业教育学校数统计

单位：所

	2014	2013	2012	2011	2010	2009	2008	2007	2006	2005
职业技术学院	1327	1321	1297	1280	1113	1071	1036	1015	981	921
职业高中学校	4067	4267	4517	4802	5206	5652	5915	5916	5765	5822
技工学校	2818	2882	2901	2924	3008	3077	3075	2995	2880	2855
职业初中学校	26	40	49	54	67	153	213	275	335	601
普通中专学校	3536	3577	3681	3753	3938	3789	3846	3801	3698	3207
成人中专学校	1457	1536	1564	1614	1720	1883	1983	2120	2350	2582
总数	13231	13623	14009	14427	15052	15625	16068	16122	16009	15988

由表 2-1 可见，从 2005 年到 2014 年，我国职业教育发展较快，将职业技术学院数、职业高中学校数、技工学校学校数、职业初中学校数、普通中专学校数和成人中专学校数进行归类和汇总统计，在数量上呈现以下特征：①职业教育学校总量相对减少。10 年间，我国职业技术学校数量逐年降低，10 年内总计减少 2757 所，年均减少约

[1] 本部分数据根据中华人民共和国国家统计局网站 [DB/OL] http://www.stats.gov.cn/tjsj/ndsj/，http://data.stats.gov.cn/index.htm 以及中华人民共和国教育部发展规划司 2005-2014 年全国教育事业发展统计公报 [DB/OL]．http://www.moe.gov.cn/s78/A03/ghs_left/s182/moe_633/ 资料整理获得。

270 所。②不同类型的职业教育学校数量变化不一。其中，职业技术学院（高等职业教育）增长迅速，从 2005 年的 921 所增长到 2014 年的 1327 所，10 年间增长约 50%；普通中专增长缓慢，从 2005 年的 3207 所增长到 2014 年的 3536 所；技工学校发展数量相对持平；其他职业高中、职业初中、成人中专下降较多。其中，职业高中共计减少 1755 所，由 2005 年的 5822 所下降为 2014 年的 4067 所，下降数量最多；职业初中由 2005 年的 601 所将至 2014 年的 26 所，下降比例最高；成人中专由 2005 年的 2582 所将至 2014 年的 1457 所，下降幅度也比较大。总体而言，从趋势上看，近年来我国职业教育中的中职教育数量减少相对较大，但是高职教育发展迅速（参见图 2-1）；从总量来看，职业高中、普通中专和技工学校的学校数比重最大（参见图 2-2）。

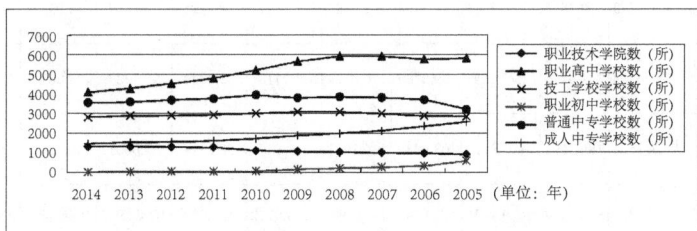

图 2-1　2005—2014 年我国职业教育学校数趋势

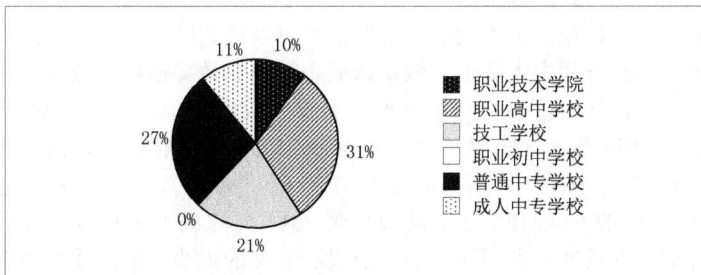

图 2-2　2014 年我国职业教育学校数结构比例

（二）我国职业教育学校招生数统计分析

表 2-2   2005—2014 年我国职业教育学校招生数统计

单位：万人

	2014	2013	2012	2011	2010	2009	2008	2007	2006	2005
普通专科（含高职）	337.9835	318.3999	314.7762	324.8598	310.4988	313.3851	310.6011	283.8223	292.9676	268.0934
职业高中	161.5358	183.5317	213.9032	246.4262	278.6747	313.1735	290.6581	302.1829	288.0187	248.2117
技工学校	124.4065	133.4957	157.0564	163.9038	159	156.7	161.3506	158.5487	134.8	118.3693
职业初中	0.2373	0.3534	0.5305	0.7208	1.0885	2.0611	3.4291	4.7469	5.9351	11.058
普通中专	259.6594	271.4716	277.3643	299.5725	316.6119	311.7118	303.7844	297.2924	278.887	241.134
成人中专	74.1601	86.2591	105.811	103.9639	116.1091	86.8917	55.8314	52.0001	46.155	47.9465
总数	957.9826	993.5114	1069.4416	1139.447	1181.983	1183.9232	1125.6547	1098.5933	1046.7634	934.8129

由表 2-2 可见，与职业教育学校数量相比，我国职业教育学校招生数相对平稳。从数据进一步分析我国职业教育招生数量情况，可以归纳出以下特征：①不同类型的职业教育发展速度不一。总体而言，高等职业教育招生人数上升较快，而中等职业教育招生人数有一定减少。其中，包含高职在内的普通专科招生数由 2005 年的 268.0934 万增加至 2014 年的 337.9835 万，增幅超 25%；中等职业教育招生人数由 2005 年的 666.7195 万降至 2014 年的 619.9991 万，而同期招生总数由 2005 年的 934.8129 万小幅增加至 2014 年的 957.9826 万。数据增减变动情况反映出我国职业教育建设和发展的主要趋势。②中等职业教育中各类型教育增减数量不一。其中，成人中专招生数量增幅较大，由 2005 年的 47.9465 万增加至 2014 年的 74.1601 万，增幅超 50%；技工学校、普通中专招生数量总体平缓，招生总量略有增加；职业初中、

职业高中招生数量降幅最高。其中职业初中由 2005 年的 11.058 万降低至 2014 年的 0.2373 万，降幅达 97.85%，下降比例最高；职业高中招生量则从 248.2117 万降至 161.5358 万，下降 86.6759 万人，下降数量最高（参见图 2-3）。

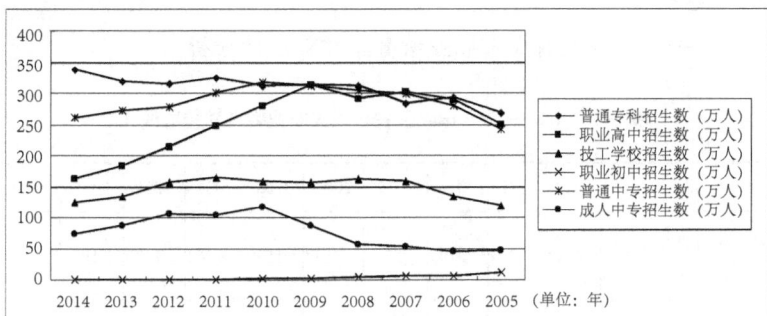

图 2-3　2005—2014 年我国职业教育招生数趋势

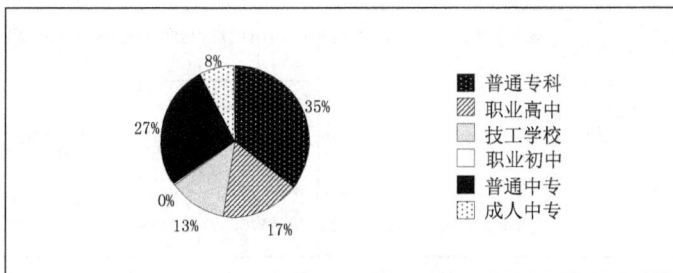

图 2-4　2014 年我国职业教育学校招生数结构比例

结合我国职业教育学校数和职业教育学校招生数综合分析，目前我国职业教育正处于重要发展阶段。十年来，虽然学校数量减少，但是招生规模却稳步增长，这说明我国职业教育通过持续不断的整合和优化，正在逐步做大做强。其中，技工学校、普通中专、高等职业教育的规模不断扩大，尤其是高等职业教育学院规模和招生规模同步大幅提升，进一步反映了我国重视职业教育、大力发展职业教育的现状。当前，我国职业教育处于内涵式发展的关键阶段。

二、农村成人职业教育规模分析

农村成人职业教育是我国职业教育体系的重要组成部分，农村成人教育是普通教育的重要补充，是实现农村劳动力终身职业教育的核心和落脚点。

（一）我国农村成人职业教育学校数统计分析

表 2-3　2004—2013 年我国农村成人职业教育学校数统计

单位：所

	2013	2012	2011	2010	2009	2008	2007	2006	2005	2004
县办农村成人文化技术培训学校（机构）	2349	2280	2403	1717	2107	1599	1262	1426	1071	1694
乡办农村成人文化技术培训学校（机构）	14306	16443	16419	17252	18341	19918	19880	22064	23799	27096
村办农村成人文化技术培训学校（机构）	68590	78164	81384	85425	105741	112728	128066	124002	136054	155980
其他部门办农村成人文化技术培训学校（机构）	2721	2553	2434	1926	2456	2652	3271	2439	3756	6042
总数	87966	99440	102640	106320	128645	136897	152479	149931	164680	190812

由表 2-3 和图 2-5 可知，从总量上看，近年来农村职业教育学校数量下降较快。其中，乡办、村办和其他部门的农村成人文化技术培训学校下降数量较大，而县办农村成人文化技术培训学校则呈现一定增幅。从结构上看，村办农村成人文化技术培训学校比重最大，以 2013 年数量为例，村办农村成人文化技术培训学校数量占农村职业教育数量的 78%（参见图 2-6）。

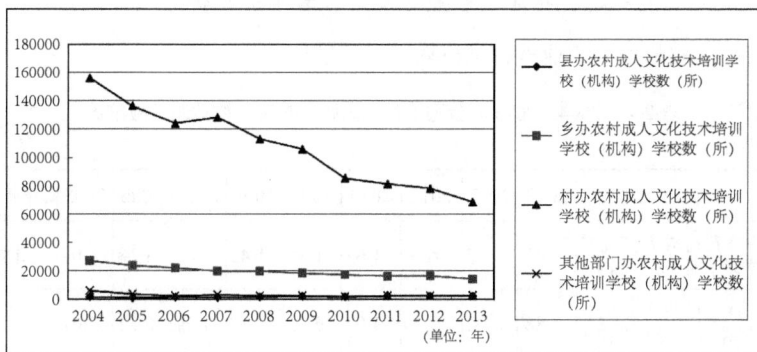

图 2-5　2004—2013 年我国农村成人职业教育学校数趋势

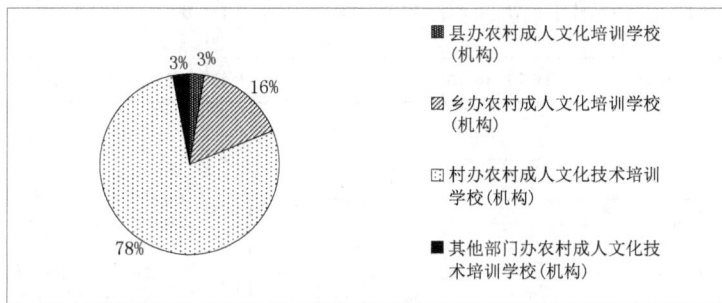

图 2-6　2013 年我国农村成人职业教育学校数结构比例

（二）我国农村成人职业教育学校教师数统计分析

1. 农村成人职业教育学校教职工数统计

表2-4 2004—2013年我国农村成人职业教育学校教职工数统计

单位：万人

	2013	2012	2011	2010	2009	2008	2007	2006	2005	2004
县办农村成人文化技术培训学校（机构）	2.01	1.72	1.79	1.62	1.58	1.43	1.16	1.18	1.07	1.18
乡办农村成人文化技术培训学校（机构）	5.88	6.04	6.76	7.07	6.85	7.18	7.29	7.31	7.61	8.55
村办农村成人文化技术培训学校（机构）	7.77	8.39	9.53	9.61	11.99	12.41	12.97	14.00	14.62	16.28
其他部门办农村成人文化技术培训学校（机构）	0.61	0.41	0.34	0.49	0.53	0.45	0.62	0.41	0.64	0.70
总数	16.27	16.56	18.42	18.79	20.95	21.47	22.04	22.90	23.94	26.71

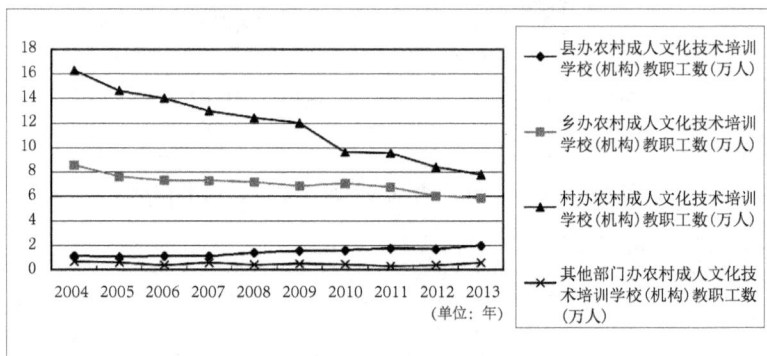

图2-7 2004—2013年我国农村成人职业教育学校教职工数趋势

由表2-4和图2-7可知，从总量上看，近年来农村职业教育学校教职工数量下降较快。其中，村办农村成人文化技术培训学校教职工人数下降数量较大，乡办和其他部门成人文化技术培训学校教职工人数下降相对缓慢，而县办农村成人文化技术培训学校教职工人数则出现近一倍的增幅。从结构上看，乡办和村办农村成人文化技术培训学校教职工人数比重最大，以 2013 年人数为例，二者总和占农村职业教育教职工总数量的 84%（参见图 2-8）。

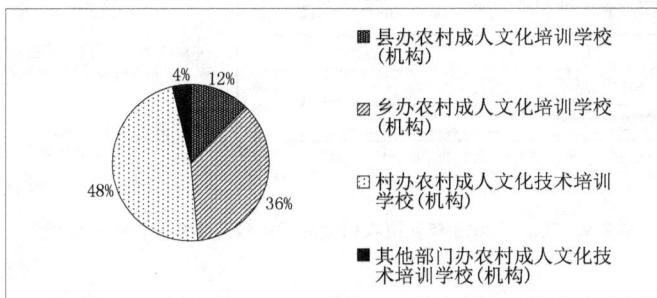

图 2-8　2013 年我国农村成人职业教育学校教职工数结构比例

2. 农村成人职业教育学校专任教师数统计

表 2-5　2004—2013 年我国农村成人职业教育学校专任教师数统计

单位：万人

	2013	2012	2011	2010	2009	2008	2007	2006	2005	2004
县办农村成人文化技术培训学校（机构）	1.49	1.11	1.13	1.02	1.03	0.95	0.71	0.63	0.62	0.72
乡办农村成人文化技术培训学校（机构）	3.44	3.40	3.78	3.60	3.57	3.76	3.96	3.86	3.77	3.97
村办农村成人文化技术培训学校（机构）	3.50	3.81	4.04	4.17	4.65	4.91	5.05	5.39	5.76	5.32
其他部门办农村成人文化技术培训学校（机构）	0.31	0.2	0.19	0.23	0.25	0.22	0.3	0.15	0.26	0.36
总数	8.74	8.52	9.14	9.02	9.5	9.84	10.02	10.03	10.41	10.37

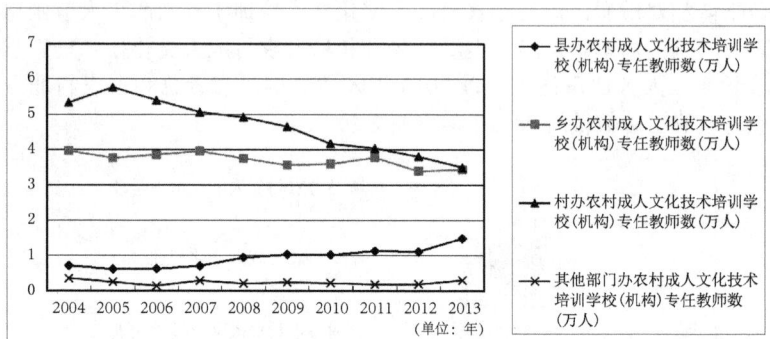

图 2-9　2004—2013 年我国农村成人职业教育学校专任教师数趋势

　　由表 2-5 和图 2-9 可知，从总量上看，近年来农村职业教育学校专任教师数量出现缓慢下降，结合前述教职工总数下降趋势可知，目前农村职业教育学校中非专职教师数量下降更快。其中，村办农村成人文化技术培训学校专任教师人数下降数量最大，乡办和其他部门成人文化技术培训学校专任教师人数总体下降缓慢，近年出现小幅增加，而县办农村成人文化技术培训学校专任教师人数 10 年间则增幅超一倍。从结构上看，乡办和村办农村成人文化技术培训学校专任教师人数比重最大，以 2013 年人数为例，二者总和占农村职业教育专任教师总数量的 79%（参见图 2-10）。

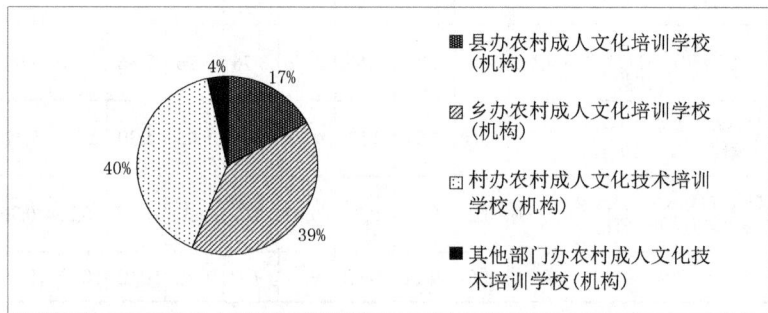

图 2-10　2013 年我国农村成人职业教育学校专任教师数结构比例

（三）我国农村成人职业教育学校注册学生数统计分析

表 2-6 2004—2013 年我国农村成人职业教育学校注册学生数统计

单位：万人

	2013	2012	2011	2010	2009	2008	2007	2006	2005	2004
县办农村成人文化技术培训学校（机构）	300.62	336.28	279.77	283.54	188.89	138.95	116.45	125.2	96.65	837.56
乡办农村成人文化技术培训学校（机构）	1411.92	1460.54	1674.95	1618.17	1695.21	1672.57	1687.07	1691.77	1538.31	1585.25
村办农村成人文化技术培训学校（机构）	1156.76	1262.21	1447.76	1440.38	1727.89	1773.44	1870.06	1928.57	1961.92	2045.43
其他部门办农村成人文化技术培训学校（机构）	145.32	96.99	75.98	73.5	81.19	83.66	96.13	84.73	74.75	204.26
总数	3014.62	3156.02	3478.46	3415.59	3693.18	3668.62	3769.71	3830.27	3671.63	4672.5

从表 2-6 和图 2-11 中可知，从总量上看，近年来农村职业教育学校注册学生数出现一定程度的下降。其中，县办、村办和其他部门农村成人文化技术培训学校的注册学生数下降明显，尤以县办成人文化技术培训学校注册学生数下降最为显著，10 年内下降幅度超过 60%，而乡办农村成人文化技术培训学校注册学生数降幅相对较低。从结构上看，乡办和村办农村成人文化技术培训学校注册学生数比重最大，以 2013 年人数为例，二者总和占农村职业教育学校注册学生总数量的 85%（参见图 2-12）。

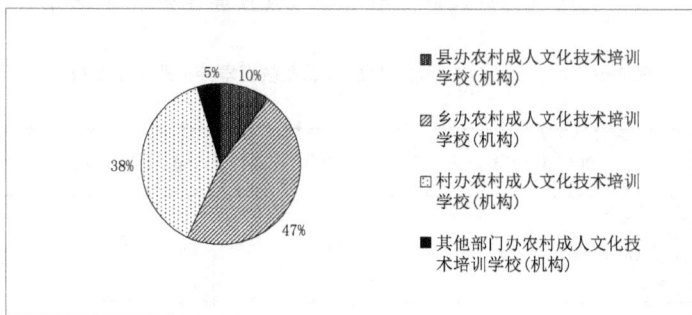

图 2-11　2004—2013 年我国农村成人职业教育学校注册学生数比例

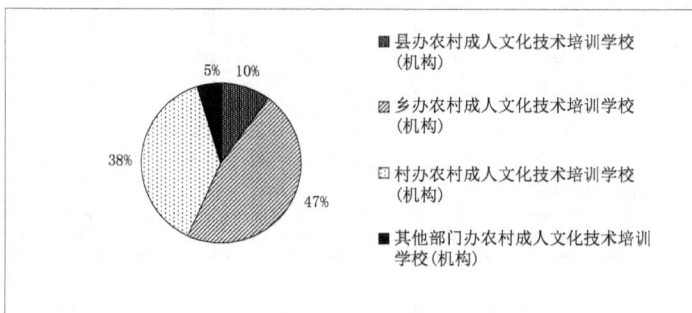

图 2-12　2013 年我国农村成人职业教育学校注册学生数比例

（四）我国农村成人职业教育学校结业学生数统计分析

表 2-7　2004—2013 年我国农村成人职业教育学校结业学生数统计

单位：万人

	2013	2012	2011	2010	2009	2008	2007	2006	2005	2004
县办农村成人文化技术培训学校（机构）	309.4	355.23	309.29	262.84	181.33	150.67	121.42	134.28	124.7	210.19

续　表

	2013	2012	2011	2010	2009	2008	2007	2006	2005	2004
乡办农村成人文化技术培训学校（机构）	1576.95	1644.55	1834.27	1829.86	1910.56	2047.7	2108.88	1978.95	2005.36	2045.49
村办农村成人文化技术培训学校（机构）	1302.74	1407.88	1535.56	1619.02	1915.29	2042.69	2323.45	2314.51	2556.98	2665.58
其他部门办农村成人文化技术培训学校(机构)	200.14	133.4	97.4	91.85	93.96	90.71	99.54	82.73	72.68	197.55
总数	3389.23	3541.06	3776.52	3803.57	4101.14	4331.77	4653.29	4510.47	4759.72	5118.81

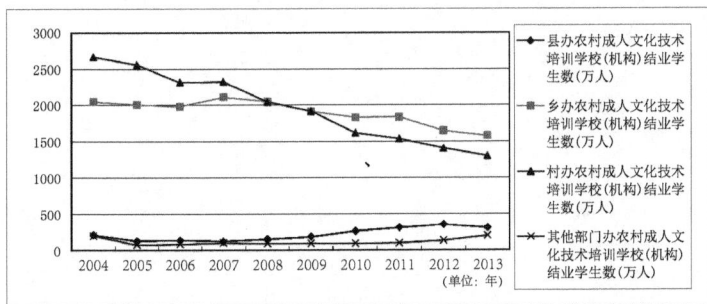

图 2-13　2004—2013 年我国农村成人职业教育学校结业学生数趋势

从表 2-7 和图 2-13 可见，从总量上看，近年来农村职业教育学校结业学生数出现一定程度的下降。其中，乡办和村办农村成人文化技术培训学校的结业学生数下降明显，尤以村办成人文化技术培训学校结业学生数下降最为显著，10 年间下降幅度超过 50%，而乡办农村成人文化技术培训学校结业学生数降幅相对较低；此外，县办农村成人文化技术培训学校结业学生数增长迅速；与此同时，其他部门办农村成人文化技术培训学校结业学生数变动较大，近年来增幅明显。从结构上看，乡办和村办农村成人文化技术培训学校结业学生数比重最大，以 2013 年人数为例，二者总和占农村职业教育学校结业学生总数量的 81%（参见图 2-14）。

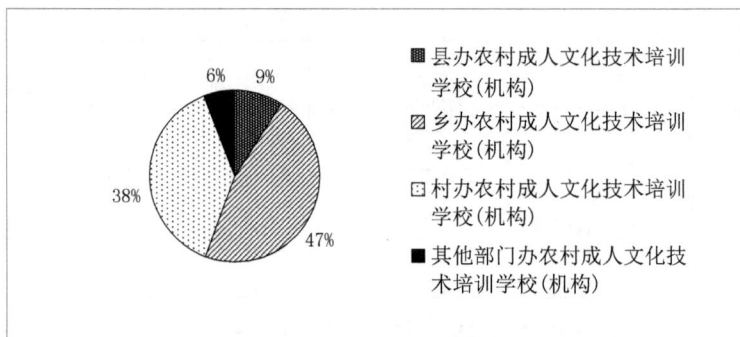

图 2-14　2013 年间我国农村成人职业教育学校结业学生数比例

第三节　农村转移劳动力职业教育行政和业务体系结构现状与问题分析

一、农村转移劳动力职业教育行政体系结构分析

实施和推进农村转移劳动力职业教育是实现农村转移劳动力就业和市民化的基础，也是当前实现中国经济发展转型、产业结构调整的重要战略举措。围绕这一工作，全国各地对农村转移劳动力教育工作进行了有益的探索和实践，取得了一定的实践成果和经验。

其中，广东省在农村转移劳动力职业教育方面成果斐然，通过职业教育三级联动机制促进了教育形式多样化、内容丰富化，并且具有一定区域特色的职业教育体系的建立。目前，广东省的三级联动管理组织架构实行省、市、县（区）垂直联动管理。

（一）省级教育行政管理体系结构[1]

在省级层面，广东通过设立省农民工工作联席会议，统一协调广东全省的农村转移劳动力教育培训和就业工作。为保障广东农村转移劳动力教育培训和就业日常工作的有效开展，农民工工作联席会议日常事务由广东省农民工办负责。

在此基础上，劳动保障部门负责制定广东省内农村转移劳动力总体规划和实施方案，协调相关部门关于劳动力转移的相关政策，协调各类劳动力转移教育培训资源，会同相关部门下达农村转移劳动力的相关任务，进行农村转移劳动力职业教育的组织宣传和发动工作，分类开展职业教育和培训，并进行教育培训后的就业指导服务工作。

教育部门负责农村转移劳动力的教育培训工作，组织中等职业学校参与劳动力转移技能教育培训工作，同时积极发动未能升学的农村初高中毕业生参与职业能力培训。

财政部门负责农村转移劳动力的财政资金管理，根据农村转移劳动力就业教育与培训的需要，编制农村转移劳动力教育培训和就业补

---

[1]　本部分内容根据《广东省农村劳动力技能培训及转移就业实施办法》整理编撰。

助专项资金预算，同时负责对财政资金使用上的监督管理，制定财政资金使用办法，保证资金落实，从而提高专项资金的使用效益。

监察部门负责农村转移劳动力就业教育与培训情况的监督检查工作，查处和纠正农村转移劳动力就业教育与培训工作中的违法违纪行为。

统计部门负责农村转移劳动力就业教育与培训情况的统计工作，组织开展农村转移劳动力就业教育与培训工作的普查和抽查活动，建立农村转移劳动力就业教育与培训统计分析制度。图2-15为广东省省级教育行政管理结构图。

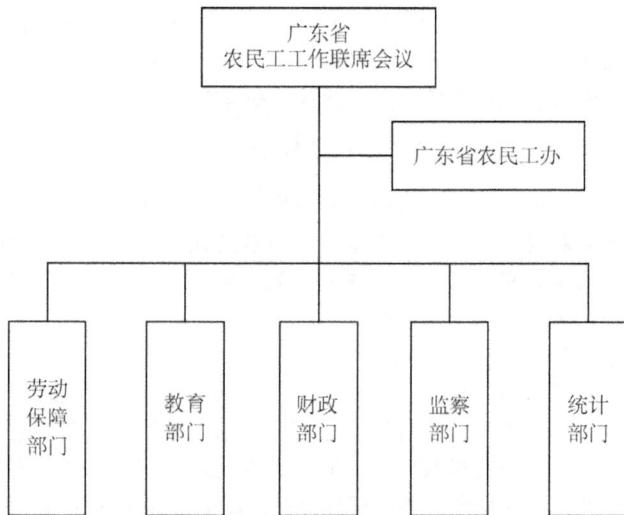

图2-15 广东省省级教育行政管理结构图

（二）市级教育行政管理体系结构[1]

在上级机关领导下，广东省各省辖市进行农村转移劳动力转移就业工作的具体实施。以广东东莞为例，东莞市"创业东莞"工程领导

---

[1] 本部分内容根据《东莞市农村劳动力技能培训及转移就业实施方案》整理编撰。

小组负责统筹协调、指导、监督和考核该市的农村转移劳动力教育培训和就业工作。农村转移劳动力转移就业的具体日常工作由领导小组办公室整体负责，该部门设立于东莞市劳动局。

东莞市劳动局负责研究制订农村劳动力转移总体规划，协调和执行相关部门关于劳动力转移的相关政策，整合各类劳动力转移教育培训资源，会同相关部门下达农村转移劳动力的相关任务，进行农村转移劳动力职业教育的组织宣传和发动工作，分类开展职业教育和培训，同时进行培训后的就业指导服务工作，完善人力资源市场信息网络和服务体系。

东莞市教育局负责农村转移劳动力的教育培训工作，组织中等职业学校参与劳动力转移技能教育培训工作，同时积极发动未能升学的农村初高中毕业生参与职业能力培训。

东莞市财政局负责农村转移劳动力的财政资金管理，需要根据农村转移劳动力就业教育与培训的需要，编制农村转移劳动力教育培训和就业补助专项资金预算，同时负责对财政资金使用上的监督管理，制定财政资金使用办法，保证资金落实，从而提高专项资金的使用效益。

东莞市监察局负责农村转移劳动力就业教育与培训情况的监督检查工作，查处和纠正农村转移劳动力就业教育与培训工作中的违法违纪行为。

东莞市统计局负责农村转移劳动力就业教育与培训情况的统计工作，组织开展农村转移劳动力就业教育与培训工作的普查和抽查活动，建立农村转移劳动力就业教育与培训统计分析制度。图 2-16 为广东省东莞市市级教育行政管理结构图。

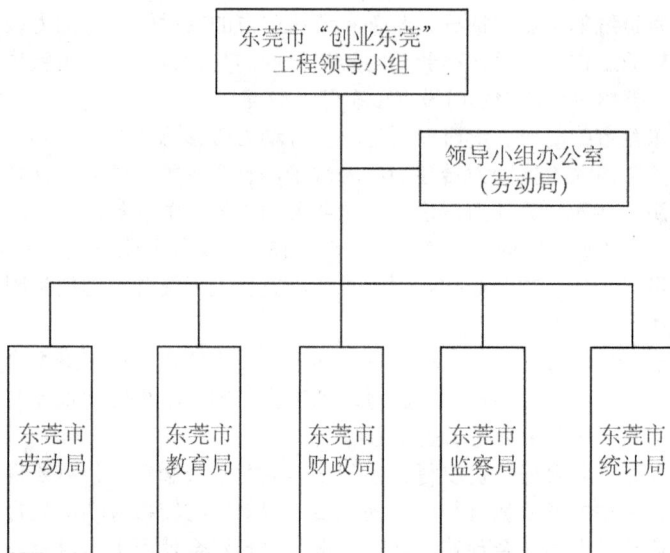

图 2-16 广东省东莞市市级教育行政管理结构图

（三）县级教育行政管理体系结构 [1]

在地级市领导下，各县进行农村转移劳动力转移就业工作的具体实施。以广东省惠州市博罗县为例，该县由农村劳动力转移工作领导小组负责组织协调、规划转移劳动力技能教育培训和转移就业工作。博罗县下属各镇政府、县直相关部门也同样配备了相应的领导小组，设置相关机构和配备人员，在县农村劳动力转移工作领导小组的指导下开展农村转移劳动力转移就业和教育培训工作。

具体在下属职能机关部门的分工上，博罗县人力资源和社会保障局按照国家和省、市、县农村劳动力技能教育培训和转移就业的有关规定，协调、组织当地农村劳动力技能教育培训和转移就业工作，负责当地农村劳动力转移工作的具体实施，同时会同相关部门下达和完成农村转移劳动力的相关任务。

---

[1] 本部分内容根据博罗县农村转移劳动力教育培训相关文件整理完成。

博罗县教育局负责农村转移劳动力的教育培训工作，重点抓好农村初、高中毕业生参加技能培训的生源组织发动工作。

博罗县财政部门负责农村转移劳动力的财政资金管理，依据农村劳动力技能培训和转移就业专项经费政策有关规定，统筹规划资金的使用、监督指导等工作。

其他相关单位和部门负责各组专业内的相应技术培训。如其中博罗县农业局、水果生产办公室、农业技术推广中心负责当地农村劳动力农业技术的教育培训工作；农业机械管理局负责当地农业机构类人员的教育培训工作；畜牧兽医局负责当地畜牧兽医类人员的教育培训工作，等等。

二、农村转移劳动力职业教育业务体系结构分析

在当前新型城镇化建设不断推进的背景下，农村劳动力转移进入了攻坚阶段，这对于当前农村转移劳动力职业教育提出了更高的要求。经过多年建设，各省、自治区和直辖市在下辖市、县、乡镇各级形成了由政府、教育培训机构、企业等组成的涵盖多类型主体的教育培训网络，形成了一定教育培训规模，并取得了一系列教育培训成果。

当前新型城镇化建设对农村转移劳动力职业教育机制提出了新的愿景，对职业教育业务主体结构创新提出了新的要求。在此背景下，强化对农村转移劳动力职业教育网络的探索，进行多元主体教育培训网络结构的研究，对完善农村转移劳动力职业教育体系，进一步推进农村转移劳动力市民化发展战略具有一定的研究意义。

（一）职业教育的网络主体界定

农村转移劳动力职业教育单位是职业教育网络中的主体。《农村转移劳动力职业培训阳光工程项目管理办法（试行）》中规定，负责教育培训项目的培训单位必须具备以下条件：①具有独立法人资格和职业教育或技能培训资质；②具备承担农村劳动力转移培训相应岗位必备的培训场所、教学设施设备、实训基地和师资等基本条件；③有相对稳定的转移就业渠道，有较大规模的职业介绍能力；④熟悉农民教育培训特点，具有较好的农民培训工作基础和业绩；⑤培训场所和实

训基地贴近农民，能够在输出地方便农民接受培训。

此外，一些地方根据本地区的情况对农村转移劳动力教育培训机构的资质和主体资格进行了专门性的规定，例如福建省出台的《农村劳动力转移定点培训机构认定》（闽劳社办〔2006〕119号）中规定，申报农村劳动力转移定点培训机构必须具备以下条件：①具有独立法人资格和技能培训或职业教育资质；②具备承担农村劳动力转移培训相应岗位必备的培训场所、教学设施设备、实训基地和师资等基本条件，规章制度健全，内部管理规范；③专业和课程设置适应劳动力市场需求，培训方法和形式灵活，能够贴近农民，方便农民就地就近接受培训；④具有一定的培训规模和比较稳定的就业渠道，培训质量好，培训后就业率较高；⑤愿意在政府有关部门的宏观指导下，积极承担农村劳动力转移培训任务。

近年来，一些地方通过社会招标的方式对农村转移劳动力职业教育主体进行资质管理，例如云南省永仁县在《2015年贫困地区劳动力转移培训项目培训机构采购招标公开招标公告》中规定，永仁县劳动力转移培训项目教育培训机构采购招标需要符合：①《中华人民共和国政府采购法》第二十二条规定的投标人资格条件；②申请人须是在中华人民共和国境内注册，具有独立法人资格和县级以上政府相关部门认定的职业教育或职业技能培训资质；③具有两年以上的相应办学培训经历；④具备转移培训必备的培训场所、教学设施、实习基地和师资力量等基本条件，并能方便农民就近参加培训；⑤有转移就业渠道或有职业介绍能力；⑥熟悉农民教育培训特点，具有较好的农民培训基础和业绩。⑦愿意在政府和有关部门的指导下，积极承担农村贫困劳动力转移培训任务。

总而言之，作为农村转移劳动力职业教育工作的承担主体，培训单位需要具有师资、场所和设施等硬性条件，还需要具备良好的教学质量和能够促进转移劳动力就业的社会网络关系等软性条件。在此概念范围内，农村转移劳动力职业教育主体包括各类大专院校、培训学校、培训机构，甚至符合要求的企业也在此范围内。

（二）基于 UCINET 的某市农村转移劳动力职业教育网络可视化分析 [1]

江苏省 Y 市系县级市，属于传统农业大市。随着近年来农业现代化水平的不断提高，该市务农人数不断下降，农村转移劳动力职业教育成为该市推进农村劳动力人口转移的一项重要举措。

为了厘清农村转移劳动力职业教育网络结构，从而为优化培训网络提供政策建议，本书以下内容将以该市的农村转移劳动力职业教育网络作为研究样本，借助于社会网络分析方法和工具，[2] 基于该市现有农村转移劳动力职业教育网络展开社会网络结构分析，旨在发现当前教育网络构建中存在的问题，从而为进一步完善农村转移劳动力业务体系、促进农村转移劳动力事业的推进提供参考。

社会网络研究的首要步骤就是要选择网络节点，界定网络边界。对该市农村劳动力职业教育网络的研究将围绕该市的政府主管部门、教育培训机构和企业等构成的多元教育培训主体网络而展开。其中政府主管部门是相关教育培训政策的制定者，也是各类教育资源的协调者；教育培训机构直接承担农村劳动力的教育培训工作，负责农村转

---

[1] UCINET 软件是由加州大学欧文（Irvine）分校的网络研究者开发的社会网络分析工具，UCINET 网络分析集成软件包括一维与二维数据分析的 NetDraw 和三维展示分析软件 Mage 等。利用 UCINET 软件可以读取 txt、KrackPlot、Pajek、Negopy、VNA 等格式的文件，可以进行中心性分析、子群分析、角色分析和基于置换的统计分析等。该软件是目前最流行的社会网络分析工具。

[2] 社会网络（social network）是社会行动者及其间关系的集合，是一种基于节点之间的相互连接而非明确的边界和秩序的社会组织形式。可以说一个社会网络是由多个点（社会行动者）和点间连线（行动者间的关系）构成的集合。社会网络方法是一种社会学研究方法，通过对网络中关系的分析，探讨网络的结构、个体和整体属性特征。该方法在教育领域应用，旨在探究学习者所构成网络的特点，并在此基础上进一步探讨对于该网络的改进策略。社会网络分析包括中心性分析、凝聚子群分析、核心—边缘结构分析以及结构对等性分析等。社会网络分析工具有 UCINET、Pajek、NetMiner、STRUCTURE、MultiNet、StOCNET 等。

移劳动力教育培训工作的实施，包括市职教中心、市电大、乡镇成人教育中心校以及社会培训机构等；而企业既承担吸纳农村劳动力的任务，也承担一部分劳动力的岗前培训。针对某市的农村转移劳动力职业教育网络的上述主体，本书采取随机抽样与分层抽样相结合的方法，最终选取政府劳动力职业教育主管部门、教育培训机构、农村劳动力吸纳企业作为研究样本，共计 23 个网络节点。在进行网络结构分析时，分别以 A1 指代政府劳动力职业教育主管部门，C1～C11 指代培训主体（C1 表示市职教中心、C2 表示市电大、C3～C8 表示该市重点乡镇的成人教育中心校，C9～C11 表示社会培训机构），E1～E10 指代劳动力吸纳企业，这些企业在吸纳劳动力就业的同时，也通过订单班和委托培训的形式参与到培训过程中。

本书对教育培训机构和相关企业之间的培训合作关系进行了逐一调查和分析，并在此基础上编制了 0—1 关系矩阵，其中 1 表示行动者之间存在合作关系，0 表示行动者之间没有合作关系。而后对关系矩阵进行了对称化处理，并借助于 UCINET 计算该网络中各成员单位的节点数、中心度和结构洞等网络指标，进行当前该市劳动力职业教育结构性指标的分析。

某市农村转移劳动力职业教育网络结构如图 2-17 所示。

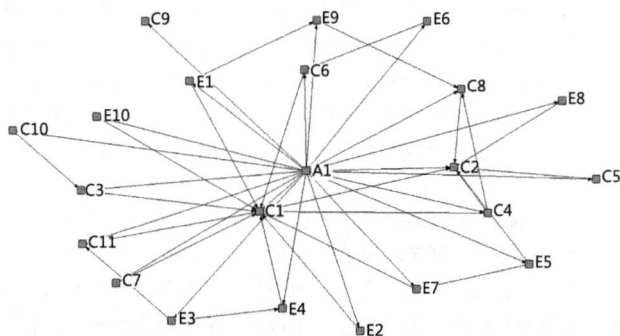

图 2-17 某市农村转移劳动力职业教育网络结构图

由图 2-17 可以看出，政府部门 A1 位于当前农村转移劳动力职业教育工作的中央，负责与企业、教育培训机构等各类型网络主体的协调与沟通，居于绝对核心的位置；市职教中心 C1 一方面承担了一定的规模的企业培训，另一方面与其他教育培训机构联系广泛，因而处于农村转移劳动力职业教育网络的中心位置；该市电大也积极参与了农村转移劳动力职业教育培训工作，所以也接近中心位置；C9 在政府的支持下自主进行社会培训，与其他培训主体和企业无直接联系，所以网络图中除政府主体外，该主体并未与其他主体发生联结；另外，图中显示其他社会教育培训机构、企业之间存在一定的联系，一些教育培训机构通过订单班的形式和企业共同推动劳动力职业教育。

通过计算所得，该市农村劳动力职业教育网络密度（Density）为 0.100。由这一数据结果可知，该网络中培训主体之间密度较小，这也印证了当前该市教育培训各主体结构中虽具有一定程度的互动合作交流，但是总体而言，农村劳动力职业教育主体间的联系还不够紧密，各主体间还有待进一步加强彼此间的互动。

（三）网络结构性参数及其测量

社会网络视角下的农村转移劳动力职业教育网络是劳动力职业教育各主体以职业教育为纽带建立的各类关系的总和，对其进行结构分析有助于厘清当前教育培训网络中各主体间的关系，并籍此判断网络性质、特点以及存在的问题。在针对社会网络进行结构分析的过程中，往往借助于节点度、中心度和结构洞等结构性指标进行测量。

1. 节点度

节点度（Node Degree）是与某个节点直接连接的其他节点的个数，是与这个节点相邻的全部节点的数量。这一指标描述了节点进行网络联系的总体规模，如果一个节点与许多其他节点直接连接，则该节点具有较高的度数中心度，表明该节点在网络中比较重要，说明该节点具有较大的"权力"。在社会网络分析中，关于节点度的测量有绝对度数中心度和相对度数中心度，其中绝对度数中心度反映直接与该点相连的点数，相对度数中心度反映绝对度数中心度的标准化形式，后者多用于不同规模网络图的比较。鉴于本书的性质和农村转移劳动力职业教育网络的特点，本书采用绝对度数中心度来测量与网络个体直接相连的点数，以此来反映网络节点在整个网络中所处的位置和拥有关系权力的大小。

表 2-8　某市农村转移劳动力职业教育网络节点度数据

序号	节点测度	序号	节点测度
A1	21	C1	12
E1	3	C2	7
E2	2	C3	3
E3	3	C4	4
E4	3	C5	2
E5	3	C6	3
E6	2	C7	2
E7	3	C8	4
E8	2	C9	1
E9	3	C10	2
E10	2	C11	3

　　由社会网络理论可知，节点度和网络关系存在正相关。在农村转移劳动力职业教育网络中拥有较高的节点度，就意味着组织在网络中具有较多的机会接触其他网络主体，这为组织进行正式和非正式的交流与沟通、获取网络资源和信息创造了良好的条件。由表 2-8 可见，在由政府主体、教育培训机构、企业等多类型主体构成的劳动力职业教育网络中，A1 居于中心位置，具有 21 个节点规模，政府主体与各类培训主体均建立有联系。而在非政府主体中，C1 节点数量规模最高。C1 为市职教中心，承担了该市相当数量的农村转移劳动力职业教育工作，同时与企业建立有良好的联系，此外，职教中心还参与一些培训课程标准的制定，与当地其他教育培训机构也保持了较好的联系，因而在培训网络中具有强大的影响力。当然，从数据中也难不发现，一些培训主体处于相对封闭的孤立状态，节点度不高，除了与政府机构的联系之外，与企业和其他教育培训机构的联系较少。

2. 中心度

中心度（Centrality）是用来测量网络主体在社会网络中权力大小、位置优劣的指标。中心度的描述指标包括接近中心度和中介中心度等指标。其中接近中心度是测量网络节点之间的"距离"指标，一个节点与其他节点越接近，越可能处于网络的中心，也越容易传递信息。中介中心度用来反映节点可以从多大程度上控制其他网络主体的交往，体现了一个节点位于网络中其他节点对（Point Pair）的中间程度的测度。换言之，中介中心度就是某一节点处于在网络中任意两个节点捷径上的能力。Freeman 认为，处于这种位置的个人可以通过控制或者曲解信息的传递来影响群体。[1]与网络中其他主体相比，占据网络优势位置的主体无疑将有机会获得更多的知识和信息。

表 2-9　某市农村转移劳动力职业教育网络中心度数据

序号	接近中心度	中介中心度	序号	接近中心度	中介中心度
A1	100.000	70.556	C1	70.000	12.698
E1	53.846	0.238	C2	60.000	2.937
E2	52.500	0.000	C3	53.846	0.238
E3	53.846	0.159	C4	55.263	0.159
E4	55.263	0.159	C5	52.500	0.000
E5	53.846	0.159	C6	53.846	0.238
E6	52.500	0.000	C7	52.500	0.000
E7	55.263	0.159	C8	55.263	0.476
E8	52.500	0.000	C9	51.220	0.000
E9	53.846	0.238	C10	52.500	0.000
E10	52.500	0.000	C11	53.846	0.159

由社会网络理论可知，接近中心度数值越大，表明越接近其他网络主体。由表 2-9 可见，在本书的接近中心度测量中，A1 的接近中心

---

[1]　FREEMAN. The development of social network analysis[M]. Vancouver: Empirical Press, 2006.

度最大，说明政府节点与其他点的距离最近，处于网络的中心位置。从教育培训机构看，C1 的接近中心度为 70.000，在所有的教育培训机构中数值最高，表明市职教中心与政府、企业，以及其他教育培训机构节点位置较近，与上述主体具有高强度的沟通和交流。C2 的接近中心度次之，值为 60.000，说明该市电大与其他培训主体同样保持着较为密切的关系，而其余 C 类机构数值较小，说明他们与其他网络主体的距离较远。从企业角度看，其接近中心度普遍数值不高，这是由于在当地，企业并不是培训的主导方，而是处于农村转移劳动力职业教育培训的最末端，在培训中通常扮演参与者和配合者的角色，因此企业节点与其他网络节点普遍距离较远。

中介中心是测量网络行动者对于资源的控制程度的重要指标，一般这一测度值处于网络中心度取值的 0 ~ 1 之间。值越大，特定行动者控制其他主体交往的权力越强；值越小，就越趋向于边缘化，权力越弱。从本书的数据来看，除政府主体外，C1、C2、C8 的测度值较高，说明他们位于与较多其他培训主体交往的路径上，具有较强的控制其他网络主体的能力，在劳动力职业教育方面具有较强的话语权和影响力；与此同时，企业 E2、E6、E8、E10，以及教育培训机构 C5、C9、C10 的中介中心度为 0，说明以上主体不能控制网络中的任何一个节点，对网络中的信息、能量、资源的影响力相对薄弱，在劳动力职业教育网络中处于相对边缘化的位置。

3. 结构洞

Burt 率先提出了结构洞（Structure Holes）理论，指出结构洞是行动者之间的非冗余的连接，是一种由三个以上行动者关系形成的特殊结构，这一结构可以为中间人带来利益。假设 i, j, k 三个节点构成了一个关系网络，如果 i, j 与 k 有联系，但是 i, j 之间却没有关联，此时 k 就是一个结构洞，因为 i, j 之间如果要有联系，必须要借助于节点 k，i 与 k 的"桥"关系。结构洞在网络中扮演中间人的角色，结构洞为中间人获取"信息利益"和"控制利益"提供了机会，从而成为社会资本。

在结构洞的测量上，UCINET 中的结构洞指标包括有效规模、效率、限制度和等级度等多种不同的结构洞测度指标。目前国内外的研究，普遍将"有效规模"作为测度指标。一个节点的有效规模等于这一节点的个体网规模与网络冗余度之差。

表 2-10　某市农村转移劳动力职业教育网络结构洞数据

序号	结构洞	序号	结构洞
A1	19.071	C1	10.179
E1	1.833	C2	4.875
E2	1.250	C3	1.875
E3	1.667	C4	1.875
E4	1.833	C5	1.250
E5	1.833	C6	1.833
E6	1.000	C7	1.250
E7	1.833	C8	2.250
E8	1.250	C9	1.000
E9	1.667	C10	1.250
E10	1.250	C11	1.833

通过对农村转移劳动力职业教育网络结构洞的测量，由表 2-10 可以发现，A1 的值最大，占有结构洞数量最多，其有效规模与实际规模比较接近，究其原因，是由其教育培训组织管理者的地位所决定的。C1 的测度值为 10.179，在调查涉及的非政府主体样本中数值最高，表明其在网络中占据的结构洞数量众多，占有绝对有利位置，同时，其在网络中应用结构洞的能力很强。这与 C1 作为职教中心校的工作性质具有很大的关联。该校在农村转移劳动力职业教育中与当地很多企业建立有直接的联系，同时，该校还与其他教育培训机构进行交流，进行师资上的培训和指导，这使得其自身很容易发挥"知识中介人"的角色，凭借自身的位置权力来获得异质知识和信息。但另一方面需要看到的是，在培训网络中，仍有一些培训主体拥有较少的结构洞数量，这将使得其很难接近网络中的其他企业，对于异质组织的信息流及资源的获取也就无从谈起，这对于培训知识的更新及其自身的发展

极为不利。

　　以上分析可见，该市已经形成了由政府、教育培训机构、企业等组成的涵盖多层级多类型教育培训主体的网络，具有一定的培训规模。但是从运行效果上看，各类培训主体间的交流和协同还有待增强，纵向和横向资源整合还有待优化，部分教育培训机构开设的课程与企业和市场需求脱轨，教育培训内容缺乏实用性，培训方法缺乏针对性，以至于教学效果受到影响。上述瓶颈问题若得到突破和解决，将有助于提高农村劳动力转移的效率和效果，从而更好地推进农村剩余劳动力的转移工作。

第四节　农村转移劳动力职业能力现状与问题分析

当前我国正处于新型城镇化建设的攻坚阶段,其中"人"的城镇化,特别是以农村转移劳动力为主体的"市民化"是整个新型城镇化建设的核心。在农村转移劳动力"市民化"进程中,通过职业教育提升其职业能力是一条关键路径。

尽管基于农村转移劳动力现有职业能力需求设计的职业教育更有针对性,但在农村转移劳动力向新市民转化的职业成长各阶段,职业能力需求各不相同。在农村转移劳动力职业转化早期,主要需求是掌握基本就业技能,实现就业转移。而在实现就业,达到职业稳定后,劳动力的能力需求则趋向于多样化:既有掌握新技术,实现职业胜任的需求,又有了解新行业,实现职业转型的需要,更有促进职业发展,赢得职业提升的需要。[1] 在这一形势下,我们需要充分认识到农村转移劳动力市民化进程中职业能力提升和职业教育任务的长期性,农村转移劳动力职业生涯各阶段的多样化职业能力需求必须通过持久的、连续的职业教育机制来达成。

一、我国农村转移劳动力市民化进程中职业能力整体现状

为推动农村剩余劳动力的顺利转移,我国加大了对农村转移劳动力的职业能力投入,使我国农村转移劳动力的职业能力得到了较快的提升。

从我国农村转移劳动力的职业能力层次看,万伟平 [2]、陆素菊 [3] 等通过调查发现当前我国农村转移劳动力职业能力以技术性能力为主,虽然近年来取得了较大的提高,但整体职业能力水平仍具有较大的提

[1]　石伟平,陆俊杰.城镇化市民化进程中我国城乡统筹发展职业教育策略研究 [J].西南大学学报(社会科学版),2013(04):53-63.

[2]　万伟平.产业转型期农民工职业教育培训现状、需求与对策研究 [J].职教通讯,2016 (7) :56-60.

[3]　陆素菊.优化农民工职业能力提升路向的思考——基于劳动力供给的视角 [J].职教论坛,2015 (31) :25-29.

升空间。从职业能力投入形式看，当前我国农村转移劳动力职业能力投入以教育培训投入为主要形式，主要针对基层技术岗位，尤其是制造业的技术岗位展开。其中，电工、车工、焊工、钳工、缝纫工、操作工等一线岗位工种的能力培训占据主体，除此以外服务业的培训也占较大比例，如插花、家政、家电维修、电脑装配等。从职业能力投入方向看，当前方向主要针对初级岗位从业所需的初级技术性能力展开突破，侧重于技术岗位的上岗培训，讲授从事具体工作所需的技能和工作规范，培训内容涉及从事相关岗位所需的操作技能、劳动安全和企业规章等方面。整体而言，前期大规模的农村转移劳动力的职业能力投入迅速提高了农村转移劳动力的就业能力，帮助其迅速获得了从事非农产业的相关技术，从而有助于实现行业和岗位迁移。

二、我国农村转移劳动力市民化进程中职业能力存在的问题

（一）现有职业能力滞后于市民化发展需要

当前我国已经进入新型城镇化建设的攻坚阶段，从整体职业能力的角度来看，农村转移劳动力不仅要实现自身就业，还要通过职业成长和发展来不断持续推动自身的市民化。这对农村转移劳动力的职业能力提出了更高的要求，意味着农村转移劳动力不仅需要具有基本技术性能力以满足基本就业需要，更需要中高级技术性能力和非技术性能力以满足职业成长需要。

从现实来看，现有农村转移劳动力的职业能力以初级技术性能力为主，尚不能满足农村转移劳动力市民化进程中的职业成长需要。换言之，当前农村转移劳动力的职业能力已经滞后于市民化进程对农村转移劳动力的职业能力提升需求，这也意味着农村转移劳动力亟需通过自身的职业能力提升来满足自身市民化进程中的职业成长需要。

（二）职业能力教育投入存在结构性失衡

目前，我国对农村转移劳动力的职业能力投入以具体技术性岗位的职业能力培训投入为主要方向，以初级技术性能力培训为主要内容。通过 20 年来持续的职业能力投入，我国农村转移劳动力的技术性能力取得了极大的提升。与此同时，需要看到的是当前包括政府、企业等

在内的主体对于农村转移劳动力非技术性能力的教育投入相对不足，过于倚重技术性能力投入带来的短期利益和眼前利益，对职业培训的长效机制重视不够，因此造成了当前农村转移劳动力非技术性能力相对偏低，整体职业能力内在结构失衡的现实状况，形成了农村转移劳动力职业能力洼地现象。当前，对于农村转移劳动力的职业能力结构失衡问题，如不引起重视，势必会影响未来农村转移劳动力的市民化效果和质量。

（三）职业能力的区域性差距明显

通过以上分析可知，我国农村转移劳动力职业能力整体水平显著提高，但不同地区间农村劳动力职业能力水平还存在很大差距。以江苏为例，当前江苏省农村转移劳动力职业能力的区域性差异主要表现为两方面：一方面，苏南劳动力各方面职业能力指标普遍高于苏北劳动力；另一方面，较之技术性能力，苏南苏北转移劳动力非技术性能力差异巨大。具体而言，在技术性能力方面，苏南苏北转移劳动力差距仅为8.00%，而非技术能力中的方法能力差距为17.57%，非技术能力的社会能力差距更达到24.38%。[1] 以上调查结果反映出两地农村转移劳动力的职业能力差距主要并不在技术性能力方面，非技术性能力上的差异才是当前江苏省农村转移劳动力职业能力差距的主要方面。以上分析可知，江苏省农村转移劳动力的职业能力在苏南、苏北不同区域具有显著性差异，拓展至全国范围，江苏的劳动力职业能力现状同样可以从一定程度上折射出国内不同地区间的职业能力差异状况。

三、我国农村转移劳动力市民化进程中职业能力存在问题的深层次原因剖析

上述分析对当前我国农村转移劳动力职业能力存在的主要问题进行了阐述。为提高后续策略性研究的针对性，还需要对当前问题展进一步的深层次原因剖析，具体可归纳为下述四个方面。

---

[1]　统计数据来源于2014年度江苏省社科基金青年项目"新型城镇化进程中农村转移劳动力职业能力提升研究"的研究报告。

（一）政府对农村转移劳动力职业能力提升的中长期规划不足

在"远景—目标—行动"框架下，以就业为导向和以市民化为导向的农村转移劳动力职业能力提升体系是两种截然不同的目标体系。在当前新型城镇化攻坚阶段，政府目标除了引导农村转移劳动力实现职业迁移、地域迁移外，还要进一步推动其市民化。新型城镇化进程中的农村转移劳动力不仅具有基本的就业需要，还具有市民化职业成长的需求。然而，现有劳动力转移职业能力教育培训主要是针对一线岗位的技术性能力进行的培训项目设计。这类培训以解决转移劳动力的现实就业问题、提升就业能力为导向，但是并未充分考虑劳动力后续职业成长的需要。从短期看，现有机制对促进农村劳动力转移就业具有一定的推动作用；但是从长期看，这一机制亟待更加完备的设计和筹划，以兼顾农村转移劳动力在市民化成长中的技术性能力和非技术性能力的提升需求。

（二）企业对非技术性能力教育投入的重视不够

从实际情况来看，目前农村转移劳动力普遍都会参加企业组织的各类员工入职培训，培训内容涵盖企业规章、操作技能、操作流程和安全规范等方面。然而，此类培训以技术性能力培训为主，为的是能即时上岗操作，而非以全面职业能力提升为目标。换言之，目前国内企业普遍重视农村转移劳动力的技术性能力教育投入，而对非技术性能力的投入普遍不足，甚至极少关注。这主要与企业在培训效果的直接投入产出效率上的短视认知有关。一些企业认为，技术性能力教育投入后可以直接见效，而非技术性能力教育投入期长，投入成本高，见效慢，因此企业对非技术性能力教育投入缺乏积极性。

（三）劳动力对职业能力提升的主动性不强

从农村转移劳动力的角度看，一些人员对提升职业能力主动性不强，尤其对参加农村转移劳动力转移职业能力培训的意愿度不高，存在一定的认识误区。考虑到职业能力提升主动性不强会对职业成长造成直接影响，甚至滞缓市民化进程，故而对于这一问题要引起警惕，进行重点关注。

针对农村转移劳动力职业能力提升意愿的调查数据显示，11.4%

的受访者表示很不愿意参加职业能力提升的继续培训，33.3% 的受访者表示不太愿意参加职业能力提升的继续培训，这表明近一半的受访者对参与培训缺乏兴趣，培训意愿不够强烈。经过进一步调研发现，在表示培训意愿度不高的受访者中，42.74% 的受访者认为培训会影响工资收入，这种观点在计件制制造业企业中较为普遍；24.79% 的受访者认为培训效果不明显，18.95% 的受访者认为因为家庭原因或其他原因没有时间参与继续培训，13.52% 的受访者因为教学环境等其他原因不愿意参与培训。[1] 从上述调查结果中不难发现，超过一半的受访者对参与职业能力提升培训缺乏积极的培训动机，对培训的投入产出效果缺乏正确的认识。

（四）社会各类机构之间整体协作性较弱

从整体上看，为提升农村转移劳动力的职业能力，目前我国相关培训机构从数量上已经初具规模，职业能力培训项目种类也日趋完善，但在当前培训资源的整合方面还存在管理体制上结构松散、协作协调不力的问题。目前各地虽有人力资源与劳动保障行政部门统一领导，有职业培训指导中心及相关部门进行整体协调，以及民政、财政、工会、妇联、共青团等部门共同参与，但在整体管理上还比较松散，跨部门间的联系和交流还不够，协作强度和协作深度也尚且不足，培训资源处于割裂状态，不能够协同各类资源共同推动新形势下农村转移劳动力职业能力的提升。

---

[1]　统计数据来源于 2014 年度教育部人文社会科学研究青年基金"新型城镇化进程中农村转移劳动力职业教育研究"的研究报告。

总　结

　　本章分析了我国农村转移劳动力职业教育的沿革和现状。从思路上看，本章分别从宏观政策，中观教育规模、教育组织，微观的劳动力职业能力上，对我国农村转移劳动力职业教育进行了系统性分析。

　　其中第一节是农村转移劳动力职业教育政策的历史沿革。该节通过阐述近 40 年来我国劳动力职业教育的主要政策法规，对我国该领域政策法律的发展轨迹进行了梳理。该节分析按照时间先后围绕 1979—1983 年的农村剩余劳动力转移阶段、1984—1991 年的第一次"民工潮"阶段、1992—2000 年的第二次"民工潮"阶段、2000—2007 年的农村劳动力转移规模化阶段，以及 2008 年至今新形势下农村劳动力转移阶段共五个时期进行了相关职业教育政策的分析和阐述。第二节为我国劳动力职业教育规模现状统计分析。该节对我国劳动力职业教育规模从学校数和招生数方面进行了统计分析，对我国农村成人职业教育从学校数、教师数、注册学生和结业学生数量方面进行了分析。第三节为基于行政和业务体系的职业教育组织结构现状与问题的分析。其中，在职业教育行政体系结构分析部分，从省级教育行政管理结构、市级教育行政管理结构、县级教育行政管理结构三级架构进行阐述；在职业教育业务体系结构分析部分，从农村转移劳动力职业教育的网络主体界定、基于 UCINET 的某市农村转移劳动力职业教育网络可视化分析两方面进行了研究。第四节为基于职业能力的职业教育需求现状与问题的分析。该节首先进行了农村转移劳动力的职业能力结构分析，将我国农村转移劳动力的职业能力分为刚性职业能力和柔性职业能力，并在此基础上进行了农村转移劳动力的职业能力现状分析。

第三章　国外劳动力职业教育经验借鉴

第一节　美国职业教育

一、美国职业教育的发展阶段

当代美国的职业教育在全球范围中处于领先地位，对我国职业教育发展具有较强的借鉴作用。不过当代美国的职业教育也是经历了从弱到强的发展演变过程。以各阶段美国出台的职业教育法案为标志，可将美国的职业教育发展划归三个发展阶段。

（一）基本确立阶段

美国的职业教育源于对早期自身工作发展落后的反思。在美国南北战争期间，美国高等学校轻视农业技术，不适应产业革命持续发展的需要，延滞了美国农业机械化的发展步伐，影响了美国的工业化进程。为促进本国工业的发展，美国加大了对职业教育的投入，同时加强了对于职业教育的立法。1862 年颁布的《莫雷尔法案》规定了联邦增拨各州土地用以开办讲授农业和机械知识的专门学院，以满足普通民众接受高等教育的需要。该法案被称为"赠地法案"，开设的学院则被称为"赠地学院"。该法案开创了在高等教育机构中开设职业教育的先河，是美国立法支持职业教育的源头。[1]

1917 年颁布的《史密斯—休斯法案》规定联邦政府成立职业教育委员会，进行调查研究，相应的研究报告用于州政府开设职业学校和职业班，对学生进行农业、工业、商业和家政方面的教育培训；各州成立职业教育委员会，负责管理地方的职业教育经费、职业教育计划等工作；联邦政府与各州合作，提供农业、工业、商业和家政方面的

---

[1]　王为民 . 审视与反思：美国职业教育体系发展的特点 [J]. 河北师范大学学报（教育科学版）,2013(11):82-86.

师资培训。此外法案还对联邦政府的教育资助金额，综合学校的办学形式，甚至职业科目和课程进行了规定。该法案奠定了美国职业教育立法的基础，提升了美国职业教育的地位，促进了美国职业教育的发展。在《史密斯—休斯法案》的推动下，联邦政府在农业、工业、商业和家政方面的师资培训和教育研究等方面的投入从 1917—1918 年的 170 万美元增加至 1932—1933 年的 980 万美元，接受联邦政府资助的职业教育领域范围扩展至公共服务、临床护理、市场营销和军事工业等领域。《莫雷尔法案》《史密斯—休斯法案》等法案的颁布标志着美国职业教育制度的基本确立。[1]

（二）迅速发展阶段

在本阶段，旨在提高美国职业教育质量的法律相继出台，进一步促进了职业教育在美国的发展。

在冷战背景下，美国为赢得与苏联的科技竞争，于 1958 年颁布了《国防教育法》。这是美国历史上第一次以法律形式将教育纳入国防安全范畴。该法律规定各地区要为不能胜任工作的当地居民开展职业培训，开展对科技发展相关领域的职业培训，以及筹措经费对青壮年和老年人开展职业训练。这一法律的颁布将职业教育的范围扩大到社区居民，促进了美国社区学院的发展。此后美国于 1963 年颁布了《职业教育法》，在管理上，该法案设立了职业教育咨询委员会（NACVF），指导美国职业教育工作；在教育服务对象上，该法案将职业教育的服务对象扩大至所有社区，所有年龄的居民，强调职业教育应服务社区各个群体，同时，方案规定职业教育不受到行业限制；在经费上，该法案批准了联邦的巨额拨款，对职业教育研究进行长期资助。在方案的促进下，美国的技术学院和社区学院由 1963 年的 701 所增加至1977 年的 1944 所，增幅近 2 倍。

（三）内涵发展阶段

进入第三个阶段，美国的职业教育趋于内涵式发展。1985 年的

---

[1] 续润华 . 五个重大法令对美国职业教育发展进程的影响 [J]. 河北师范大学学报（教育科学版）,2013(11):59-62.

"2061 计划"是将技术教育面向全员的一项工程，强调普通教育与职业技术教育相结合。1990 年美国在《卡尔·波金斯职业教育法案》的基础上进行了法律修订，通过了《职业和应用技术教育法案》，该法案强调了理论课和职业课的结合，学校和工厂的合作，规定了职业教育面向全员，同时提出职业教育和普通教育结合。1991 年通过的《帕金斯职业和应用技术教育法案》规定联邦政府将每年向各州和地方政府提供总额达 16 亿美元的资金，帮助其发展职业教育。1993 年颁布的《2000 年目标：美国教育法》规定了美国的评估和证书制度，促进了技能标准和职业标准的制定。在这一法案的支持下，"国家技能标准委员会"推动了技能标准在职业教育中的应用，并将其与职业证书相挂钩。1994 年颁布的《学校与就业机会法》保障了美国社区学院的发展，指出职业教育和就业要结合。2006 年颁布的《伯金斯职业与技术教育法案》着重强调了职业教育公平，要求州教育部长对于每个财政年所拨款项应该预留 0.13% 用于资助边远地区，预留 1.50% 用于印第安土著的职业教育项目。近 10 年来，《技能战略：确保美国工人和行业形成具有竞争力的技能》（2009 年）、《美国创新战略：确保我们经济增长与繁荣》（2011 年）、美国哈佛教育研究院发布的《走向未来繁荣的路径》（2011 年）将职业教育与美国的国家发展战略规划相结合，为提振美国经济做出了贡献。

二、美国职业教育的层次形式

美国的职业教育由三个层次组成，分别是中等职业教育、学院和大学的职业教育以及企业的职业培训。

中等职业教育为第一层次，包括三种形式，第一种形式是综合中学，这是最基本的形式，学生在这一阶段学习文化知识，既可以为未来就业做准备，也可以为后续进一步升学打下基础。第二种形式是职业技术中学，主要学习技术知识，强调生产学习和实践训练。第三种形式是区域职业教育中心，这一形式主要针对本区域内的学生进行职业技能培训。第二个层次是学院和大学的职业教育，这属于高层次的技能性人才培训体系，培训主要面向于社会，为学生的职业技能培养和顺利就业提供准备。第三个层次是企业的职业培训，主要包括入职培训、升职培训等形式。在美国，职业培训有多种形式，有企业自主开展的培训，联系学校组织的培训以及和学校合作共同进行的办学培训等形式。

三、美国职业教育的特点

美国职业教育与产业、区域结合紧密，促进了美国经济的发展。总体而言，美国职业教育具有以下几方面特点。

（一）法律法规体系健全

美国具有健全的职业教育法律法规，1862 年颁布的《莫雷尔法案》、1917 年颁布的《史密斯—休斯法案》、1963 年颁布的《职业教育法》等法律从不同层面规范美国职业教育机制。此后的法律对职业教育的规定更趋于完善，其中 1968 年颁布的《职业教育修正案》从教研培训、残疾人教育、合作职业教育、销售、家政职业教育、专业发展等 10 个具体方面对拨款用途按财政年度逐一进行了详细规定。1982 年颁布的《美国职业训练合作法》规定了政府的资助重点，重点资助有关全局的、福利性的、紧急的培训。1991 年通过的《帕金斯职业和应用技术教育法案》规定联邦政府每年向各州和地方政府提供总额达 16 亿美元的资金，帮助各州和地方政府发展职业教育。上述法案从管理上到资金资助上为美国职业教育的发展提供了法律保障。

（二）企业地位重要

企业在职业教育体系中具有重要的地位。美国在 1983 年颁布的《就业培训法》以法律条文的形式规定联邦对职业培训只起协调指导和资助作用，地方私人企业起决定性作用，同时该法律对企业在职业培训中的权利与义务做出具体规定。该法律的颁布从操作层面解决了企业参与职业教育的定位、形式和内容等问题，通过企业实际参与和主导职业教育，促进培养满足企业需求的高技能型人才。同时，企业界参与到学校的教学过程中，联合制定课程和教学计划，同时派遣优秀企业管理和技术人员到学校担任兼职教师，促进理论与实际的结合，提高教学质量。

（三）城市与农村职业教育并举

在美国，社区学院是实现职业教育的主要机构。在城市，通常一个城市拥有一家社区学院。职业教育与区域经济共同发展，一方面植根于当地的职业教育可以促进美国当地经济的发展，另一方面当地经济则可以为社区学院的发展提供一定的资金支持和资金保障。以社区学院为主体的职业教育融入社区，与区域经济和社会相接轨，可以使得学生的技能学习学以致用，促进学生就业和职业发展。

而在美国农村地区，则成立有农工学院和农村社区学院。根据美国法律规定，农村职业教育经费由联邦、州和学区政府共同分担，其中美国州政府为第一投资主体。在美国法律和政策的保障下，美国农村职业教育发展趋于稳定，教育经费从未出现波动现象。农村社区学院学费更为低廉，入学更为便捷，促进了农村和城市居民同样享有职业教育资源。美国农村社区学院开设的课堂早期仅仅局限于几个专业，后来随着美国经济的发展与社会分工的精细化，目前商业、保健、计算机等相继进入职业教育领域，并以职业为导向，按照职业领域向学生提供教学和培训，课程涵盖了农业科学类、信息类、销售类、管理类、技术类、服务类等，既有专业课程，也有多样化的选修课程。在美国，不同层次、不同要求的学生都可以选择自己需要或爱好的课程。

第二节 英国职业教育

一、英国职业教育发展的历程

（一）兴起阶段

英国的职业教育可以追溯到几百年前的学徒制。11世纪末，手工业者为了保障自身利益开始建立手工业行会，通过行会进行经验交流和利益协调。其中，学徒培训方式受到行会的严格监督和控制，行会规定师傅除了传授技艺还要负责学徒的日常生活开支。从实际效果看，学徒制客观上推动了英国手工业的发展。随着学徒制的不断发展，英国于1563年颁布了《工匠学徒法》，通过立法形式规范学徒制。

在英国进入工业革命后，大规模机械化生产使得学徒制逐渐衰落，《废除学徒令》《市政公司法》等一系列法案更使得学徒制走向没落。与此同时，英国18世纪的工业革命带动了新兴职业教育的发展。从18世纪末英国开始出现早期的职业教育萌芽，到19世纪二三十年代一些由工业部门开始创办机械工人学院，利用业余时间对工匠和熟练技工提供各类技术培训，可以进行大规模学生教育培训的新兴职业学校开始取代行会学徒制。到19世纪中叶时，仅苏格兰就拥有600所左右的培训学院，为10万名学生提供技术和文化教育，甚至一些企业白领也受到吸引，到此类学校进行学习深造。[1]不过在迅速的发展后，此后英国职业教育的发展处于缓慢发展阶段。在19世纪后期甚至处于相对停滞状态。这很大程度上受到自然科学优先发展思潮的影响，英国的实用科学发展受到抑制，职业教育也相应受到很大程度的打击。职业教育一度被认为是下等阶层接受的教育，受到社会歧视，这对职业教育的发展是致命的。

---

[1] 谢勇旗. 工业革命前后英国职业教育的发展[J]. 职业技术教育,2009(10):90-93.

（二）二次兴起阶段

在 19 世纪中后期，英国的职业教育处于低潮期。与此同时，以德国为代表的欧陆国家和以美国代表的新兴资本主义国家在职业教育方面奋起直追。到 19 世纪后期，一些欧美国家的工业品制造水平已经和英国相当，甚至在一些领域大幅超越。这一技术落差使得英国各界普遍感到震惊。在这一背景下，大量的政府和社会资本开始流向职业教育领域，建立了实施高等技术教育的理工大学，创办了具有中学、本科、研究生不同层次的技术学院／学校，开始培养初、中、高不同级别的技术人才，诸如约克郡理工学院等一批新型学院开始在英格兰和威尔士涌现。除了高水平教育外，面向成人的职业教育也如火如荼地发展，诸如技工讲习所运动、劳动学院运动以及劳工成人教育运动先后开展，促进了英国终身职业教育的全面推进。

此外，为保证职业教育工作的有效推进，英国在 1889 年通过了第一部《技术教育法》，该法案授权地方政府提供技术教育或通过支持民办职业教育提供奖学金的方式来为教育机构提供教育保障。这一法案鼓励和推动了英国职业教育的发展，为英国职业教育的发展提供了法律上的保证。作为职业教育内涵深化发展的体现，20 世纪 20 年代英国还构建完成了国家资格技术人员认证制度，该制度为 20 世纪英国职业教育的发展和职业的标准化推进奠定了坚实的基础。

（三）内涵发展阶段

经过两次世界大战，英国遭受了巨大的人员和财产损失，因此进行战后重建是英国的重要任务。教育是经济发展的基础。为迅速恢复经济，英国在职业教育上投入巨大。在法律方面，英国先后颁布了《1944年教育法》《技术教育白皮书》《克鲁塞报告》《罗宾斯报告》《产业训练白皮书》《就业与培训法》《训练机会计划》《青年就业机会计划》等一系列法案。以上法案对职业教育在国家教育体系中的地位、职业学校间的关系、产业界、政府与教育界的合作、具体的职业教育执行形式以及职业教育的保障支持各方面进行了法律上的规定。在具体的职业教育政策上，英国采用全日制与部分时间制相结合的方针，重点发展"三明治"高级技术课程等，同时为满足不同的职业教育需求，英国把继续教育机构中承担职业教育的机构分为四类，即地方学院（local colleges）、区域学院（area colleges）、地区学院（regional colleges）和高级工程技术学院（colleges of advanced technology），在此后的实践中英国进一步建立多科技术学院，同时将技术学院升格为大学，逐步提出并实施产业训练体制的改革计划。

（四）创新阶段

20 世纪 80 年代和 90 年代是英国高等职业教育发展的关键时期，以 1986 年英国政府成立的国家职业资格委员会（NCVQ）为标志。国家职业资格委员会在创立后于 1988 年推出了国家职业资格（NVQ），1992 年推出了普通国家职业资格（GNVQ），并逐步将 GNVQ 与普通教育接轨，设计和开发全国范围内的统一职业标准，由此最终形成了普通教育证书、国家职业资格、普通国家职业资格相互对应、相互贯通的新型教育框架体系。其中，从 1993 年到 1996 年，GNVQ 不断发展，涉及建筑、机械、医学、公共餐饮业、生产、管理和制造领域。此后，GNVQ 开始向土地与环境、演艺与娱乐业等方向拓展，涵盖的职业达到 20 万种。[1]

在法律方面，1988 年和 1992 年，英国政府先后颁布了《教育改革法案》和《继续和高等教育法案》，改变了以往"国家体系，地方管理"的政策，中央逐步收回了教育管理权利。1991 年，英国政府发表了《21 世纪的教育与培训》白皮书，改变了以学校为本的学习模式，鼓励青年们在实践中掌握技能，这一法案的颁布使终身教育、终身学习具有更明确的法律指引。

与此同时，英国政府还在 90 年代重新启动对现代学徒制的探索和实践。1994 年 9 月，英国政府在 14 个行业部门对 16 ～ 17 岁的中学毕业生开始试点"现代学徒制"。1998 年，英国成立了培训标准协会，监测行业企业学徒制的执行情况，保证推广学徒制培训的质量。进入 21 世纪后英国进一步大力发展现代学徒制。2001 年，英国成立了"现代学徒制"顾问委员会，协助政府实施发展、提高和普及现代学徒制

---

[1] 郭伟萍, 刘春生. 英国职业资格证书制度的产生、发展及其对中国职业教育的启示 [J]. 未来与发展,2006(1):60-61.

三年计划，该计划让超过 28% 的 16～24 岁英国青年在工商企业接受 1～2 年的现代学徒培训。2004 年，英国政府消除了 25 岁的年龄上限，增加了 14～16 岁的前学徒项目，并将技术证书引入到现代学徒制中。同时，在制度保证上，2005 年颁布的《现代学徒制蓝皮书》、2008 年颁布的《学徒制条例草案》、2009 年颁布的《学徒制、技能、儿童与学习法》以及《英格兰学徒制培训规格标准》等一系列法案对明确现代学徒制的内容框架、框架体系、培训标准等方面进行了详尽的说明。

二、英国的国家职业资格体系

英国的教育体系被划分为学术教育、职业技术教育和职业资格教育三种类型，每种类型又分为多个层次，相当于从中学一直到博士。三种类型的教育分别代表学习的三种发展通道，三条通道并不是孤立隔绝的，而是相互贯通、相互联系的。在这一教育体系中，学员能够通过后天的学习从一条通道迁移到另一条通道，通道中有无数的立交桥相连通。通过这一系统化的教育体系，英国打通了不同教育系统间的隔阂，解决了不同证书的统一问题，而且建立了终身教育体系。

表 3-1　英国教育体系内各教育类型比较

层次	教育	职业技术	职业资格	关键技能水平
8	博士	专家资格	NVQ5	
7	硕士	职业高级文凭和证书		
6	本科	职业文凭和证书	NVQ4	Level 4
5	预科学位 本科基础	HND HNC（EDXCEL）		
4				
3	A-LEVEL	VCE	NVQ3	Level 3
2	GCSE A*-C	职业课程普通教育证书	NVQ2	Level 2
1	GCSE D-G		NVQ1	Level 1
入门		具有普通知识和基本技能		

英国的职业技术教育主要有两个层次，分别是中等职业教育和高等职业教育。第一层次的中等职业教育有技术中学、现代中学和综合中学三种形式。其中技术中学在英国职业教育中的数量较少，多为技术学院的附属学校；现代中学主要讲授技术技能，以就业为导向，突出学生的就业技能培养，目前这类学校数量也不多；综合中学是英国职业教育中数量最多的学校，学生在综合中学可以学习文化知识为未来进入大学而深造，也可以通过后续的技术学习为未来就业做准备。第二个层次以继续教育学院为主体，这类学院主要是为不同技术岗位开展不同的技术课程，学生通过继续教育学院的技术学习获得国家职业资格证书，进入市场就业。

职业资格教育分为五个层次，分别是 NVQ1 ~ NVQ5 五个级别。在具体国家职业资格的设计方面，首先由国家培训机构（NTO）设计职业标准，进行职业能力定义，由产业指导委员会起草国家职业资格（NVQ）证书的技能标准，描述关键职业，并设计和绘制职业图。其中职业图并非由委员会单独制定，在形成前必须在企业范围内广泛征求意见，以使形成的职业图能够最终保证和符合企业的要求。在形成职业图后需要进一步设计资格图，资格图中含有从事职业所需的各项资格要求。在此之后，需要进一步开发国家职业资格的结构和评估策略，最终开发完毕后经过资格和课程局（QCA）批准通过，颁证机构就能够申请颁发资格证书。

三、英国职业教育的特点

（一）法律法规体系健全

英国职业教育历史悠久，取得了巨大成功。英国的《1918 年教育法》首次提出设立现代中学，在开办的职业学校中普遍要求设置商科和工科职业课程。《1956 年白皮书》规定了英国职业教育的结构，将技术学位进行等级划分，同时规定国内职业教育学校和学院的层次。20 世纪 70 年代以来，英国颁布了大量与劳动力职业教育与培训有关的法律文件。其中《1973 年就业和培训法》规定了职业培训对转移就业的作用，对全国范围内职业培训提出了系统性的指导和实施意见。

此后十年间，英国先后出台了多部白皮书和政策法规以促进职业教育的发展。《1988 年教育改革法》《1992 年继续和高等教育法》和《1993 年教育法》等法案不断扩大对职业教育的投入，极大地促进了英国职业教育的发展，提高了英国劳动力的职业能力。

（二）政、校、企、社区合作紧密

一方面，在英国，各类中、高级职业教育机构定期和企业、社区进行沟通和联系，明确社会和市场的职业和技能需求。企业和社区在与学校的合作中，为提供学校就业信息和职业方面的咨询，使职业教育与社区需求对接。另一方面，企业等类型主体还直接参与到国家职业教育和职业资格相关制度的制定过程中。[1] 例如，在英国国家职业资格的制定过程中，企业直接参与到职业资格职业图的设计过程中，必须有企业参与的职业图才能构成后续职业资格制定的标准。在现代学徒制的制定过程中，英国的企业直接参与到现代学徒制的推进中，参与到一系列行业和职业创造新学徒培训的标准和评估方法的过程中，通过政企合作，目前政府已经收集到一系列关于学徒培训的信息，包括行政数据、年度检验、学徒和雇主研究等，这些信息是确保提供监测和评估未来学徒培训的有效证据。

（三）强调职业资格证书准入制度

为了提振本国经济，提高企业竞争力，英国政府制定出一套通用、统一的职业资格标准。为了该标准的推出，英国政府正式设立国家职业资格委员会（NCVQ），专门负责制定国家职业资格标准以及国家职业资格的认证工作。NCVQ 主要有四大目标：减少技能短缺，预测未来需求；提高生产、经营、公共服务水平；提供机会以提高从业者技能水平及工作效率；促进人员的学习，包括学徒制、高等教育和国家职业标准。委员会将各类职业划分为 11 个大类，约 800 个岗位类型，每种岗位类型的职业资格证书又分为 5 个等级。通过对国家职业资格制度的持续推进，目前这一证书体系已覆盖英国 90% 以上的职业岗位，

---

[1] 黄日强, 邓志军 . 英国企业参与职业教育的措施、途径及其发展态势 [J]. 职业技术教育 ,2003(34):61-65.

95% 以上的劳动者持有各类职业资格证书。

从考核设计上，传统的课堂考核和理论测评仍然是职业资格评定考核的重要内容，不过作为对职业能力测试方法多样化的回应，目前英国的职业证书评定考核中大量引入了现场考核，现场考核成了证书评定考核的必考项。与其他考核方式相比，现场考核可以从理论知识应用方面考察受考核者，考核成绩更具有高信度和高效度。同时，英国国家职业资格的评定考核采取多次阶段性考核汇总的方式，即职业资格证书的评定考核并非是一次考核决定的，而是通过多次考核进行成绩累积决定的，这一评定形式对考核结果产生了巨大的影响，使得考核结果更为客观。此外，英国国家职业资格评定考核制度从考试方式、考试程序、考试实施以及考试结果的产生方面都力求公平，由获得国家职业标准资格的受聘内、外部督考员负责各项考试的监督与检查。总而言之，英国职业资格评定考核制度从考核设计、考核形式以及考核的理念上保证了证书的质量和口碑，这客观上激励了国民对职业资格评定考核体系的认可和支持。

（四）创新职业教育运行机制

为促进国家层面职业资格工作的顺利推进，英国于 1986 年成立了由就业部领导的国家职业资格委员会，负责国家职业资格证书制度的实施。为促进就业和教育的融合，1992 年英国政府将教育部与就业部合并，组建教育与就业部。1995 年教育部与就业部合并为教育与技能部，1997 年学校课程评估局（SCAA）与国家职业资格委员会（NCVQ）合并为资格与课程署（QCA）。

进入 21 世纪，英国政府于 2001 年再一次将教育与就业部更名为教育与技能部（DFES），终身教育和高等教育部门成为教育与就业部的下属机构，以突出对全民终身教育和技术能力教育培训的重视。从早期的职业证书管理到就业管理，再到目前的技能管理，英国根据不同的教育战略和目标不断进行运行机制的动态创新，有效地提升了国民的全面职业素质。此外，英国为了推进现代学徒制，于 2009 年 4 月成立了"国家学徒制服务中心（NAS）"并开始正式运作。在当前英国如火如荼推进现代学徒制国家战略的背景下，具有国家规格的现代学徒制机构的建立对于英国推进现代学徒制具有重要的里程碑式意义。

（五）重视能力培养

在职业能力方面，英国通过推进"三明治"教学计划和现代学徒制进行提高。例如，英国高等职业教育机构采用的"三明治"教学计划，实施三阶段教育模式：第一阶段是在第一行业工作1年，对行业有初步的经验和理解的时间范围内；第二阶段是从企业回学校完成2～3年课程学习，将实践进行理论升华；第三阶段是再到企业工作实践1年，将理论知识应用到实际工作中。"三明治"教学计划将工作和学习融为一体，使学生能够将学到的理论知识即时进行能力和技术转化。"三明治"教学计划不仅为学生提供了相应的理论知识和实践融合的机会，更重要的是让学生具备了一定的就业能力和创造力。又如，为提升英国劳动力的职业能力，英国政府于1993年宣布实施新的学徒制，即现代学徒制。这一机制由政府、企业、学校、培训和学徒等共同参与，是以培养具有技术技能和专业理论知识的综合职业能力为特征的教育形式。相较于单一的培养熟练技术工人的传统学徒制，现代学徒制注重培养学生发现问题、解决问题、团队协作以及创新的综合能力。总体而言，英国政府通过现代学徒制促进了英国劳动者在综合素质和能力上的提升。

此外，英国还重视对劳动者核心能力的培养和提升。与技术能力不同，核心能力是可以运用于多种职业的迁移能力。1979年英国政府颁布的报告《选择的基础》首次提到这种能力，这一能力的提高可以促进劳动力向其他职业迁移。目前英国在继续教育部、商业与技术教育委员会、国家职业资格委员会等制定的规章文件中对提升劳动力的核心能力进行了明确的规定，同时出台了相应制度支持企业和学校对劳动力核心能力的培养。

表3-2　英国职业教育中的"核心能力"的演变

年份	操作部门	出自文本	核心能力
1979	继续教育部	《选择的基础》	读写能力、数理能力、图表能力、问题解决、学习技巧、政治和经济读写能力等
1983	继续教育部	《青年培训计划增补》	交流能力、数理能力、信息能力、问题解决、动手技巧

续　表

年份	操作部门	出自文本	核心能力
1985	商业与技术教育委员会及伦敦城市与行业协会	《职前教育证明》	交流能力，数理能力，信息能力，问题解决，个人职业生涯开发，产业、社会及环境研究，社会研究，科学技术等
1986	商业与技术教育委员会及伦敦城市与行业协会	《普通技能及核心计划》	交流能力、数理能力、信息能力、问题解决（跨学科）、与他人合作、自我发展、自我组织、研究和学习、信息分析等
1989	英国工业联盟	《朝向技能的革命（2）》	交流能力、数理能力、信息应用、问题解决、价值与正值、理解工作、个人技巧、处理变化
1989	教育与科学部	《继续教育：一个新战略》	交流能力、数字应用、熟悉技术、熟悉系统、熟悉变化、个人技巧
1990	国家科学委员会	《16～19岁的核心能力：答国务大臣》	交流能力、数字应用、信息技术、问题解决、个人技巧、外语
1991	商业与技术教育委员会	《普通技能和总体方针》	交流、数理应用、信息技术应用、问题解决、与他人合作、自我提高和管理、设计和创造力
1992	国家职业资格委员会	《普通国家职业资格细则》	交流能力（强制性）、数理能力（强制性）、信息技术（强制性）、问题解决（非强制性）、个人技巧（非强制性）等
1993	伦敦城市与行业协会	《普通国家职业资格细则》	交流能力、数字能力、信息能力、问题能力、个人技巧（学习和业绩的自我提高）、个人技巧（与他人合作）
1996	学校课程与评价当局	《对16～19岁青年资格的回顾》	交流能力、数字能力、信息应用、问题解决、自我学习管理
1999	资格与课程当局	《核心能力介绍》	交流能力、数字能力、信息应用、问题解决、学习和业绩的自我提高、与他人合作

第三节　德国职业教育

一、德国职业教育的发展历程

（一）兴起阶段

从德国职业教育思想溯源看，早在 17 世纪就有德国学者提出创办职业教育的设想，席姆勒、赫克等人还创办过实科学校，并得到德国皇帝的支持。当然，德国真正进行职业教育实践是在 18 世纪中后期。德国职业教育的发展与其在这一阶段化工、钢铁等产业的崛起有关。伴随着国内重化产业的发展，德国国内的一些继续教育学校开始向技术学校转变，向学生传授知识技能，这是德国职业教育的真正源头。

德国本身的经济形势对职业教育也有一定的影响。不同于英国等可以向殖民地倾销商品的资本主义国家，德国在海外的殖民地相对较少，需要不断追求产品销路和提升产品质量才能打开海外市场。19 世纪中叶，德国在伦敦世界博览会和费城世界博览会上由于自身技术产品落后受到的冷遇激发了德国发展工业的雄心，也就是从此时起，德国开始大力发展职业教育，德国的各种技术文化补习教育学校得到了迅速发展。可以说，德国的职业教育是在自身工业发展的内在动力和外在技术和市场压力的基础上形成的，德国发展职业教育的要求相对于其他国家而言更为强烈。[1] 从某种程度上而言，这也是德国职业教育另辟蹊径取得成功的原因之一。

（二）迅速发展阶段

进入 20 世纪，随着经济的兴起，德国对于职业教育的要求也越来越高。在职业教育理论方面，德国职业教育学家凯施恩斯特提出要按照专业划分，提出要设立以职业为导向的职业学校。在实践方面，早期的补习学校开始向正规的职业学校进行转化。1906 年，慕尼黑率

---

[1]　周谊. 德国职业教育：发达的原因、发展的特征和趋势 [J]. 西南师范大学学报 (哲学社会科学版),1997(5):110-114.

先建立的"职业进修学校"取得了成功，此后在德国这类学校得到迅速发展。同时，在法律上，1938年，德国《义务教育法》中正式规定职业技术教育为义务教育，这代表德国将职业教育上升到国家战略层面，国家出资推动职业教育，这一法律的颁布一举奠定了职业教育在德国教育体系中的地位。

二战后，德国经济迅速得到恢复，产业结构也得到了调整和升级，这使得职业教育也相应得到了较快的发展。在德国，这一时期初中毕业后的学生需要在中等学校完成中等教育后方能进入更高级别的学校接受教育。在中等学校里，未来需要进入高等学校的学生主要在文理中学进行学习，而未来考虑进入职业技术学校的学生则进入实科中学进行学习。其中，进入实科中学的学生后续将接受"双元制"职业教育以完成自身职业能力的提升。在这一时期，德国的"双元制"也基本定型，德国通过1969年《职业教育法》的形式规定了"双元制"的基本框架，对企业和学校的权利和义务关系进行了明确。

（三）变革和创新阶段

进入70年代，德国的产业结构出现了较大的变化，尤其是制造业得到了长足的发展，制造业在向精密化和高级化发展。这使得传统的职业教育在数量上和质量上难以满足日新月异的技术发展。在这一背景下，德国进行了职业教育体制的改革，一方面通过增加高等学校和高校学生数量以增加职业教育的产业供给，另一方面，则通过建设高等职业技术学院和技术型大学的方式进行职业教育的内涵建设，以适应产业对高技能技术人才的需要。根据统计，从1975年至1988年，具有综合性大学入学资格的学生进入专科高等学校的比例增加了7%～14%，在这一阶段，"双元制"得到了进一步的强化，学生在接受职业教育的过程中需要前往企业或工厂进行一线的工作和实习，德国的企业工作和学校教育相结合的传统得以保留和深化。[1]

---

[1] 崔岩.德国"双元制"职业教育发展趋势研究[J].中国职业技术教育，2014(27):71-74.

二、德国职业教育的层次形式

德国的职业教育具有悠久的历史，在西方国家职业教育体系中首屈一指。德国的职业教育包括高中阶段的职业教育和高中后的职业教育两个层次。其中，第一层次高中阶段的职业教育由就业导向的职业教育和全日制职业教育组成。就业导向的职业教育中首屈一指的当属双元制职业教育。双元制职业教育的学制为 2～3.5 年，双元制将在企业中进行的职业技能和工艺知识的教育与在职业学校里的职业专业理论和普通文化知识的教育相结合，其中企业为"一元"，职业学校为另外"一元"。这一教育模式在世界范围内拥有巨大影响。除双元制外，德国还拥有全日制职业教育，这一教学形式针对文理中学或实科中学的毕业生进行"学校型教育职业"培养。第二层次的高中后职业教育由高中后的非高等教育和高中后高等职业教育组成。其中高中后的非高等教育属于职业进修教育，主要形式为专科学校，有行会主办的师傅学校和国家主办的技术员学校两种形式，以培养师傅（技师）和技术员为主。高中后高等职业教育的主要形式为职业学院，主要集中于工程技术、经济工程、社会服务三大领域。在职业学院学习期间，学生与企业签订职业教育合同，教学活动分别在学院和企业里进行。表 3-3 是柏林市教育体系的基本结构展示。

职业教育阶段					
13	专科高级中学	职业高级中学与专科高级中学	职业专科学校	职业学校	MDQM和职业准备
12					
11					
10					
13	职业完全中学	综合中学	完全中学		
12					
11					
10	主要中学	主要中学与实科中学	实科中学	综合中学	完全中学
9					
8					
7					
6	小学（第一次分流）				
5					
4					
3					
2	入门阶段				
1					

图 3-1　德国柏林市教育体系的基本结构

数据来源：蔡跃. 探索德国职业教育办学体系——以柏林市为例 [J]. 职业技术教育,2009(12):71-75.

二、德国职业教育的特点

（一）职业教育历史悠久

德国职业教育起源于中世纪手艺传授，职业教育发展传统深厚，具有悠久的历史。18 世纪 80 年代到 19 世纪 30 年代初是德国资产阶级启蒙运动的顶峰时期，一些启蒙学者提出了建立具有专业倾向并且可以为劳动者开放的工业学校。此后，德国进行了工艺技术学校、训练工场等职业教育的初步实践。在德国工业革命的推动下，1869 年颁布的《北德意志联邦工商条例》规定，不足 18 岁的伙计、帮工和学徒具有进入补习学校接受职业补习教育的义务，这标志着德国双元制职业教育的初步形成。1897 年颁布实施的《保护手工业法》以立法的形式对学徒培训进行法律规定。在同时期，德国的教育体系进行变革，文科中学和职业教育学校的学生均可以进行进入大学的任何系科和专业进行学习，实现了职业教育和非职业教育的形式平等。德国长期的职业教育探索和积淀对当代德国职业教育方面的国际领先优势具有至关重要的基础性作用。

（二）采取双元制职业教育模式

双元制是指要求参加教育的人员必须经过职业学校和校外实训场所两个场所的职业教育模式，其特点一是能够满足企业需要，二是以技能培训为主，考试也重在技能。这一模式从教学内容上实现了理论和实践的双元，教育部门和经济实体的双元，保证了教学活动的市场性和市场活动的教育专业性。

在德国，进行双元制的前提是学生和企业签订学徒合同，其中学生在学校接受理论知识教育，在企业提供的工作岗位进行实操和训练。双元制的学生要求 70% 的时间在企业接受培训和训练，30% 的时间在学校进行学习。这使得学生的学校理论学习与企业技能实际需要自然对接，学生的工作能力和就业能力都得到了提升。

德国双元制成为了"德国制造"的质量保证，双元制为"德国制造"培养了大量优秀的产业工人，成为德国在二战后迅速崛起的重要武器。以下几张图表反映了德国双元制自 2000 年的发展情况，数据表明从总体看，双元制无论是从学生规模，还是学徒岗位满足率都处于绝对高位，且相对稳定。这反映出双元制在德国已得到广泛接受，对双元制的认可和接纳已经成为普遍的社会共识。

表 3-3　2001-2007 年柏林市每年选择双元制职业教育模式学生数量统计

单位：人

年份	学生总数	官方学校	私人学校	其他	双元制所占比例
2001	37114	26521	4562	10593	71.5%
2002	35040	23778	3838	11262	67.9%
2003	35628	23413	3889	12215	65.7%
2004	36302	23599	3241	12703	65.0%
2005	35157	22520	3808	12637	64.1%
2006	36562	23604	3503	12958	64.6%

数据来源：蔡跃. 探索德国职业教育办学体系——以柏林市为例 [J]. 职业技术教育 ,2009(12):71-75.

表 3-4　1998-2007 年德国学徒培训岗位的供给与需求变化

年份	学徒培训岗位供给数	学徒培训岗位需求数	学徒岗位满足率
1998	609274	612785	99.4%
1999	613381	634938	96.6%
2000	635933	648204	98.1%
2001	654454	660380	99.1%
2002	647383	645335	100%
2003	638773	634700	100%
2004	590328	595706	99.1%
2005	572474	592649	96.6%
2006	586374	617556	95.0%
2007	562816	591080	95.2%

数据来源：Informationen und Daten zur beruflichen BildungTeil II, Berufsbildungsbericht[R]. BMBF, 2007:15.

表 3-5 1995-2007 年德国学徒比例的行业差异

单位：%

行业部门	学徒数量变化 1995-2007 年	学徒比例 1995 年	学徒比例 2007 年
金属、电子	22.8	11.3	12.3
其他行业	29.6	6.8	7.7
技术、科学	- 22.4	1.9	1.5
初级服务部门	18.5	4.4	5.1
中级服务部门	- 1.1	4.0	3.6

数据来源：WERNER D. Ausbildung zwischen Strukturwandel und Investitionskal-ku[R].Bonn:Expert Workshop , 2008:59.

（三）法律法规体系健全

为促进德国职业教育的发展，德国先后出台了一系列法律法规，其中战后的《联邦职业教育法》（1969 年）、《联邦职业教育促进法》（1981 年）、《手工业条例》（1965 年）、《联邦劳动促进法》（1969 年）、《企业宪法》（1972 年）、《联邦青年劳动保护法》（1976 年）以及《联邦职业教育法》（2005 年）等法律从不同层面有效地保障了职业教育的顺利实施，成为当代德国职业教育的基本保障。其中 1976 年德国《高等教育法》规定高等教育的目的首先是"为各种职业做准备，传授必要的专业知识、技能和方法"，直接为当代德国职业教育的发展指明了基本方向。

第四节 澳大利亚职业教育

一、澳大利亚职业教育的层次形式

从总体上看，澳大利亚教育体系的国家框架包括三部分：国家资格体系 AQF（Australian Qualification Framework）、国家培训质量保证体系 AQTF（Australian Quality Training Framework）和培训包 TP（Training Package）。其中，AQF 是核心，并由三个层次构成，包括基础教育、职业技术教育和高等教育。

在澳大利亚的职业技术教育体系中，最具有特点的是 TAFE 教育。TAFE，全称"Technical And Further Education"（技术和继续教育），TAFE 管理由澳大利亚联邦政府的国家培训署（Australian National Training Authority，简称 ANTA）与各州政府设立的 TAFE 教育部门共同负责。根据澳大利亚联邦政府的规定，国家职业资格框架由十二个资格证书构成，分别是高中毕业证书、一级证书、二级证书、三级证书、四级证书、文凭、高级文凭、学士学位、研究生证书、研究生文凭、硕士学位和博士学位（参见表 3-7）。其中一级证书、二级证书、三级证书、四级证书、文凭、高级文凭由 TAFE 学院负责培训、考核和颁发。在基础教育的高中阶段，学生可以选择一级证书、二级证书要求的职业教育课程进行学习，高中毕业进入 TAFE 学院学习合格后可获得三、四级证书，此后继续学习获得的高级文凭相当于我国专科层次学历。[1] 这六级证书的通道完全打通，可以从一级证书逐级学习到高级文凭为止。在 TAFE 学院完成学业后，学生既可以凭借获得的 TAFE 证书选择就业，也可以在大学学习，大学承认学生在 TAFE 学院通过的全部或部分课程。

---

[1] 匡瑛. 英、澳国家资格框架的嬗变与多层次高职的发展 [J]. 高等工程教育研究，2013(4):122-124.

表 3-6　澳大利亚各类型教育层次比较

普通中学教育	职业教育	高等教育
		博士学位
		硕士学位
	研究生文凭 (Graduate Diplomas)	硕士文凭
	研究生证书 （Graduate Certificates）	硕士证书
		学士学位
		准学士学位
	高级文凭 （Advanced Diplomas）	高级文凭
	文凭 (Diplomas)	文凭
高中毕业证书	四级证书 （Certificate IV）	
	三级证书 （Certificate III）	
二级证书	二级证书 （Certificate II）	
一级证书	一级证书 （Certificate I）	

二、澳大利亚职业教育的特点

（一）连续、统一的职业教育证书体系

1995 年，澳大利亚全国教育、就业、培训和青年事务部长委员会建立完成了澳大利亚资格框架（AQF），该框架适用于澳大利亚全国的教育和培训资格认证体系，包括从高中到职业技术教育，再到高等教育三个连续的层次。通过不同等级的证书联结，AQF 打通了普通教育、职业教育和高等教育通道；通过就业前和就业后的职业教育，

AQF 实现了终身职业教育，增强了劳动力整体职业水平和竞争力。

（二）作用巨大的行业组织

在澳大利亚联邦政府的领导下，全国设有 21 个全国性的行业培训咨询组织，进行全国职业资格和职业标准管理。各州与 TAFE 学院则成立了行业咨询组织。这些行业咨询组织成员以行业专业人员为主，主要来自于新兴行业、不同规模和不同地区的企业，以及澳大利亚贸易联合会，他们普遍具有丰富的实践经验、专业技能和理论功底，主要职责是提供本专业职业教育的决策建议以及制定与修订培训包。这使得教育部门必须要时刻与行业保持紧密的联系。可以说，澳大利亚职业教育的顺利推进与政府、行业协会之间的合作联系紧密。

（三）标准化设计下的职业教育包

澳大利亚对 TAFE 各专业、各课程均有一套严格的审批程序和审批标准。各专业、课程的开设均根据行业发展现状和社会人力资源技能需要进行动态调整。其中，能力标准具体详细地反映了行业对人员职业技能的实际需要，对从业人员的技能、素质提出了详细的规定。各专业对不同岗位对能力的要求进行能力标准间的组合，形成培训包。培训包是澳大利亚进行国家职业教育和培训的重要官方文件，包括能力标准、评估指南、培训大纲、学生学习指南等材料。在澳洲，在同一教育培训项目下，尽管培训区域和培训院校不同，也都要选用相同的培训包。

（四）职业教育法律健全

进入 21 世纪，为促进职业教育，澳大利亚联邦政府先后颁布了《塑造我们的未来：澳大利亚职业教育与培训 2004—2010 年国家策略》《使澳大利亚技能化：职业教育和培训的新方向》《联邦—州政府实现澳大利亚劳动力技能化 2005—2008 协议》《联邦—州政府实现澳大利亚劳动力技能化 2005—2008 协议》《为了未来——实现澳大利亚技能化》等一系列法律文件，对如何促进澳大利亚职业教育与培训，推动行业与职业教育的合作以及促进终身职业教育进行了法律上的规定，这些法律法案是澳大利亚政府有效促进本国职业教育的基本保障。

（五）市场需求为导向的职业教育产业

澳大利亚将职业教育产业化，面向市场，依据客户需求发展职业教育和职业培训，这一特殊机制形成了澳大利亚特有的完全依靠顾客需求和利益驱动的职业教育和培训市场。在学员知识技术需求多样化的驱动下，首先，澳大利亚职业院校和机构提供的课程多样化，有数百种之多；其次，各类院校充分考虑到学员的个人情况，学校和授课教师在授课形式上极为灵活，可以选择全日制、半日制等灵活的课程进度，通过课堂教学、在线教学、现场教学、座谈会、户外教学等学习方式进行训练和教学。在授课班级规模上，班级人数变动较大，小班制极为普遍。

（六）科学的组织结构设置

科学有效的组织机构管理与设置是促进职业教育有效推进的基本组织条件。尤其当组织外部环境剧烈变化时，增加管理幅度，减少管理层次，将原有的金字塔状的组织形式"压缩"成扁平状的组织形式，从而达到提高管理效率和效果的目的。以澳大利亚的TAFE（技术与继续教育）为例，作为拓展和强化教育品牌采取的一种职教集团组建形式，TAFE实行的是两级管理制度。具体而言，澳大利亚国家培训署（ANTA）负责整个职业教育体系的宏观管理，是整个职业教育与培训体系的核心机构，也是管理TAFE的国家级机构，主要负责起草国家职业教育的战略规划并实施有关政策，并且负责引导全国职业教育发展的大方向。而TAFE学院的具体管理主要由各州政府负责。州政府主要通过州产业培训理事会、州教育培训部及其下设的TAFE办公室进行管理，并为TAFE学院提供教育经费。而作为TAFE学院本身，其主要职责是负责教学，并不设计课程开发。为适应社会、行业和企业的要求，通常统一由政府的相应机构定期负责课程的开发和更新。

三、澳大利亚 TAFE 四级证书（Certificate IV）模块（module）结构示例 [1]

要获得 TAFE 证书，需要全面完成所对应证书下的全部课程。以 TAFE《导游》证书为例，TAFE《导游》专业（course）由二级证书（Certificate II）、三级证书（Certificate III）、四级证书（Certificate IV）、文凭（Diploma）、高级证书（Advanced Diploma）构成，从职业角度形成了对基层导游业务服务岗位、中层导游项目管理到高层导游项目和企业管理的全面覆盖。澳大利亚 TAFE《导游》四级证书与其他 TAFE 证书一样，既是职业资格证书，也是学历证书。TAFE《导游》四级证书虽在 TAFE 证书体系中属于较高级别，但却是澳大利亚从事导游职业的中等层次的证书。

澳大利亚 TAFE《导游》四级证书包括多个主要能力模块，其中模块 1 为导游核心能力，包括安全工作实践、冲突管理、导游、管理延伸导游项目、领导旅游团、识别风险、评估和控制安全风险、提供急救、提升客户服务体验、协调和实践导游、展示社会和文化敏感性、准备和递交旅游评论或活动等单元（参见表 3-8）。

从模块 2 开始到模块 11 是选修单元。模块 2 为"导游"，由搬运旅游设备和用品、参与环境可持续工作实践、分配旅游或活动资源、驾驶大巴、驾驶商业车辆、驾驶四驱车、建立和运营营地等单元组成。模块 3 为"营销与公共关系技能"，由建立客户关系和业务网络和维护网络 2 个单元组成。模块 4 为"沟通与客户服务"，该模块由解决协议需求和客户危机应对 2 个单元组成。模块 5 为"急救"，该模块只有急救 1 个单元。模块 6 为"非英语语言应用"，该模块由英语以外的其他语言进行复杂的口语交际、英语以外的其他语言进行读写信息、英语以外的其他语言进行读写文本 3 个单元构成。模块 7 为"计划和产品开发"，该模块由开发解说活动、开发室内娱乐活动和协调和可持续旅游活动运作 3 个单元组成。模块 6 为"可持续性环境保护"，该模块由参与环境可持续工作实践、实施和监督环境可持续工作实践 2 个单元构成。模块 7 为"旅游服务和运作"，该模块由评估和解读

---

[1] 本部分资料来源于 https://www.tafesa.edu.au/courses/hospitality-tourism.

产品信息、提供旅游文本、销售旅游产品和服务、在澳大利亚目的地提供建议和在国际目的地提供建议 5 个单元组成。模块 8 为"旅游管理"，由分配旅游或活动资源、驾驶大巴、驾驶商业车辆、驾驶四驱车、建立和运营营地、进行车辆维修和维护、提供户外给养、在边远地区开展旅游活动 8 个单元组成。模块 9 为"食品安全"，主要是食品安全卫生操作应用单元。模块 10 是"人力资源管理"，主要是指导他人工作技能单元。模块 11 是"在旅游业内工作"，包括提供特约服务和挖掘和使用旅游和旅游业信息 2 个单元。将以上能力模块进行汇总后进一步按照核心能力和选修能力归类后的课程归属如表 3-7 和表 3-8 所示。

表 3-7　澳大利亚 TAFE《导游》四级证书核心能力标准

序号	单元	归属
1	提供急救	核心课程
2	导游	核心课程
3	领导旅游团	核心课程
4	准备和递交旅游评论或活动	核心课程
5	协调和实践导游	核心课程
6	管理延伸导游项目	核心课程
7	提升客户服务体验	核心课程
8	展示社会和文化敏感性	核心课程
9	冲突管理	核心课程
10	安全工作实践	核心课程
11	识别风险、评估和控制安全风险	核心课程

表 3-8　澳大利亚 TAFE《导游》四级证书选修能力标准

序号	单元	能力模块归属
1	建立网络	营销与公共关系技能
2	建立客户关系和业务网络	营销与公共关系技能
3	参与环境可持续工作实践	可持续性环境保护
4	实施和监督环境可持续工作实践	可持续性环境保护
5	提供特约服务	在旅游业内工作
6	在边远地区提供急救	急救
7	熟知澳大利亚当地本土文化	导游
8	提供到达和出发帮助	导游
9	开发和更新导游所需要的通用和地区知识	导游
10	研究和分享有关澳大利亚土著文化	导游
11	准备对植物,动物和风景的专业知识	导游
12	准备对海洋环境的专业知识	导游
13	准备对文化遗产的专业知识	导游
14	挖掘和使用旅游和旅游业信息	在旅游业内工作
15	开发解说活动	计划和产品开发
16	协调和可持续旅游活动运作	计划和产品开发
17	开发室内娱乐活动	计划和产品开发
18	搬运旅游设备和用品	旅游管理
19	提供户外给养	旅游管理
20	分配旅游或活动资源	旅游管理
21	建立和运营营地	旅游管理
22	在边远地区开展旅游活动	旅游管理
23	评估和解读产品信息	旅游服务和运作
24	在国际目的地提供建议	旅游服务和运作

续　表

序号	单元	能力模块归属
25	在澳大利亚目的地提供建议	旅游服务和运作
26	销售旅游产品和服务	旅游服务和运作
27	提供旅游文本	旅游服务和运作
28	解决协议需求	沟通与客户服务
29	客户危机应对	沟通与客户服务
30	食品安全卫生操作应用	食品安全
31	指导他人工作技能	人力资源管理
32	在英语以外的其他语言进行复杂的口语交际	非英语
33	在英语以外的其他语言进行读写信息	非英语
34	在英语以外的其他语言进行读写文本	非英语
35	进行车辆维修和维护	旅游管理
36	驾驶商业车辆	旅游管理
37	驾驶四驱车	旅游管理
38	驾驶大巴	旅游管理

第五节　国外劳动力职业教育经验归纳与反思

以上对美国、英国、德国以及澳大利亚的劳动力职业教育与培训进行了经验分析与归纳。根据以上分析，可得出以下成果归纳：

一、系统化的法制建设

建立完善的职业教育法律法规体系是职业教育制度化、规范化的根本基础。美国、英国、德国等西方强国为保证本国职业教育发展，均建立有系统化的法律体系，对劳动力职业教育进行专门立法，并不断进行法制创新，与时俱进，为促进和推动劳动力教育营造了良好的法制环境。在法制保障和推动下，西方国家劳动力接受职业教育的比重极高，高素质劳动力对推动西方国家的发展和提升西方国家的国际竞争力功不可没。因此从西方职业教育发展的历程看，可以说"职业教育越发展，教育法制建设越健全"。对于我国而言，职业教育关系民族振兴和国家富强，已成为助推中国经济发展竞争力的重要力量，因此更需要加大我国在职业教育方面的法制建设，如果不能从法制角度对职业教育进行保障，职业教育将会失去发展根基。

为提升我国劳动力的职业素质，国家需要根据当前新型城镇化的发展需要，建立能够满足新型城镇化进程中农村转移劳动力职业发展需要的职业教育法律体系。需要进一步指出的是，我国地域广阔，不同地区间劳动力素质差异较大，为有针对性地推动农村转移劳动力职业教育，提升其职业能力，在国家法律框架内，各地根据当地的劳动力发展需要，出台相应的地方性规章同样具有必要性和紧迫性。

二、清晰的政府职能定位

政府在农村转移劳动力职业教育起步与推进阶段，能够发挥必要的引导与推动作用，因为在起步期一旦缺少政府支持，在资金、资源整合等问题上都将面临困境，直接影响职业教育战略的有效推进。

因此很多西方国家在职业教育起步与推进阶段，为推进劳动力职业教育提供强有力的政策支持和资金支持。而在劳动力职业教育渐入佳境后，政府则往往及时转变角色，由政策制定者开始向引导者转变，力图通过创造良好的职业教育发展环境，为职业教育的健康发展提供基本保证。

　　在我国，职业教育，特别是农村转移劳动力职业教育领域，政府同样要进行清晰的定位，不宜大包大揽，更多地以引导者和服务者的角色参与到这一环节中，同时也要吸引企业、行业等社会力量参与到职业教育建设中。

三、多元协作的职业教育发展模式

　　通过对上述四国职业教育的实践归纳可知，职业教育的发展绝不能仅仅依托于任何单一的教育主体。在职业教育的早期阶段，不同国家的职业教育发展模式大相径庭，例如，美国等国家承担职业教育的主体是政府，政府将职业教育上升为国家战略，在国家的统一领导下进行该项工作的推进；而英国等国资本主义发展较早，早期的职业教育的主体是企业或行业，企业或者行业基于所在部门的目标，通过自主协调的形式进行职业教育实践，这一时期的职业教育多具有自发性特征。无论是何种模式，单一的模式会从一定程度上限制职业教育的发展是毋庸置疑的。

　　因此，在当代职业教育发展中，上述国家无一不通过多元主体协作的方式整合社会和市场中的各类教育资源。美国基于社区的职业教育发展模式、英国的现代学徒制、德国的双元制以及澳大利亚基于行业的职业教育发展模式均通过政府、教育机构、企业以及社区进行整合的方式发展职业教育。多元主体协作下的职业教育可以弥补单一主体在职业教育方面的缺陷，将职业教育精神渗透到社会生活的各个环节，这也是职业教育在西方社会受到尊重和推崇的一个重要原因。

四、成熟的职业证书体系

　　职业证书是岗位标准化的体现，也是职业教育上升到国家战略层面的体现。西方国家无一例外均将职业证书融入到职业教育环节中，英国的国家职业资格体系、澳大利亚的TAFE就是这方面典型的代表，职业教育与职业证书考核紧密对接。从职业证书体系建设与职业教育的关系看，一方面，职业证书体系为职业教育提供内容框架，指明方向和目标，另一方面，职业教育为职业证书体系提供了教育性和智力性支持，促使劳动力达到国家职业资格的标准要求。

为推进职业证书体系建设，各国纷纷出台了一系列配套制度。第一，各国在进行职业证书体系建设时纷纷吸引行业协会和企业加入到职业证书体系建设中，使职业证书与行业和企业需求对接，使职业证书最大限度地为社会服务。第二，各国普遍建立了能够强力推进职业证书体系建设的主管机构，防止"证"出多门，通过独立部门统一负责和协调本国的职业证书机制建设。第三，各国普遍建立了职业证书等级制度，通过层级制的考证制度推进劳动者职业能力的持续提升，将终身职业教育与职业证书体系相对接。

五、完善的终身职业教育制度

西方发达国家不约而同地把劳动力就业能力持续提升和促进当地经济发展水平作为终身职业教育的基本目标。为了实现上述目标，西方国家普遍建立有成熟的运行机制和激励保障机制。从运行机制看，西方国家多主体参与到终身职业教育进程中。在西方，政府、学校、企业、社区包括一些公益组织都参与到劳动力终身教育进程中，不同教育主体扮演不同的教育角色，从不同层面对职业教育进行推动。其中，政府是职业教育的政策推动者，学校和企业是职业教育实践的重要参与者，社区以及其他公益组织是职业教育的重要补充者，最后一类职业教育主体是职业教育日常化、制度化的重要载体。从参与形式上看，各类教育主体既提供教育课程和职业培训，又为社区居民提供就业咨询与创业指导，甚至文化、艺术等问题的解决方案等都被作为成人教育的内容，这使得终身教育与劳动力的日常生活紧密结合。从激励保障机制看，西方国家高度重视制定劳动力终身职业教育法规与政策制度，从法律层面确立成人终身教育的地位，并通过各项具体的政策规定确定终身职业教育的基本原则和框架，可以说是各国政府切实有效保障终身职业教育的不二法门。[1]

---

[1] 王保星. 二战后美国的职业教育：发展历程、经验及启示 [J]. 教育研究 ,1996(2):26-31.

总　　结

　　本章进行国外劳动力职业教育经验分析，主要以美国、英国、德国和澳大利亚等发达西方国家的职业教育为对象进行归纳研究。第一节为美国职业教育。首先介绍了美国职业教育的三个发展阶段，然后对美国职业教育的三个层次进行了阐述，并在此基础上归纳了美国职业教育的三个特点。第二节为英国职业教育。由于英国职业教育发展轨迹的特殊性，本节首先按照四阶段对英国国家职教发展进行了阐述，在此基础上分析了英国的国家职业资格体系，最后对英国职业教育的特点进行了归纳研究。第三节为德国职业教育。本节首先分析了德国职业教育的发展历程，接着阐述了德国职业教育的层次形式，最后逐一分析了德国职业教育的特点。第四节是澳大利亚职业教育。本节首先介绍了澳大利亚职业教育的层次形式，同时对澳大利亚职业教育的特点进行了分析，最后对澳大利亚 TAFE 四级证书（Certificate IV）模块（module）进行结构展示。通过上述四节的分析，本章尝试归纳出上述成功国家在职业教育方面的共性，最后本章通过第五节对目前上述国家成功实践的共性部分进行了归纳和提炼。

第四章　新型城镇化进程中农村转移劳动力职业教育的整体策略研究

第一节　新型城镇化进程中农村转移劳动力职业教育目标体系构建

一、以市民化为中心的农村转移劳动力职业教育体系构建目标

当前我国处于新型城镇化建设的攻坚阶段，其中"人"的城镇化，特别是以农村转移劳动力为主体的"市民化"是整个新型城镇化建设的核心。[1] 从国外实践看，"城镇化"是一个长期的过程，而农村转移劳动力的"市民化"过程则更为漫长。这一过程不仅包括农村转移劳动力在产业和地域空间上的转移，还包括其在心理和职业上的多重转移。

与发达国家相比，我国农村转移劳动力文化、职业技能整体素质偏低，这决定了在新型城镇化进程中我国农村转移劳动力市民化任务的长期性和复杂性。[2] 目前我国通过农村劳动力职业教育帮助转移劳动力获得能够从事新职业的基本技能，大大促进了农村劳动力的转移就业。[3] 但是在当前新型城镇化的背景下，除了需要对农村劳动力转移就业进行持续推进外，促使农村转移劳动力向市民化转化也是另一项重大挑战。

---

[1] 张秀娥. 城镇化建设与农民工市民化的关系 [J]. 社会科学家,2013(12):78-82.

[2] 石伟平,陆俊杰. 城镇化市民化进程中我国城乡统筹发展职业教育策略研究 [J]. 西南大学学报 (社会科学版), 2013(04):53-63.

[3] 刘万霞. 职业教育对农民工就业的影响——基于对全国农民工调查的实证分析 [J]. 管理世界,2013(5):64-75.

农村转移劳动力市民化是一个长期的过程。从一定程度上看，市民化过程与职业成长过程是平行发展并且相互促进和相互推动的，市民化可以为职业成长指明成长目标，职业成长则可以有效推动市民化成长，使市民化真正落实。在农村劳动力向新市民转化的职业成长各阶段，职业需求各不相同。在农村转移劳动力职业转化早期，职业教育的主要需求是掌握就业技能，促进就业；而在实现职业稳定后，职业教育需求则趋向于多样化，既有掌握新技术，实现职业胜任的需求，又有了解新行业，实现职业转型的需要，更有促进职业发展，赢得职业提升的需要。在这一形势下，我们需要充分认识到农村转移劳动力市民化进程中职业成长任务的长期性和艰巨性，职业生涯各阶段的多样化职业需求目标必须通过持久的、连续的终身职业教育投入来推动，如果仅依靠传统的短期职业培训则根本无法达成。在这一背景下，建设基于终身教育理念下的农村转移劳动力职业教育体系极富现实意义。

二、以市民化为中心的职业教育体系整体建设思路

（一）就业教育与职业成长教育相结合

随着由城镇化向新型城镇化的演进，面向农村转移劳动力市民化的终身职业教育需要提上日程。农村转移劳动力市民化进程中的终身职业教育是基于终身教育理念，将职业教育和终身教育融合的结晶，是对传统的农村转移劳动力就业培训的变革和创新，它不是简单的教育培训时间延长，也不是不同类型职业教育的简单加总，而是针对农村转移劳动力的市民化目标对职业教育进行的一种整体设计，范围涵盖职业教育的目标、内容以及终身教育机制设计等诸多方面。

在具体目标设定上，农村转移劳动力终身职业教育体系需要以转移劳动力的市民化为方向，这与传统的劳动力转移就业培训目标具有很大的差异，前者具有长期性、持续性和市民化导向的特点，而后者则具有短期性、就业导向的特征。农村转移劳动力终身职业教育是新型市民和新型人才的孵化器，是推动农村转移劳动力职业技能不断提升，职业素养不断提高的推进器。

农村转移劳动力终身职业教育内容是职业教育理念和培养目标真正得以实现的基础。终身职业教育目标规定了由劳动力向新市民教育的总体努力方向，而终身职业教育的教育内容则规定了总体目标指引下，各阶段职业教育应该涵盖的教育项目模块，这些项目模块以市民化各阶段性目标为指引。从农村转移劳动力终身职业教育内容体系与传统的农村劳动力转移就业教育内容之间的关系看，前者从内容涵盖上全面超越后者，前者涵盖职业启蒙、职业准备、职业迁移、职业稳定和职业提升各阶段内容，而后者仅限定于职业迁移阶段的就业技能知识培训。

（二）技术素质教育与非技术素质教育相结合

当前农村劳动力转移教育体系的构建主要围绕技术素质来进行设计。通常农村转移劳动力在进入新的工作环境之前，首先会进行技能培训，这类培训以适应和胜任非农岗位工作为目标，以安全培训和技能培训为主要内容，以理论教学和实践教学为主要手段，[1]这是帮助农村转移劳动力转变职业态度、掌握劳动生活技能的第一步。在未来农村转移劳动力的职业教育工作中，要关注转移劳动力技术与非技术综合素质的提升，而并非仅仅关注单一的技能素质培养。

1. 保障技术素质的持续提升

《农民工职业技能提升计划——"春潮行动"实施方案》（以下简称《方案》）中明确了高技能人才培训的具体对象。该《方案》规定对具备中级以上职业技能等级的在岗农民工开展高技能人才培训。人力资源和社会保障部门根据区域经济社会发展需求和产业发展要求制定高技能人才培养规划，鼓励符合条件的企业在岗农民工参加高技能人才培训，提升其技能水平和职业技能等级。《国务院办公厅关于进一步做好农民工培训工作的指导意见》（以下简称《意见》）规定了农村转移劳动力技术素质提升的组织安排。该《意见》指出要重点加强农民工岗前培训、在岗技能提升培训和转岗培训，鼓励企业依托

---

[1]　李小棒.论新生代农民工职业素质的自我提升 [J].中国人力资源开发，2012(5):104-106.

所属培训机构或委托所在地定点培训机构，结合岗位要求和工作需要，组织农民工参加技能提升培训。鼓励企业选送农民工参加脱产、半脱产的技能培训和职业教育，特别提出要推动技术工人特别是高级技工的技能提升培训，并提出了鼓励企业组织农民工参加职业技能竞赛的思路。

为保障新型城镇化进程中农村转移劳动力职业能力的提升，在后续政策制定方面，要继续加强对农村转移劳动力的职业技术素质的实施路径和保障方面的政策研究，尤其在具体的制度保障方面要进行重点突破。而在理论研究方面，则要强化对于技术素质的持续提升研究，同时充分挖掘农村转移劳动力发展优异者在技术素质上的胜任特征，对各项评价内容进行全面细化，并据此进行教育项目的设计和优化。

2. 加强非技术素质培养

在由农村劳动力向新市民的转化过程中，除了技术素质外，社会还对农村转移劳动力的非技术素质提出了较高的要求。因此在新型城镇化进程中，除了需要继续完善农村转移劳动力技能培训体系外，提升非技术素质的教育培训机制的构建也应该提上日程。

进而言之，如果说技术素质是实现农村劳动力转移的基本条件，是农村劳动力实现转移就业的能力保障，那么非技术素质则是促进农村转移劳动力职业成长，推动职业提升，实现农村转移人口市民化的决定性因素。[1] 这些素质既体现了适应制造业生产条件下对生产管理型人才的标准和要求，更体现了农村转移劳动力市民化过程中职业素质提升的方向。一般而言，技术素质可以通过传统的教育培训方式获得，而职业道德、团队精神等非技能素质则截然不同，传统教育培训方式难以奏效。根据人力资源开发理论，非技能素质需要通过职业熏陶、职业体验和职业感悟等方式来实现。具体从方法上而言，对于非技术素质的提升一方面可以通过企业组织的各类经验分享活动和团队交流活动来推动，另一方面还可以由社会教育培训机构通过改革教育培训方式，将技术培训和素养提升有机结合来实现。例如在进行机械

---

[1] 郑爱翔，吴兆明，刘轩. 农村转移劳动力市民化进程中职业能力提升策略研究 [J]. 教育发展研究 ,2016(7):45-51.

装配培训时，除了传授技术以外，还同时传授在生产装配现场对人员、机器、材料、方法等生产要素进行有效管理的方式，灌输整理、整顿、清扫、清洁、素养的 5S 理念等，即在传统教学模式的同时再辅之以管理情境模拟。简而言之，开发灵活、多样化的教育培训方法，进行职业教育的模式创新，这些素质的熏陶和培养对于提高职业素质、提升职业素养更具有重要意义。

（三）素质教育与社会融入教育相结合

《国家新型城镇化规划（2014—2020 年）》强调以人为本，推进以人为核心的城镇化。根据该规划，我国将有序推进农业转移人口市民化，而农村转移劳动力的市民化将是城镇化的重要组成部分。2016年中央一号文件提出"进一步推进户籍制度改革，落实 1 亿左右农民工和其他常住人口在城镇定居落户的目标，保障进城落户农民工与城镇居民有同等权利和义务，加快提高户籍人口城镇化率"。在当前农村转移劳动力市民化进程中，"当地社会融入力"和"工作环境适应力"等能力直接影响农村转移劳动力的后续职业成长，而职业成长则会直接影响农村转移劳动力的市民化速度与质量。由此可见，不同于城市劳动力，农村转移劳动力要实现岗位胜任，除了需要具有一定的技术素质和非技术素质外，还需要具有适应自身市民化需要的社会和职业的融入能力，这同样构成其职业胜任的基本素质要求。因此在后续针对农村转移劳动力的职业教育体系设计中，应重视对这方面的投入和支持。

从机制构建方面看，考虑到融入教育的特点以及教育对象的特殊性，应大力推动转移劳动力终身教育机制的建设，通过持续性的、长期性的教育投入来推动这项工作。从具体策略上看，需要通过制度保障鼓励不同教育主体间的协作，特别是政府、企业、职业院校和社区间的协作，来共同推动这项工作。从分工来看，由于政府是新型城镇化战略的推进主体，因而政府在融入教育中需要扮演领导指挥角色和协作协调角色；社区是新型劳动力生活的载体，因而在融入教育中主要承担帮助农村转移劳动力融入社会的角色；而企业和职业院校由于更贴近技术和市场，因而需要承担帮助农村转移劳动力融入企业、融入职业的职责。

三、农村转移劳动力市民化进程中职业教育机制整体建设框架

新型城镇化进程中的农村转移劳动力职业教育机制强调如何将农村转移劳动力市民化进程中各阶段的职业教育模块加以整合进而形成整体系统，这一机制由引导、推动机制运行的各项基本准则及相应制度构成，是决定职业教育机制有效运行的内外因素及相互关系的总称。在这一机制中，最为关键的是运行机制、激励机制和保障机制。其中，农村转移劳动力职业教育运行机制强调整合多元教育主体，创新现有的传统行政管理模式。激励机制是指通过制度设计来促进农村转移劳动力职业教育机制的有效推进，吸引各级政府、企业、教育机构以及转移劳动力等主体积极参与职业教育。保障机制是保证农村转移劳动力职业教育得以正常有效运行的政策机制，通常由一系列支持性法律法规和规定构成。

（一）运行机制方面

1. 构建多主体参与机制

在市民化进程中，职业教育主体应该是开放的、广泛的和多元化的，各类型职业教育主体均可以纳入到农村转移劳动力职业教育运行机制内。

其中政府部门处于运行机制的核心位置，《中华人民共和国职业教育法》第六条规定"各级人民政府应当将发展职业教育纳入国民经济和社会发展规划"，第十一条规定"县级以上地方各级人民政府应当加强对本行政区域内职业教育工作的领导、统筹协调和督导评估"。可见政府部门在运行机制中处于引领地位，需要承担制定各类政策、提供政策保障以及整合各类教学资源的角色，在职业教育体系承担引领作用。

学校或社会培训机构仍然是承担职业教育的主体。在国外，日本的短期大学、高等专科学校以及专修学校在职业教育中作用极大，而美国的开放大学、无墙大学和一些州立学院在终身化职业教育中同样发挥重要的作用。在我国现阶段，法律赋予了学校和社会培训机构进行职业教育和培训的法定地位，并从法律上给予支持。其中《中华人民共和国职业教育法》第十七条规定"县级以上地方各级人民政府应

当举办发挥骨干和示范作用的职业学校、职业培训机构，对农村、企业、事业组织、社会团体、其他社会组织及公民个人依法举办的职业学校和职业培训机构给予指导和扶持"，第十九条规定"政府主管部门、行业组织应当举办或者联合举办职业学校、职业培训机构，组织、协调、指导本行业的企业、事业组织举办职业学校、职业培训机构"。除了常规的教育培训机构外，城市中的职业技术院校和应用型本科院校在促进农村转移劳动力职业能力提升方面还应发挥更大的作用。这两类教育培训主体具有承担高技能技术应用人才培养的经验，在实践技能培训方面具有得天独厚的资源和优势，能够胜任农村转移劳动力在市民化进程中的职业成长需要，具有为农村转移劳动力提供职业教育保障的条件。

行业主体主要包括企业和行业协会。《国务院办公厅关于进一步做好农民工培训工作的指导意见》指出要"发挥行业的指导作用""行业主管部门要对本行业依托企业开展的农民工培训进行协调和指导，充分发挥行业管理优势，在培训标准、教育培训内容和专业师资队伍建设等方面，加强对农民工培训的监督检查""要结合行业特点和企业用工需求，办好职业学校和培训基地。各级行业组织要积极发挥作用，优化教育资源配置，做好行业人力资源预测，为企业提供培训信息等中介服务，重点抓好校企合作，形成一批具有一定规模、富有特色的农民工培训项目"。由此可见，行业主体在职业教育体系中主要扮演两种角色，一是承担在职培训的角色，保证劳动力技能能够适应和满足企业和社会需求，二是利用自身独特的角色优势参与到职业标准制定过程中。

除此之外，在多元化职业教育运行机制设计中，我们还需要关注社区职教主体建设。在美国和德国，博物馆、图书馆甚至一些社会文化中心均被纳入到职业素养提升的框架中。这类主体除了职业技能之外，对于职业素养提升方面更具独特功能。不同于能够通过一段时间的高强度培训形成的职业技能，职业素养则需要长期培养。为实现这一目标，可以参考西方国家的经验，除了必要的公共投入外，还可以积极吸引各类社会主体参与到社区教育工作中，这对于市民化工作的有效推进具有重要意义。

2. 构建多主体协作机制

当前我国对于农村转移劳动力的职业教育多采用垂直领导，这一领导方式的优点在于可以利用行政权力迅速动员社会力量参与教育培训。在现有体系下，我国的农村转移劳动力职业教育工作取得了巨大的成就。随着我国农村转移劳动力市民化工作的推进，未来我国转移劳动力面临的职业教育需求会更趋于多元化，教育培训内容更趋于多样化，涉及的主体也更趋于复杂化，这种新的变化超出了政府传统的行政治理边界。

为适应这一变化趋势，在未来的市民化职业教育网络的构建中，政府部门一方面应该注重适当弱化行政部门的行政指令功能，增强行政部门的协作协调功能，另一方面要通过制定政策鼓励不同职业教育主体间的协作，特别是企业、职业院校和社区间的协作，各类主体互为补充，互为依托。[1]

早在1998年，《中华人民共和国职业教育法》第二十三条就规定"职业学校、职业培训机构实施职业教育应当实行产教结合，为本地区经济建设服务，与企业密切联系，培养实用人才和熟练劳动者"，提出通过法律形式规制教育主体与企业协作推进职业教育建设的思路。在当前形势下，可以通过教育机构与经济组织的协同构建职教集团，通过经济组织与社区组织的协同构建企业社区教育服务平台，通过教育机构与社区组织的协同构建新型社区学院，通过政府引导下的经济组织、社区组织和教育机构三者间协同构建开放、系统的劳动力终身职业教育体系，这既符合当前转变政府职能的要求，也对社会教育主体积极性的调动具有积极意义。

[1] 郑爱翔. 农村劳动力转移就业培训现状及提升策略——基于江苏省的调查 [J]. 职业技术教育,2013(25):79-82.

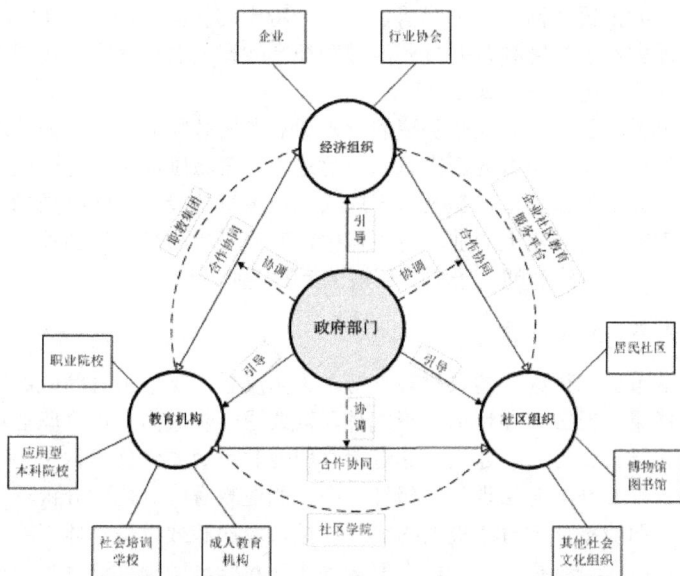

图 4-1 市民化进程中农村转移劳动力职业教育多主体参与网络结构

（二）激励机制方面

1. 教育主体激励

首先，考虑到企业是农村转移劳动力市民化职业成长的重要教育主体，因此要加大对于企业在转移劳动力的职业成长教育投入方面的支持，具体而言，可以通过财政调节手段制定税收减免优惠政策，在企业所得税抵扣中充分考虑企业在农村转移劳动力就业和教育的投入情况，调动企业参与职业教育的积极性。

其次，从西方终身职业教育的成功经验看，成功的终身职业教育机制不能脱离对于社区教育的长期耕耘。与其他教育形式相比，社区职业教育具有显著的区域性、开放性的特征，它可以利用自身作为转移劳动力市民生活的载体优势，服务于特定的社区居民。[1] 现阶段进一步加大对于社区教育的投入，鼓励社区教育发展也是推动我国转移劳动力市民化进程的重要途径。

再者，要注重对职业院校的投入和对参培教师的激励。为适应市民化进程中职业教育的新常态，要对通过政策激励鼓励现有职业院校的教育体系加以变革，加大对于成人职业教育的投入。同时鼓励职业院校教师参与到成人职业教育工作中，对积极参与教育培训项目，并取得实效的一线教师给予物质和精神上的奖励。

2. 教育对象激励

从市民化进程中的农村转移劳动力角度看，除了常规的政府购买培训成果、发放职业培训券形式外，需要进一步大力推进"职业教育终身化学分银行"的建设。通过参与职业教育后的学分累积来调动劳动力长期参与教育培训的积极性。在"职业教育终身化学分银行"账单中，职业技能教育培训的内容、次数、层次和效果均有体现，在职业升迁时可进行提取。目前上海等地正在对学分制银行进行积极的实践探索，并取得了一定的成效。后续还可以加大对于学分信贷方式的探索和研究，颠覆传统的"以学习促成长"的模式，通过"以成长促学习"的方式来激励终身化学习。

（三）保障机制方面

1. 法律保障

根据西方国家的经验，建立健全法律政策是促进和保障农村转移劳动力职业教育有序进行的基本条件。在我国，《中华人民共和国职业教育法》（1996）、《关于修改〈中华人民共和国农业法〉的决定》（2012）、《关于进一步加强农村教育工作的决定》（2003）、《关于大力推进职业教育改革与发展的决定》（2002）、《国务院关于大力发展职业教育的决定》（2005）等法律法规是我国农村转移劳动力职业教育工作顺利推进的法律保障，对我国农村转移劳动力职业教育进行权力、

---

[1] 叶忠海，张永，马丽华，等. 新型城镇化与社区教育发展研究 [J]. 开放教育研究 ,2014(4):100-110.

义务上的规定。不过与我国农村转移劳动力迫切的职业教育制度保障需求相比，目前我国对农村转移劳动力职业教育的法律法规总体上还不完善，内容较为笼统零散，真正适应农村转移劳动力市民化发展的专门法律法规还相对不足。因此，我国需要进一步加快对农村转移劳动力职业教育的立法，营造良好的职业教育法律环境，通过法律手段进一步明确农村转移劳动力职业教育的目标、途径和具体措施。需要强调的是，在新型城镇化进程中，以职业教育推动农村转移劳动力的市民化需要具有一定的紧迫性，因此通过立法形式进行进一步明确显得尤为必要。

众所周知，农村转移劳动力市民化过程是一个长期的过程，也是一个需要持续进行教育投入的过程，在这一背景下必须要将终身教育学习提上日程。终身教育学习权利是目前国际社会所公认的一国公民应该享有的基本权利。以美国、澳大利亚、德国为代表的国家则更是相继出台了有关终身教育的法律和地方法规，以确保终身教育理念的推行以及政府终身教育政策的有效贯彻与实施。[1]

当前我国农村转移劳动力文化素质和职业素质普遍偏低是客观现实。在新型城镇化进程中，只有农村转移劳动力的受教育权得到充分的保障，才能缩小人群差距，确保其市民化成长。而法制是发展教育事业和促进教育公平的最根本保障。唯有加强法律制度的规范性、权威性、强制性，明确政府在农村转移劳动力终身职业教育中的主导地位，并建立相应的保障机制，才能切实为我国的农村转移劳动力终身教育提供法律支持，推动市民化进程中终身教育的发展。

目前上海市颁布了《上海市终身教育促进条例》，该地方性法规2011 年 1 月 5 日由上海市第十三届人民代表大会常务委员会颁布，对终身教育的管理方式、领导机构、协调机制以及保障机制进行了全面的说明。不过我国目前还没有国家层面上的终身职业教育的专门立法。考虑到我国新型城镇化建设以及农村转移劳动力的市民化工作的紧迫性，当前我国亟待借鉴发达国家和地区的经验，加速立法工作，为农村劳动力职业教育终身化创造良好的发展环境，同时进一步完善地方

---

[1]　黄欣，吴遵民，池晨颖.终身教育立法的制订与完善——关于《上海市终身教育促进条例》的思考[J].教育发展研究,2011(7):18-22.

性的法律法规，建立更符合地方实际和更具可操作性的保障体系。

2. 财政保障

除法律保障之外，农村转移劳动力职业教育还需要足够的财政资金保障。特别在当前阶段，农村转移劳动力的市民化需要大量的、持续的职业教育资金投入方能保障职业教育的正常推进。

从宏观上来看，推动新型城镇化进程中的农村转移劳动力职业教育需要动员全社会的力量积极参与，因此政府财政保障必不可少。从当前情况来看，我国法律法规对财政保障的形式、原则以及具体实施办法进行了相应的规定。例如《中华人民共和国职业教育法》第三十条规定"省、自治区、直辖市人民政府按照教育法的有关规定决定开征的用于教育的地方附加费，可以专项或者安排一定比例用于职业教育"，第三十一条规定"各级人民政府可以将农村科学技术开发、技术推广的经费，适当用于农村职业培训"，第三十四条规定"国家鼓励金融机构运用信贷手段，扶持发展职业教育"，《农村劳动力转移培训财政补助资金管理办法》第四条明文规定"培训补助资金由地方财政和中央财政共同承担，以地方财政为主。中央财政根据全国农村劳动力转移培训阳光工程办公室确定的各省(含新疆生产建设兵团、中央直属垦区，下同)示范性培训任务，平均每期每人按不低于100元的标准给予补助，重点用于农村劳动力输出大省、产粮大省、革命老区、贫困地区。各省具体的补助标准，由各省根据不同的教育培训内容、培训时间、工种等自行确定"。从这些法律法规可见，国家通过法律形式规定了财政保障在农村劳动力职业教育中的地位。在当前终身教育理念深入人心的背景下，各级政府可以通过设计专项发展基金扶持和奖励各类职业教育参与主体，保障终身职业教育事业的有力推进。例如参考其他专项基金的设立经验，在我国事业发展经费中单独设立"农村转移劳动力终身化教育"发展专项基金。在运作上，专项基金可以由省级、市县级共同财政支出。同时为进一步拓宽资金渠道，还可以参考国外模式，拓宽资金渠道，吸引企业、行业协会、社会各类培训机构等社会资本积极参与投资，为农村转移劳动力终身职业教育的师资建设、基础设施建设，以及相关经费开支等提供必要保障。

总体而言，以终身教育理念为支撑的农村转移劳动力职业教育机制构建,应以促进农村转移劳动力的市民化为终极目标,以改革农村转移劳动力职业教育模式为导向,以多主体职业教育参与为途径,以全方位激励制度为动力,以政府政策支持、健全相关法律法规为保障,从而为有效推动农村转移劳动力的市民化,为促进新型城镇化发展和经济社会发展提供智力支撑。

第二节　新型城镇化进程中农村转移劳动力
职业教育宏观策略研究

职业教育是促进农村转移劳动力市民化的基础力量，职业教育可以提升农村转移劳动力的职业能力，有效推动市民化成长，使市民化真正落实。在农村劳动力向新市民转化的职业成长各阶段，职业教育需求各不相同。在农村转移劳动力职业转化早期，劳动力的主要需求是掌握基本职业技能，实现就业，这一阶段是以就业为导向的职业教育；而在实现就业，达到职业稳定后，劳动力的需求则趋向于多样化，既有掌握新技术，实现职业胜任的需求，又有了解新行业，实现职业转型的需要，更有促进职业发展，赢得职业提升的需要，这一阶段则是适应市民化职业成长的职业教育。在这一形势下，我们需要充分认识到新型城镇化进程中农村转移劳动力职业教育任务的长期性和艰巨性，农村转移劳动力职业生涯各阶段的多样化职业成长需求必须通过持久的、连续的职业教育机制来推动。

一、组织策略

为促进农村转移劳动力组织结构优化，要强化教育实践中的职业教育业务体系组织结构优化。

（一）优化职业教育业务组织建设

在优化策略上，要注重加强对职业教育组织的协同和联结，其中职业教育业务组织的同质联结是推动同类型教育主体间知识和经验互补的有效途径，而跨界联结则有助于推动不同类型教育主体间异质知识和经验的习得。具体而言，"同质联结"一词具有两方面含义。一方面，在主体上，同质联结强调不同规模、地理位置等不同形态主体的同质性，主体间具有性质上的共同点。具体在劳动力教育主体方面，同质性主要是指同类型教育主体。具体表现为相同的教育主体在教育形式上、教育内容上和教育制度管理体系上具有一定的相似性和可比性。另一方面，在同质主体的合作形态上，同质联结采取联结的形式进行管理。联结不同于联合，联结强调主体间在合作的过程中具有一定的自主性和独立性，而联合则仅是合作，淡化了主体间客观存在的差异。从农村转移劳动力的特点来看，各教育主体在开展教育合作的过程中保持各自的特色与我国现阶段职业教育的现实需求更为贴切。在各类教学业务组织的搭配和协调中实现承担高级、中级和初级技能培训的不同类型培训组织联结，承担相近教育培训内容的不同类型教育组织联结。"跨界联结"与"同质联结"的差异主要表现在主体方面，跨界联结强调不同类型，不同性质的培训主体间的合作，教育和培训主体首先是具有类型差异的，例如社会培训机构与中职高职学校间的合作，企业与学校等传统教育主体的合作。

"同质联结"与"跨界联结"相结合可以促进农村转移劳动力职业教育在组织层面的合作交流，提高教育教学效果。以教育培训机构为例，同类型教育组织的横向联结可以促进教育机构间教学经验和方法的交流，而企业、培训机构、职业院校等不同类型培训组织的跨界联结则有助于及时把握企业的动态需要，这对于进一步增强教育培训实效意义重大。鉴于近年来少数社会教育培训机构在劳动力职业教育培训中培训知识陈旧、与企业需求相背离的现实问题，在当前阶段尤其要注重推动"两个层面"的互动交流，即职教中心、电大、乡镇成人教育中心与社会培训机构在培训经验上的互动交流，企业与社会教育培训机构在教育培训内容上的互动交流。

（二）创新职业教育行政体系建设

在农村转移劳动力职业教育行政体系建设思路上，要坚持科学性和专业性管理双管齐下的基本原则。

在科学性（主要指农村转移劳动力教育部门设置以及部门间协调的科学性）方面，主要取决于进行农村转移劳动力职业教育协调的组织方式和形式。其中传统的直线职能制，是在主管部门之下，按照一定的职能专业分工，通过职能机构担负不同的管理工作，对于突出各部门的职能特点进行管理具有一定的优势。不过这种方式对于农村转移劳动力职业教育这种需要多主体、多部门协同的事务具有一定的协调难度。在这一背景下，委员会组织则可以凸显出管理优势。委员会组织由执行某方面管理职能并实行集体行动的一组人构成。在具体管理中可根据情况需要设立临时委员会和常设委员会进行工作协调，突出组织管理过程中的柔性化和行政体系设置的科学化。

在专业性方向，要做到专业负责、专业管理和专业协调，提高农村转移劳动力教育的专业性。所谓专业包括知识专业、管理专业和理念专业。知识专业是指具有为适应管理需要的专业知识储备，管理专业是指在实现教育时在提供的资源上、组织上和手段上的专业，理念专业是具有先进的和适应现代管理需要的管理思维和思考方式。

此外，在策略方面还要增强行政体系建设中的协调性功能。随着新型城镇化进程的不断深入，农村转移劳动力将呈现职业能力需求多样化，参与主体复杂化的态势，这使得传统以政府为主导的职业能力提升管理机制需要向开放化和多元化的治理机制转变。其中，要重点增强行政部门的协调功能和引导功能，在保障行政部门统领农村劳动力职业教育政策方向的前提下，适当弱化行政部门的行政指令功能，增强专业部门对于各组织的协作协调功能。当然这还需要制定保障性政策，通过制度化保障的方式增强教育主体对农村劳动力转移工作的主动性和积极性，推动教育工作更有效地开展。同时，鼓励行业、企业、教育机构以及社区等主体的协作，[1] 通过发展社区学校、职教集团等主体来构建农村转移劳动力职业教育新型协作平台，将在岗和业余培训相结合，建设农村转移劳动力的终身职业教育体系，共同推动农村转移劳动力刚性职业能力和柔性职业能力协同发展。

（三）加强示范性职业教育基地建设

在组织建设中，除了正常的业务组织和行政体系建设外，要加强对示范性职业教育基地的建设。通过建设示范性职业教育基地达到树立标杆、学习标杆、推广标杆的作用。

所谓示范性职业教育基地，是指综合水平领先、教育教学改革领先、社会服务领先，除了具有良好的建设环境外，还要求在人才培养模式、实验实训基地建设、师资队伍建设、教育培训课程体系与教学内容改革等方面取得实质性突破，以自身的影响力带动区域内农村转移劳动力职业教育水平的提升，最终全面提升我国农村转移劳动力的

---

[1] 刘万霞. 职业教育对农民工就业的影响——基于对全国农民工调查的实证分析 [J]. 管理世界,2013(5):64-75.

职业能力,从而引领我国健康持续发展。理想中的示范性职业教育基地形式不限,可以是职业学校等专业教育主体,可以是社会教育培训机构办学主体,也可以是企业办学主体,当然学校、企业和社区等多主体协同的复合型主体同样也可以成为示范性职业教育基地。示范性职业教育基地的基本要求并非是大而全,而是教育管理专业、效果良好、创新力强、辐射面大、服务能力强、影响力大的教育主体。

不过,从现实来看,当前国内职业教育机构规模、能力水平参差不齐,高水平、高标准的具有真正示范意义的农村劳动力转移教育培训基地和学校还很少,能够真正产生高质量职业教育的辐射效应和带动作用的教育培训机构极为稀缺。此外,绝大多数教育培训机构在教育培训方面沟通联系也相对不足,对于学习先进、超越先进的意识也不强,对于通过内涵建设促进自身教学水平提升的主动性意识还不够,这使得农村转移劳动力职业教育长期处于低水平、慢增长阶段。基于此,为了促进不同教育主体间的交流,提高劳动力职业教育效果,应该建立更多的具有示范意义的教育培训学校标杆和课程标杆,同时鼓励和促进不同机构间的交流和学习,这对于推广和示范农村转移劳动力职业教育经验,促进不同教育主体的知识和经验的流动,满足现实企业需求和劳动力职业教育需要具有重要作用。

二、激励策略

以企业为代表的职业教育业务主体是农村转移劳动力职业教育环节中的重要力量。与政府行政主体相比,企业等主体与市场联系更为紧密,提供的职业教育更具有针对性。为激励企业等主体参与职业教育,全面提升农村转移劳动力,要加大对企业在农村转移劳动力职业成长教育投入方面的支持。

(一)制定激励政策

我国政府认识到通过激励政策推动农村劳动力职业能力提升的重要性,已制定了一系列旨在推动农村转移劳动力职业教育的激励政策。其中,《国务院关于进一步加强农村教育工作的决定》中指出"积极创造条件或利用职业学校的资源,开设以实用技术为主的课程,鼓励学生在获得毕业证书的同时获得职业资格证书""以就业为导向,大力发展农村职业教育。……在整合现有资源的基础上,重点建设好地(市)、县级骨干示范职业学校和培训机构。要积极鼓励社会力量和吸引外资举办职业教育,促进职业教育办学主体和投资多元化""要坚持培训与市场挂钩,鼓励和支持'订单'培养,先培训后输出。逐步形成政府扶持、用人单位出资、培训机构减免经费、农民适当分担的投入机制"。在《农民工职业技能提升计划——"春潮行动"实施方案》指出要"综合运用各类激励政策和措施,充分调动社会各方面的积极性,整合职业教育资源,引导行业企业、社会团体、院校和各类职业培训机构广泛开展农村转移就业劳动者培训""人力资源社会保障部门根据区域经济社会发展需求和产业发展要求制定高技能人才培养规划,鼓励符合条件的企业在岗农民工参加高技能人才培训,提升其技能水平和职业技能等级"。

但是,目前我国尚无更明确的实施细则和政策条款进行保障。对于企业而言,企业需要更为具体的激励政策条款支持,政府可以加大对企业进行农村转移劳动力职业教育的激励和支持力度,对教育培训量大、教学效果好的企业进行表彰奖励和政策倾斜。同时政府可以酌情制定适时推出针对农村转移劳动力教育培训的税收减免优惠政策,例如将企业对农村转移劳动力的教育培训投入纳入企业所得税税前抵扣范畴内,从而提高企业加大职业能力培训资金费用投入的积极性。此外,政府可以通过竞标等市场化机制将原有政府承担的教育培训项目委托给企业,政府作为监管方辅以配套的颁证与考核体系支持,这样既可以调动企业参与政府公共管理的积极性,也能够使政府充分放权,提高教育培训项目运行效率。

(二)借鉴先进经验

可以借鉴当前西方国家的先进经验,将企业培训和学历教育相对接,打通企业培训和学历教育的通道。从上述对西方国家经验的归纳来看,首先,法律法规的有效保障格外重要,转移劳动力成功的国家一般均有系统化的法律法规进行保障。例如美国的《职业教育法》《职业教育修正案》《美国职业训练合作法》《帕金斯职业和应用技术教育法案》等法律,英国的《就业和培训法》《教育改革法》《继续教育和高等教育法》和《教育法》，德国的《联邦职业教育法》《联邦职业教育促进法》《手工业条例》《联邦劳动促进法》《企业宪法》《联邦青年劳动保护法》等法律从职业教育的功能、实施和保障等不同层面构建职业教育法律体系。

其次，依托于区域经济和产业经济发展的职业教育更具有生命力，如同空中楼阁的、忽视市场需要的职业教育没有存在的价值和意义。美国的社区学院、澳大利亚的 TAFE 学院等与经济和产业相融合，有效地促进了劳动力素质的提高。在农村转移劳动力职业教育推进过程中，学校、企业和社区的协同非常重要，这种合作模式既可以直接对接市场职业需求，也可以将在职培训和社会继续教育有机融合。目前享誉全球的德国"双元制"将在企业中进行的职业技能和工艺知识的教育与在职业学校里的职业专业理论和普通文化知识的教育相结合，澳大利亚的 TAFE 依托行业建立了标准化的职业证书体系，将职业教育产业化，英国的学徒制由政府、企业、学校、培训和学徒等共同参与，旨在提高学员发现问题、解决问题、团队协作以及创新的综合能力，上述国家的实践都是制度创新的经典案例。

此外，将职业资格证书融入到职业教育中也是有效推进职业教育的必要手段，英国的国家职业资格委员会 NCVQ、澳大利亚的 TAFE 在这方面做出了颇有成效的实践，大大提高了劳动力的职业能力和素质。

最后，值得一提的是西方国家在职业教育方面持续不断的制度创新和实践。2015 年新加坡推出的"未来技能在职培训计划"规定在航空运输业企业工作的新入职者可以凭借参加企业的在职培训来获取学分，这样可以鼓励新入职者在工作的同时攻读航空运输业的专业文凭。目前，新加坡公共交通业、咨询与科技业以及酒店业也计划从 2016 年起相继推出类似计划。通过新加坡的实践可以发现，在政府政策支持下，通过将企业培训与国家教育体系对接，可以促使劳动者在职场上保持职业能力的持续性提升。这一方式值得政府部门在制定相关劳动力职业能力提升政策时进行借鉴。总而言之，创新和实践是不断推动社会进步的动力。

续 表

城市	岗位空缺与求职人数的比率	第二产业需求	第三产业需求	岗位空缺大于求职人数缺口最大的前三个职业		岗位空缺与求职人数的比率	岗位空缺小于求职人数缺口最大的前三个职业		岗位空缺与求职人数的比率
合肥	1.11	37.9%	61.4%	推销展销人员	3∶1		治安保卫人员	1∶3
				简单体力劳动人员	2∶1		其他行政办公人员	1∶3
				电话客服人员	3∶1		秘书、打字员	1∶2
南京	1.17	28.1%	69.3%	治安保卫人员	5∶1		加工中心操作人员	1∶2
				邮政业务人员	3∶1		商品监督和市场管理员	1∶2
				餐饮服务人员	7∶1		财会人员	1∶3
西安	0.98	27.7%	72.1%	推销展销人员	2∶1		行政事务人员	1∶2
				机械冷加工人员	2∶1		部门经理	1∶2
				营业人员、收银员	2∶1		财会人员	1∶2
成都	0.91	26.4%	72.7%	简单体力劳动人员	3∶1		秘书、打字员	1∶3
				市场销售管理人员	4∶1		财会人员	1∶3
				保洁人员	5∶1		仓库管理人员	1∶2
南宁	0.88	23.4%	75.0%	推销展销人员	2∶1		其他仓储人员	1∶3
				治安保卫人员	2∶1		机械设备维修人员	1∶4
				营业人员、收银员	2∶1		检验、计量人员	1∶5

数据说明：

[1] 本表来自于中华人民共和国人力资源和社会保障部 http://www.mohrss.gov.cn/SYrlzyhshbzb/zwgk/szrs/sjfx/201507/t20150715_214874.html。

[2] 本季度全国共有 113 个城市上报了季度数据，其中，广州、北京、厦门、济南、杭州、宁波、六盘水、辽源、通化、安阳、齐齐哈尔、佳木斯这 12 个城市的数据未参加全国数据汇总。

[3] 岗位空缺与求职人数的比率 = 需求人数 / 求职人数，表明市场中每个求职者所对应的岗位空缺数。如 0.8 表示 10 个求职者竞争 8 个岗位。

[4] 技术等级指以国家职业资格证书为凭证的职业技能水平，专业技术职称指以国家认可的专业技术职务证书为凭证的专业技术水平。在调查中，技术等级和专业技术职称相互独立，以招聘要求或个人具有的最高等级或水平为准进行统计。

（二）关注市场潜在需求

《2015 年中国劳动力市场展望》中指出，一些落后产能面临淘汰，一些过剩产能需要化解，部分劳动者需要面对转岗再就业的问题；工厂普遍使用自动生产线和机械手的现象逐步抬头，传统劳动密集型产业正逐步被技术密集型产业替代，企业对劳动者的职业素质要求提高。《2015 年第二季度部分城市公共就业服务机构市场供求状况分析》则显示，从企业需求侧看，56% 的用人需求对技术等级或专业技术职称有明确要求。其中，对技术等级有要求的占 34.7%，对专业技术职称有要求的占 21.3%。其中技师、高级技师、高级工程师、高级工的岗位空缺与求职人数的比率较大，分别为 2.0、1.94、1.81、1.77。与 2014 年同期相比，对各技术等级的用人需求均有所减少，其中对初级工（ - 24.8%）、中级工（ - 11.2%）、高级工（ - 6%）、高级技师（ - 10%）的用人需求下降幅度较大。对中级（ - 7.5%）、高级（ - 7.7%）专业技术职称的用人需求有所下降，对初级（ + 3.3%）专业技术职称的用人需求略有增长。与 2015 年第一季度相比，对各技术等级的用人需求均有所增长，其中对技师（ + 23%）、高级技师（ + 12.3%）的用人需求增长幅度较大。对初级（ + 14.4%）、中级（ + 10.3%）、高级（ + 13%）专业技术职称的用人需求有所增长。

基于目前劳动力市场的新发展，一方面要密切关注农村转移劳动力市民化进程中职业成长的潜在需求，另一方面要抓住产业升级的契机，适时进行农村转移劳动力职业教育机制的创新。从具体操作上看，根据市场和劳动力需求，围绕职业能力提升，开设中高级技能培训班，进行战略性人才培养，提前做好人力资源战略储备，最终通过初、中、高三级职业教育联动的方式促进农村转移劳动力市民化进程中的职业能力持续提升，同时稳步推进劳动力市场的供求平衡和健康发展。

四、保障策略

目前职业教育资源在国内分布极不平衡，鉴于目前一些地区存在职业教育资源相对不足的现状，需要通过制度创新的方式充分挖掘各类资源以保障职业教育的有效推进。

（一）设计专项基金

《国务院办公厅关于进一步做好农民工培训工作的指导意见》中指出"鼓励有条件的地区探索推行培训券（卡）等有利于农民工灵活选择培训项目、培训方式和培训地点的办法。"当前，我国对农村转移劳动力职业教育的主要物质资助采取培训券的形式。参与教育培训获得相关职业资格证书并就业的农村劳动者，由教育培训机构凭培训券代其向当地劳动保障和财政部门申请培训补贴。一般培训券由乡镇（街道）劳动保障服务站负责发放给符合条件的培训对象，农村劳动者持培训券参加职业培训。培训结束后，获得相关职业资格证书并对培训和就业安排满意的学员在培训券上签名后，将培训券交给教育培训机构。没有获得相关职业资格或对就业安排不满意的参训人员可拒交培训券。

除了一次性的培训券形式外，地方政府可以通过设立专项劳动力教育发展基金推动当地农村转移劳动力的终身职业教育，保障职业教育工作的持续有力推进。在具体实施中，可以参考其他相关专项基金的设立经验，设立和运作"农村转移劳动力终身化教育"发展专项基金。在筹集上，专项基金可以由省级、市县级财政共同支出，共同分摊；同时还可以参考国外模式，拓宽筹资渠道，吸引行业协会、社会各类教育培训机构等社会资本积极参与投资，为农村转移劳动力职业教育的师资建设、基础设施建设，以及相关经费开支等提供更坚实的保障。

（二）践行"学分银行"

加强对各类教育培训制度的创新研究也同样重要。从市民化进程中终身职业教育看，除了常规的政府购买教育培训成果、发放职业培训券形式外，还需要进一步大力推进"学分银行"的建设，这是推动农村转移劳动力提升自身职业能力的热情，参与职业教育机制建设的重要手段。

所谓"学分银行"是一种模拟银行的"借""贷""存"等功能特点，将其应用到教育学习中，使学生能够自主选择学习内容、学习时间、学习地点的教育管理模式。在西方国家，"学分银行"最早在学历教育中进行尝试。在实践中，学校的学生可以选择每学期课程的一部分，结果发现学生的学习兴趣增加，信心增强，学校的整体学习效率和成绩大大提高，此后"学分"推广到终身教育领域。在我国，上海市率先引入了"学分银行"，进行"人人皆学、时时能学、处处可学"学习型社会的实践。上海市终身教育学分银行（简称"学分银行"）是面向上海市民，以终身教育学分认定、累积和转换为主要功能的学习成果认证管理中心和学习成果转换服务平台，建立适应终身教育发展的学习成果管理与服务系统，构建纵向衔接、横向沟通的市民终身学习的"立交桥"，促进学历教育之间、学历教育与非学历教育等各类教育之间的沟通衔接。[1]

　　"学分银行"的主要内容是学分积累和学分消费，学分银行突破了传统的专业限制和学习期限制，将技能培训和学历教育相结合。"学分银行"系统将完成学生的学习时间从固定学习到转化为灵活学习，学生可以自身情况自主安排。根据"学分银行"制度，学生完成一门课程计算一定数量的学分，参加技能培训，参加继续学历教育也计算学分，学习完毕后按照学分进行累积。学习时间可以集中，可以中断，即使经过几年，一些学习经验可以转换成学分，存入"信用银行"。图 4-2 和图 4-3 是上海市终身教育学分银行设计的学习成果个别存入学分银行和学历教育学分转换的流程图。

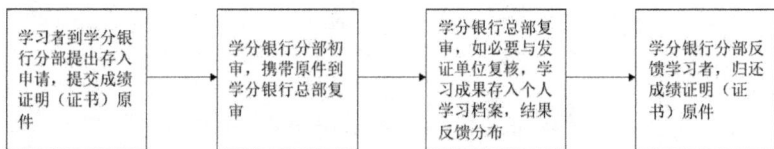

学习者到学分银行分部提出存入申请，提交成绩证明（证书）原件	学分银行分部初审，携带原件到学分银行总部复审	学分银行总部复审，如必要与发证单位复核，学习成果存入个人学习档案，结果反馈分布	学分银行分部反馈学习者，归还成绩证明（证书）原件

图 4-2　学习成果个别存入学分银行流程图

---

[1]　本资料来源于上海市终身教育学分银行网站 http://shcb.net.cn/。

| 学习者选择继续学习的高校（机构），在学分银行平台在线生成绩证明 | → | 学习者到继续学习的高校（机构）申请学分转化 | → | 高校（机构）按本校学分转化规定办理学分转换 | → | 学习者在该高校（机构）继续学习，获得其学历证书 |

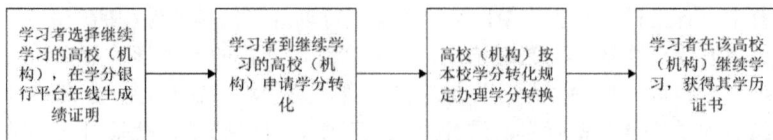

图 4-3　学历教育学分转换流程图

　　当然"学分银行"的主要功能不仅仅是存学分，它还可以与银行提款一样进行学分提取，例如在职位升迁、职业转化时可进行提取。可以说，"学分银行"不是通过直接的物质奖励，而是通过参与职业教育后的学分累积来调动劳动力长期参与教育培训的积极性。[1] 在"学分银行"账单中，职业教育的层次、内容、数量和效果均有体现。当然除了一般的"存""取"功能外，未来可以加大对"学分银行"中"学分信贷"机理和配套制度的探索和创新，通过农村转移劳动力市民化进程中持续的职业成长动机促进自身的持续学习、主动学习，切实推动农村转移劳动力参与终身职业教育。

---

[1] 刘剑青, 方兴, 马陆亭. 从终身教育 (学习) 理念到学分银行建设 [J]. 中国电化教育,2015(4):132-135.

第三节　新型城镇化进程中农村转移劳动力 职业教育微观策略研究

一、课程开发策略

（一）课程开发的原则

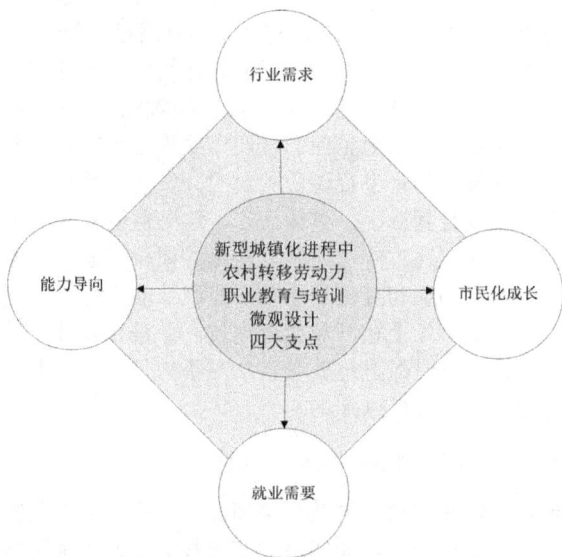

图 4-4　新型城镇化进程中农村转移劳动力职业教育微观设计支点

1. 引入外部资源，对接行业需求

　　农村转移劳动力职业教育需要对接行业和市场的需求，脱离行业和市场需要的职业教育如无源之水。因此，在职业教育计划制定过程中需要加大与行业企业的沟通和互动。具体而言，在制定课程计划前可聘请行业、企业代表直接参与到教学计划和授课课程大纲的制定中，这两类主体能够以市场的观点表达自己的观点和意志，将行业和企业的现实需求融入到教学计划和授课课程大纲中。当然，为了提高行业和企业在职业标准制定中的积极性，需要通过两方面工作加以推进。一方面，政府需要出台一系列支持性政策加以推动和激励，将行业参与教学计划和授课课程大纲作为一项制度性工作加以保障。另一方面，建立政府、企业之间的协同机制，进一步深化订单班等教育培训形式，使劳动力的教育培训成果得到即时应用。

2. 强调能力导向，提升职业能力

农村转移劳动力的职业教育应以能力为标准。推进基于能力的农村转移劳动力的职业教育培训课程有多条推进路径。第一条路径是"拿来"典型企业的培训课程，将企业课程转化为农村转移劳动力的培训课程。第二条路径是充分研究职业院校相关课程标准进行凝炼，提取核心职业能力指标，与当地企业的现实需要进行比较和对照，并进行相应调整。第三条路径是进行课程的自主开发，当然相应课程的开发要求建立在行业调查基础上。具体而言，这则需要引入人力资源管理中的岗位分析方法，通过专家访谈、实地的岗位观察、实验等方法进行职业能力分解、归纳和提炼。此外，在职业能力分析过程中，基于互联网手段，收集市场上相同和相近岗位，并进行有针对性的岗位任务研究，更有助于与时俱进地获取市场对于岗位最新的能力需求，这对提高课程的实用性大有裨益。

3. 以就业为导向，加强实践环节设计

考虑到农村转移劳动力的教育培训课程首先需要满足转移就业基础性需要，因此课程针对就业所需的基础技能需要，强化技能实践环节，以满足现实岗位所需。鉴于此，在后续的教育培训课程设计中可以从两方面着手加以完善。一方面，以现实岗位中的工作任务为单位进行教育培训内容设计，通过先工作能力分析后再进行工作任务分解，进而通过教育培训课程设计的方式来保证培训质量；另一方面，进行理论教学和实训环节的再设计，尤其对实践或实操环节提出明确的时间和任务要求，以满足受训人员职业能力提升和满足就业的现实需要。通过以就业为导向的职业教育课程设计，将有利于切实提升学员的实践动手能力，增强学员的职业技能。

4. 关注市民化成长，充实教育培训内涵

在农村转移劳动力市民化进程中，在获得初级岗位技能的基础上适时提高职业能力是促进农村转移劳动力职业成长且最终推进其市民化成长的基本条件。这在当前时代背景下尤为紧迫。在当前信息时代背景下，随着互联网技术的广泛应用，很多岗位的内涵、内容均发生了颠覆性的变化。以销售岗位为例，传统的初级销售岗位聚焦于市场和客户管理，以商品和服务推介作为岗位目标，以面对面的推销和销售为基本工作任务。然而在当前信息技术背景下，新媒体技术以及新社交网络传播改变甚至从一定程度上颠覆了销售岗位的内涵。在从初级销售人员向中高级销售人员的职业发展过程中，销售人员不仅需要善于面对面沟通，精于传统媒体沟通的应用，更要能够通过网络平台娴熟运用新型社交媒体进行商品销售，这是新技术环境下对于销售人员提出的新要求。在农村转移劳动力市民化成长过程中，由传统岗位向新型岗位的纵向转移是适应城镇化生活的常态，这也意味着伴随着农村转移劳动力的市民化成长，我们必须对技术发展做出回应，使教育培训内容能够满足日新月异的技术趋势和突飞猛进的岗位变迁需要，紧跟技术发展步伐，使教育培训工作更加适应社会发展需要。

（二）课程开发的流程

从微观层面，进行农村转移劳动力职业教育课程自主开发设计的重点由"构建课程开发团队""职业标准调查分析""职业标准分析分解""职业能力分解融合"以及"职业标准制定"五个关键步骤组成。

其中，首要任务是构建课程开发团队。课程开发团队由具有不同背景专业知识的多类型人才组成，包括课程开发专家、专业领域学者、企业专家和行业专家。第二步是职业标准调查分析，这一步骤包括来自国内行业需求和国内职业标准两方面的调查，这一步骤是设计课程内容的基础。第三步是职业标准分析分解，该步骤包括岗位分析和工作任务分解两项工作，属于中间环节。第四步是职业能力分解融合，这一步骤包括两项任务，首要任务是强化对新技术和新的工作任务的观察，其次是在此基础上将其融合到职业能力分解工作中，使工作能力能够充分体现技术环境变迁的需要。第五步是课程标准制定，包括职业能力清单设计、职业标准清单设计和职业标准课程体系构建这三方面工作。其中前两项工作是基础性工作，职业标准课程体系构建是这一工作的最终核心任务，课程内容、课时安排、教学方式、考核方式、师资资质等工作均需要在这一环节得以体现。

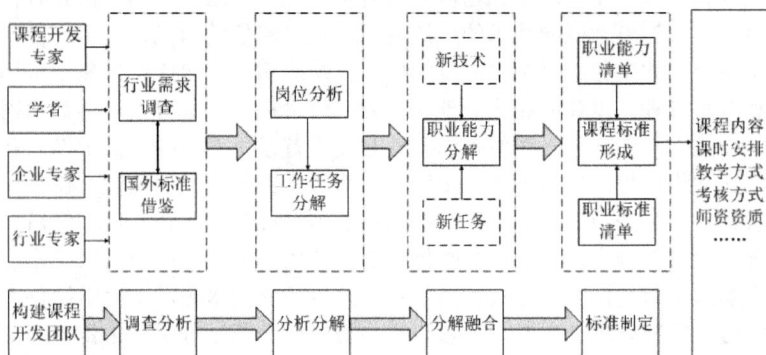

图 4-5 课程开发流程

（三）教育培训内容的设计流程

农村转移劳动力的教育培训内容需要围绕具体职业和特定岗位进行设计，应该具有明确的目标性和功效性。在教育培训内容制定过程中，可以融合职业教育课程开发方法和企业人力资源管理中的岗位研究相关技术方法。

通常在教育培训内容设计研究中，首先需要确定目标工作岗位，一般目标工作岗位选择行业内的典型企业作为目标企业研究。然后，需要进行培训调查信息的初步搜集和整理。在信息搜集过程中，往往需要借助于职位分析调查表和职责分配表，这两种表格的填写实质上体现了课程分析人员和员工双向沟通的过程。其中职位分析调查表强调对于工作职位特征的整理，通常包括工作人员做什么，怎样做和为什么做，工作条件如何，资格条件的要求是什么等几个基本内容。而职责分配表的重点在于职责信息的搜集，这一表格需要通过经过多次讨论、沟通才能够完成。下一步是进行教育培训内容访谈。这一环节中首先要根据初步的调查、了解和所收集的岗位培训信息要求，制定较为详细的结构化访谈提纲。比如，针对机床维修这一职位，就可以提出这样的访谈问题：机床维修的工作目标是什么？每天的工作内容有哪些？工作中是否存在操作流程，有哪些流程？每一步维修程序具体应做些什么？作为一个机床维修人员应掌握哪些知识？作为一个机床维修人员的心理、生理及手脑技能主要应有哪些要求？维修工作对工作环境、工作条件有什么要求？一般情况下，首次访谈的对象最好是基层的管理者，他们能更好地提供有关工作的情况，并能将职责与职位很好地联系起来。其次是从事某一职位的具体工作人员，这类人员执行工作职位的各项任务，对职位信息掌握最为直接详尽。在这个访谈的过程中，要不断与从事该工作岗位的人员沟通。访谈工作完成后，需要进行工作现场实地观察。工作现场调查的目的是使分析者熟悉工作现场的工作环境、条件，了解工作人员使用的工具、机器、设备、工作内容及工作职位对工作人员的要求和工作职责。对预先确定的关键或不太熟悉的工作职位、现场进行初步观察，对复杂或不太熟悉的设备、工具、环境、流程亲自进行观察，便于进一步分析。这一过程最好由担任这一工作职位的人员或由任职人员的上级陪同参加现场观察和介绍，以便随时得到有效信息，全面完整地了解这个工作职位的情况。上述工作完成后，需要编写岗位培训说明书。这需要将搜集到的岗位相关的基本任务、责任，通过培训说明书初稿的形式给予清楚和完整的记录。初稿形成后，召集岗位人员，并给每位分发一份职位培训说明书初稿，讨论根据以上步骤所制定的说明书是否完整、准确。讨论要求仔细、认真，甚至每个词语都要认真斟酌。同时岗位培训说明书制作专家应认真记下大家的意见。根据讨论的结果，最后确定出一份详细准确的岗位培训说明书。在岗位培训说明书形成后，我们还需要在实际教育和培训工作中进行效果评价和反馈，根据岗位培训的目标导向原则，有针对性地对岗位培训说明书内容进行评审。评审的过程是讨论和沟通的过程，这一过程中需要注意不要直接针对职位对应的具体人员，岗位培训说明书只是针对岗位的，如果对应到具体人员，岗位培训说明书就会失去客观性。

以下为石狮市人事劳动保障局和财政局在《开展农村劳动力技能提升培训实施方案的通知》附件中所制定并罗列的培训计划实例。

石狮市农村劳动力技能提升培训课程（客房服务员）

基础班

一、公共课程（8课时）

1. 社会公德（2课时）

2. 职业道德（2课时）

3. 劳动安全（2课时）

4. 劳动合同知识（2课时）

二、理论知识（48课时）

1. 各民族的风俗习惯（4课时）

2. 礼貌礼节知识（4课时）

3. 客房的划分方法、设备用品配备（4课时）

4. 客房部重要的质量标准（4课时）

5. 清洁剂的种类和用途（4课时）

6. 客房安全保卫（4课时）

7. 客房清扫、整理的程序及要求（4课时）

8. 客房整理的注意事项、特殊整理要求（4课时）

9. 客房清洁用具、家具、设备的使用（4课时）

10. 客房卫生消毒、除电灭害知识（4课时）

11. 客房对客服务的模式、内容、程序（4课时）

12. 客房理论知识复习、做练习卷（4课时）

三、技能实践（56课时）

1. 铺床单训练（6课时）

2. 铺毛毯训练（6课时）

3. 铺枕套训练（6课时）

4. 铺床罩训练（6课时）

5. 铺床综合训练（12课时）

6. 客房物品的摆放、整理要求（4课时）

7. 卫生间的清洁、消毒、整理（4课时）

8. 梯口迎宾、引领入房（4课时）

9．客房服务综合训练（8 课时）

四、考核（8 课时）

1．理论知识考核（4 课时）

2．技能操作考核（4 课时）

提高班

一、公共课程（8 课时）

1．社会公德（2 课时）

2．职业道德（2 课时）

3．劳动安全（2 课时）

4．劳动合同知识（2 课时）

二、理论知识（64 课时）

1．前厅部知识（4 课时）

2．餐饮知识（4 课时）

3．客房部组织结构、素质要求、岗位职责（4 课时）

4．客房清洁剂、清洁器具的使用及管理（4 课时）

5．客房的划分方法、设备用品配备（4 课时）

6．客房机会卫生与公共区域的清洁（4 课时）

7．客房部重要的质量标准（4 课时）

8．客房安全知识、常见安全事故的处理（4 课时）

9．客房宾客的种类、特点及服务要求（4 课时）

10．客房清扫、整理的程序及要求（4 课时）

11．特殊客房的清扫整理（4 课时）

12．客房对客服务的模式、内容、程序（4 课时）

13．对客服务（4 课时）

14．常用设备的使用、面层材料的清洁（4 课时）

15．客房对客服务的模式、内容、程序（4 课时）

16．客房理论知识复习、做练习卷（4 课时）

三、技能实践（40 课时）

1．铺床单训练（4 课时）

2. 铺毛毯训练（4 课时）

3. 套枕套训练（4 课时）

4. 铺床罩训练（4 课时）

5. 铺床综合训练（8 课时）

6. 客房的检查方法、技巧（4 课时）

7. 卫生间的清洁、消毒、整理（4 课时）

8. 梯口迎宾、引领入房（4 课时）

9. 客房服务综合训练（4 课时）

四、考核（8 课时）

1. 理论知识考试（4 课时）

2. 技能操作考核（4 课时）

二、教学评估策略

教学培训质量是推进农村转移劳动力顺利转移的关键举措。为了保证农村转移劳动力职业教育与培训取得预期效果，必须对教学效果进行全面监督和评估。通过对教学效果的全面评估，可以保证教育培训活动按照规划进行，同时为及时解决教育培训过程中出现的问题，进一步完善教育培训制度具有极为重要的意义。

（一）评估考核的原则

1.KPI 和 SMART 相结合的考核原则

KPI（Key Performance Indicator 的缩写）是人力资源管理工作经典的绩效管理工具。KPI 基于"二八定律"建立，通过抓住关键考核指标，强调企业管理过程中需重点关注 20% 的关键绩效事项，在此基础上进行绩效分析与考核，即将"抓大放小"的思想贯穿于员工绩效考核的全过程。在教学效果评估指标制定中同样要采纳 KPI 的理念，这有助于进一步明确关键评估考核点。

此外在制定评估指标的过程中，还要关注和确定评估指标中的 SMART 原则。SMART 原则是 5 个英文单词首字母的缩写：S 代表具体 (Specific)，指教育培训评估指标要切中特定的工作指标，不能笼统；M 代表可度量 (Measurable)，指评估指标是数量化或者行为化的，验证这些评估指标的数据或者信息是可以获得的；A 代表可实现 (Attainable)，指评估指标在付出努力的情况下可以实现，避免设立过高或过低的目标；R 代表价值性 (Rewarding)，指评估指标与上级目标具有明确的关联性，最终与公司目标相结合；T 代表有时限 (Time-based)，注重完成评估指标的特定期限。

2. 过程和结果并重的考核原则

农村转移劳动力教育培训满意度要兼顾过程性指标和结果性指标。其中，结果性评估指标属于目标导向性指标，注重评价的诊断作用，用以评价在一段时间范围内的学习效果与教育教学目标的一致程度，一般结果性评估指标更倾向于量化的评估工具，更多针对学员最终的直接教学效果和间接教育教学效果。

过程性评估指标重视阶段性评价的功能，重视学习成果的价值，更关注到教育培训的过程，对教育培训的动机效果、过程以及与教育培训密切相关的非智力因素进行全面评价，该评价方法认为教育培训过程是形成满意度质量水平的重要方面。从方法上看，过程性评估指标既支持从外部对学习成果进行"量化"的测量，同时倡导而且更加重视"质性"的方法，强调内部的、开放的评估过程，将评估"嵌入"到教学的过程中，贯穿于教学过程的始终。

（二）教学效果评估指标体系构建

在进行指标体系设计时，应该保证该指标体系能够涵盖教育培训的核心价值。农村转移劳动力的教育培训满意度指标体系由于可以涵盖对课程、师资、学习资源等关键信息，在反映教学效果方面具有指标性意义，因此属于效果评价指标体系中的核心内容。以下内容将以教育培训满意度为例进行指标体系设计，整体而言，满意度指标体系由认知类满意度指标集、意志类满意度指标集和产出类满意度指标集三部分构成。

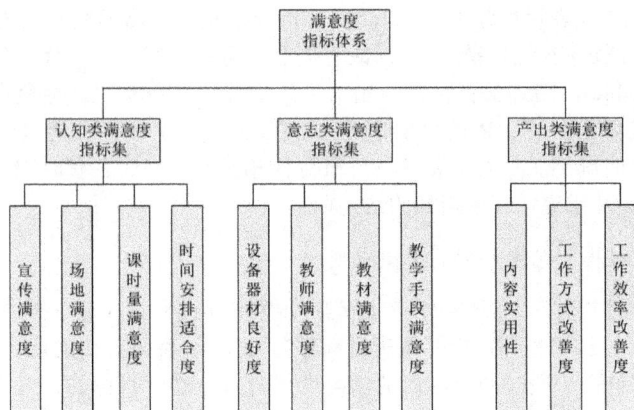

图 4-6　农村转移劳动力教育培训满意度指标体系

1. 认知类满意度指标集

　　认知层面的满意度评估可以在课程进行时实施，主要通过对认知层面指标的评估来衡量学员对前期教育培训项目相关准备工作的满意程度。这类指标不涉及对教学效果好坏的评断，也不涉及教育培训项目本身优劣的评判，这类指标仅仅是对项目前期组织工作合理与否的评价。一般来说，前期良好的准备工作是后续教育工作正常进行的基础。学员在项目伊始对教育培训项目的设计、安排以及环境具有良好的第一印象，对后续教育培训项目正常开展具有重要的作用。

　　认知类满意度指标集汇聚了认知层面满意度的关键性指标，主要由宣传满意度、场地满意度、课时量满意度和时间安排适合度指标构成。其中宣传满意度是指对各级部门开展的劳动力职业教育的宣传力度、频度和效果的评价指标；场地满意度是指对课程场地安排布置的直观感觉；课时量满意度是指对授课环节中诸如培训课时安排、培训课时总和等时间安排方面的满意度；时间安排适合度是指对理论和实训课时组合、授课时间安排等方面的满意度。表 4-2 为某市农村转移劳动力职业培训的开设计划。

2. 意志类满意度指标集

除了浅层次的直观认知外，受训者对教育培训项目也有深层次的情绪意志认识，这类情绪情感同样会影响到培训满意度评价，我们将这类指标称为意志类满意度指标集。意志层面的满意度评估在课程进行时和刚结束时都可以实施，主要运用课程优劣等评价指标来评估学员对教育培训工作的满意程度。一般来说，对教育培训项目实施状况的满意与否，是后续积极绩效产出的基础。在这一层面评估中，主要是评价学员对课程的直接感受，不涉及对课程效果的评判，只涉及对课程本身好坏的价值判断，其中包括师资评价、课程内容评价、教学资源评价等。

意志类满意度指标集包括设备器材良好度、教师满意度、教材满意度和教学手段满意度四项指标。其中设备器材良好度是指在教育培训过程中，对设备的使用操作良好程度的评价指标；教师满意度主要涉及对授课过程中评估培训教师授课方式、语言表达、知识面的广度以及在实践经验方面是否被受训人员的认可等方面；教材满意度是对培训教材的质量、可读性、理解度等方面的满意度；教学手段满意度是指对教学过程中实训和理论具体教学环节中各类教学手段的满意度。

表4-2 职业培训基本配置要求

职业（工种）		等级	级
职业代码			

序号	项目	标准	备注
1	培训期限	根据国家职业标准规定，___级培训不得少于___标准学时。	
2	培训场所	1. 场地面积：应有与办学规模相适应的培训场所，每班标准理论教室___平方米，实习场地___平方米。 2. 场地条件：有良好的照明、通风条件，桌椅、讲台和黑板设施齐全，具有满足教学和技能训练需要的教学、实习、实验设施和设备，有充足的实习工位。 3. 安全要求：建立安全制度，各类安全规定、操作规程上墙，符合环保、劳保、安全、消防、卫生等有关规定及相关工种的安全规程。 4. 教学条件：配备多媒体教学设备___套、学生计算机___台等。	
3	实训设备	1. 设备：填写设备型号、数量、总值等 2. 工量具：填写规格和数量	
4	师资配备	1. 培训教师资质：理论课教师具有本职业___以上职业资格证书或相关专业___级专业技术职务任职资格，实训课教师具有本职业___以上职业资格证书。 2. 培训教师数量：师生比达1:20或1:25，专职教师不少于培训教师总数的1/4。 3. 培训教师应参加过相应教师上岗培训，持证上岗。	
5	教材配备	1. 优先采用劳动版、行业版国家职业资格培训专用教材。 2. 根据国家职业资格培训专用教材，结合省市职业技能鉴定指南要求和实际，配备理论讲义、实训指导手册（训练课题、评分表等）等教辅资料。	
6	工作人员	设有专门负责培训、鉴定工作的部门，部门领导1-2人，工作人员2-3人。	
7	管理制度	建立并有效运行职业培训管理、安全管理等相关规章制度。	
8	其他		

说明：本职业培训基本配置要求根据《××××国家职业标准》《江苏省民办职业培训学校管理办法（试行）》《江苏省民办职业培训机构检查评估表》以及相关行业规定和相关文件规定制定。

3. 产出类满意度指标集

产出类满意度评估可以在课程刚刚结束时实施，也可以在课程结束后的一段时间内进行评估。产出类满意度指标中的一部分指标属于知识学习的评估指标，可以评估受训学员在知识、技能等方面的理解和掌握程度，衡量学员学习后对原理、知识、方法和技能等的掌握程度。这一指标的获得有助于真实反映学员通过学习掌握新知识、新技能的程度。对知识学习层面的效果评估非常重要，因为没有学习层面的改变，很难产生后续工作行为上的改变。另外，在产出满意度上还包括对受训人员知识产出行为的评估指标。根据人力资源开发与管理的相关规律，对工作行为的评估可以在课程项目结束半年到两年的时间内实施，主要从受训人员业绩和企业绩效两方面进行评价。通常根据教育培训内容的不同，可以在生产率、出勤率、离职率、成本效益、安全情况等各个与相关教育培训有关的角度来组织实施。

依据 KPI 指标选择的思路，此处产出类满意度指标集选取的关键性指标，包括教育培训内容实用性、工作方式改善度和工作效率改善度三项指标。农村转移劳动力教育培训的最终目标是通过向农村劳动力提供劳动技能教育培训，提高农村劳动力的就业技能，因此受训人员对教育培训内容实用性、工作效率改善度以及工作方式改善度等方面的认可，对其满意度评价的形成格外重要。其中教育培训内容实用性反映的是对教学效果的直接感知，是对教育培训内容优劣的直观判断；工作方式改善度是对教学效果进行评价的深层次评价指标，反映了对参加教育培训后工作方式改变的满意度；工作效率改善度是培训结果深层次心理感受的另一指标，是对教学效果在数量上和质量上进行全面评价的指标。

综上所述，对于劳动力教育培训满意度指标体系的构建，应该包括项目启动前、进行中和项目结束后的全过程，还必须从认知、意志和产出等多维度考量。通过这一体系的构建，最终覆盖教育培训体系各要素，从而提高评估的信度和效度，为反馈农村劳动力教育培训的真面貌提供依据。

（三）满意度指标体系下的教学效果提升策略

1. 提升认知满意度

为了提高认知满意度，需要在项目启动前对农村劳动力进行宣传动员，并通过教学环境、完善教学计划等一系列措施强化教学管理，使受训者在参与伊始就拥有对课程的良好印象，进而形成良好的课程期望，最终形成满意的教学效果。

具体而言，需要加强对农村转移劳动力教育培训项目的宣传和动员，积极引导农村劳动力参加教育培训，使学员形成良好的学习动机。一般而言，学习动机既取决于受训者自身的学习兴趣，也取决于主管部门的积极动员、引导以及持续的激励。后者对于农村转移劳动力教育项目更为重要。我们需要遵循成人教育规律，根据职业教育的特点以及农村转移劳动力职业教育的具体情况，对包括课时和时间安排等环节在内的教务安排进行周密的筹划。在制定教学计划时，需要充分考虑农村劳动力特殊作息习惯，还要考虑到课程安排对受训人员产生的影响。除此以外，课程安排还应该充分体现有效性和科学性，"繁冗拖沓"或者"敷衍了事"是学员对教学安排做出的两种极端的、消极的认知感受，受训者会据此做出学习有用与否的直观判断。所以在项目启动前组织方需要进行缜密的设计，使得学员感觉到教学安排的紧凑性和合理性，从而提高教学效果。再者，需要改善教学环境，在教学班级人数规模、教室选择等方面必须加以控制，避免不必要的干扰，形成良好的学习氛围。

2. 提高意志满意度

为了提高教育培训项目的实际效果，提升意志满意度，首先需要严格挑选师资，选拔具有亲和力和感染力、能够胜任农村成人知识技能培训的培训人员或者技术人员参与到教育培训项目当中。其次，良好的实训设备器材也是实现教学效果的基本保证，因此要保证教学中设备器材状态良好。农村劳动力教育培训涉及种类繁多，需要的设备也品类多样，缝纫、纺织、电脑维修、机床操作等劳动力教育培训项目均离不开必要的实训设备和器材，处于良好状态的设备器材对于保证教学效果必不可少。同时，我们需要选用合适的教材，必要的情况下可以在教学中使用自编教材。调查发现，农村转移劳动力教育培训教材的选择标准不在于知识的系统性，而在于易读性和实用性，这样才能激发受训人员的学习兴趣。最后，在教学手段的选择上，有效的教学手段可以帮助受训人员更好地学习和掌握知识和技能，例如设计合理的参与式教学可以加强教育培训中对于知识要点的示范和参与，对教育培训满意度影响明显。同时在教育培训中要注意理论知识和实践教学的综合应用。一方面需要通过理论教学进行基础知识的灌输，另一方面则需要通过实践教学重点巩固理论知识，促进对农村劳动力技术能力的培养和提升。

3. 提升产出满意度

产出满意度是教育培训满意度的核心环节。对于教育培训内容实用性的设计，要根据教学目标精心组织，一方面注重内容的甄选，使得教育培训内容能够涵盖工作和劳动岗位上的一些具体问题，内容务必与实践密切联系，切忌空洞；另一方面要注意各次授课内容的衔接，做到先易后难，先一般再具体，适应成人教育的发展规律。对于工作效率和工作方式改变的评价是满意度评价中最具实质性的评价内容，因为通过上述指标的评价，可以了解学员通过参加教育培训项目而发生行为改变和工作效率提高的程度。从逻辑上看，受训人员在这方面给予高评价意味着他们通过学习提升了职业技能，农村转移劳动力教育培训项目得到了他们的认可，项目取得了成功。

总而言之，农村转移劳动力职业教育工作必须以切实提高劳动力的工作效率和改善工作方式为导向，只有培训参与者真正将所学知识和技能应用到工作中，才真正达到了教育培训的目的；也只有真正通过教育培训提升了农村劳动力的职业能力，才能够实现教育与培训的价值。

4. 建立农村转移劳动力教育全面质量管理机制

在以上三方面工作的基础上，为保障农村转移劳动力职业教育教学效果，应该加强项目监督检查，引入"全面质量管理"理念，按照全面质量管理要求对职业教育过程进行全面控制，确保教育培训的最终质量，确保教育培训工作目标任务的落实。

在项目启动前，坚持严格把好"入口—教育—出口"关，严格审核参训人员资格，同时按照国家、省、市的有关教育培训要求，建立学员档案并报与业务管理部门核实。在项目进行过程中，需要对学员的参训情况、教学培训机构教学计划情况等进行定期、不定期的巡查和自查。对学员情况从报名到就业进行全程跟踪，保证达到规定的就业率。当然，对培训质量的管理不仅针对单一教育培训项目，还需要强化项目的后续跟踪管理，这是后续开展持续职业能力的提升教育培训的基础。例如，在质量监控过程中，建立农村转移劳动力教育培训台帐和转移就业台帐，详细记录受训学员姓名、年龄、性别、身份证号、文化程度、培训专业、培训时间、家庭住址、就业去向和联系方式等信息，并进行持续跟踪，这是后续质量监控的基本立足点。

总　　结

　　本章进行新型城镇化进程中农村转移劳动力职业教育的整体策略研究。从结构上，本章由三节组成，分别是第一节职业教育目标体系构建、第二节职业教育宏观策略研究和第三节职业教育微观策略研究。其中，第一节首先制定了当前形势下农村转移劳动力职业教育体系的构建目标，即市民化目标，在此基础上提出了就业教育与职业成长教育相结合、技术素质教育与非技术素质教育相结合以及素质教育与社会融入教育相结合的建设思路，最后分别围绕运行机制、激励机制和保障机制构建目标体系。在目标体系构建完毕的基础上，第二节着手进行职业教育的宏观策略研究，分别从组织策略、激励策略、规划策略以及平衡策略方面进行分析阐述。与第二节相对应，第三节进行的是微观策略研究，从课程开发策略、评估策略以及日常教学管理策略方面展开研究。在第二节和第三节的研究中，学分银行、KPI 等前沿思想被引入到具体策略构建中，总体而言，前沿性和可行性是本部分撰写的基本原则。

第五章　新型城镇化进程中农村转移劳动力职业教育案例研究

案例 1　创新江苏农村转移劳动力职业教育机制研究

　　江苏省农村劳动力资源丰富，推进和实施农村劳动力转移是实现江苏省经济发展转型、产业结构调整以及社会和谐稳定的重要举措。在当前新型城镇化进程中，推动农村剩余劳动力的转移进而推动劳动力的市民化成长，离不开转移劳动力劳动技能和知识的进一步提升。根据西方国家农村劳动力转移的经验，在农村劳动力转移过程中，最有效的促进人力资本提升的手段就是通过职业教育的方式来提高农村劳动力的技术、科技和文化水平。

　　本案例通过对江苏省盐城市、宿迁市、淮安市以及无锡市等地的实地调研，借助问卷法和访谈法，并结合文献研究法等方法，分析了江苏农村转移劳动力职业教育环境的总体特征、发展趋势，以及社会、企业、农村劳动力自身的职业教育需求，研究了江苏省农村转移劳动力职业教育的总体环境，并在此基础上，进一步分析了江苏省农村转移劳动力现有职业教育机制在网络构建、专业性和前瞻性、宣传引导机制以及效果评估机制方面存在的问题，并对此提出了相应的对策，以期在当前形势下推进江苏农村转移劳动力职业教育工作的进一步创新和完善。

一、江苏省农村转移劳动力职业教育的宏观环境分析

　　江苏省劳动力由农村向城镇转移，农村从业人员从第一产业向第二、第三产业转移，这是近一二十年来江苏省劳动力转移的基本特征，也是江苏省实施劳动力转移职业教育的环境背景。

　　在这一环境背景下，农村非农就业比例下降，流向城市就业的农村转移劳动力比例大幅上升，农村劳动力跨区域就业趋势显著，县级

城市和小城镇吸纳农村转移劳动力的能力有较大增强，农村劳动力转移模式由乡镇企业吸纳农村劳动力的主要模式逐渐被外出务工的就业方式取代。近年来，随着江苏苏北、苏中地区经济的崛起，本地务工，即劳动力的就地转移正日渐成为中青年农村劳动力转移的又一重要形式。目前农村劳动力转移人员的就业主要集中在制造业和服务业；另外，近年来随着江苏省农村个体私营经济的迅速发展，这一经济形式逐渐成为吸纳农村劳动力的又一重要方式。具体而言，具有以下特点：

（一）乡村人口向城镇转移趋势明显

根据江苏省统计局《2015 统计年鉴》的数据，[1] 从 1979 年以来，江苏省农村人口处于一个向城镇持续转移的过程中。如表 5-1 所示，从 2000 年到 2014 年，江苏农村人口绝对值下降近 1500 万，同期城市人口增加 2000 万。其中，2015 年江苏省新增农村转移劳动力 20.97 万人，累计转移 1875.1 万人，转移比重 71.5%。按照江苏省近年来低于 2.9% 的人口自然增长率，可以分析得出农村人口向乡镇人口大规模转移的结论。大量的农村人口向城镇转移，城镇化的生活工作环境对农村转移劳动力的素质提出了新的要求，掌握一技之长成为适应城镇化生活的基本要求，而职业能力的持续提升则是适应和融入城镇环境的重要条件。

表 5-1 2000—2014 年江苏省市、镇、乡村人口一览表

年份	总人口数（万人）	城镇人口		市		镇		乡村	
		人口数（万人）	占总人口（%）	人口数（万人）	占总人口（%）	人口数（万人）	占总人口（%）	人口数（万人）	占总人口（%）
2000	7327.24	3040.81	41.5	1868.45	25.5	1172.36	16.0	4286.43	58.5
2001	7358.52	3134.73	42.6	1927.93	26.2	1206.80	16.4	4223.79	57.4
2002	7405.50	3310.25	44.7	2028.37	27.4	1281.89	17.3	4095.25	55.3
2003	7457.70	3487.97	46.8	2137.38	28.7	1350.59	18.1	3969.73	53.2

[1]　江苏省统计局统计年鉴．[DB/OL]，http://www.jssb.gov.cn/tjxxgk/tjsj/tjnq/nj2016/index_212.html.

续　表

年份	总人口数 （万人）	城镇人口		市		镇		乡村	
		人口数 （万人）	占总人口 （%）	人口数 （万人）	占总人口 （%）	人口数 （万人）	占总人口 （%）	人口数 （万人）	占总人口 （%）
2004	7522.95	3624.56	48.2	2174.73	28.9	1449.82	19.3	3898.39	51.8
2005	7588.24	3832.06	50.5	2307.80	30.4	1524.26	20.1	3756.18	49.5
2006	7655.66	3973.29	51.9	2392.85	31.3	1580.44	20.6	3682.37	48.1
2007	7723.13	4108.70	53.2	2474.33	32.0	1634.37	21.2	3614.43	46.8
2008	7762.48	4215.17	54.3	2538.45	32.7	1676.72	21.6	3547.31	45.7
2009	7810.27	4342.51	55.6	2619.43	33.5	1723.08	22.1	3467.76	44.4
2010	7869.34	4767.63	60.6	3012.38	38.3	1755.25	22.3	3101.71	39.4
2011	7898.80	4889.36	61.9	3095.45	39.2	1793.91	22.7	3009.44	38.1
2012	7919.98	4990.09	63.0	3160.07	39.9	1830.02	23.1	2929.89	37.0
2013	7939.49	5090.01	64.1	3223.43	40.6	1866.58	23.5	2849.48	35.9
2014	7960.06	5190.76	65.2	3258.18	40.9	1932.58	24.3	2769.30	34.8

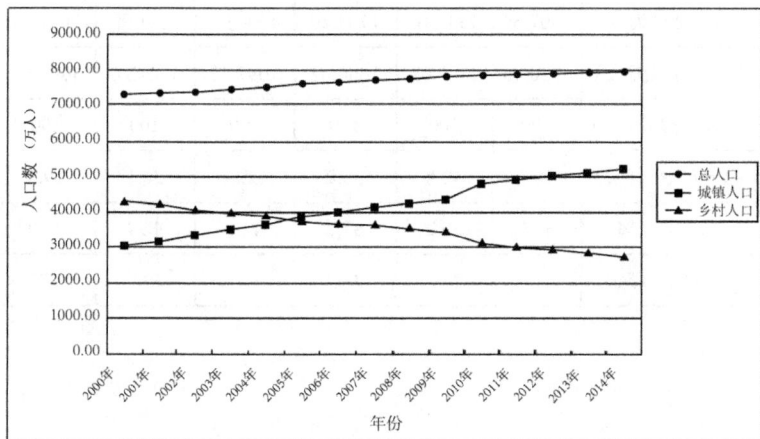

图 5-1　2000—2014 年江苏省城镇、乡村人口变化趋势图

（二）第一产业从业人数不断下降

根据江苏省统计局《2015 统计年鉴》，截止 2014 年底，全省从事第一产业的从业人口为 918.84 万人，与第二、第三产业的差距进一步拉大。目前第一产业的从业人口数仅占江苏省全部从业人口数的 19.3%，虽然与 2013 年相比，绝对数量仅减少 38 万人，但是从中长期来看，第一产业的从业人员数量已经较之 1995 年的 2057.08 万人减少了 1138.24 万人，下降幅度超过了 50%。这些从第一产业转移出来的劳动力大多转向了第二和第三产业。第一产业与第二、第三产业的劳动技术要求完全不同，跨产业从业使得针对职业能力的职业教育与培训成为必要。（参见表 5-2 和图 5-2）

表 5-2　1995—2014 年江苏省第一、第二、第三产业从业人员统计表

指　标	1995	2000	2005	2010	2013	2014
从业人员合计（万人）	4385.17	4418.14	4578.75	4754.68	4759.89	4760.83
第一产业（万人）	2057.08	1890.96	1414.83	1060.29	956.74	918.84
第二产业（万人）	1407.64	1335.16	1703.29	1996.97	2041.99	2047.16
第三产业（万人）	920.45	1192.02	1460.62	1697.42	1761.16	1794.83
从业人员构成（%）	100	100	100	100	100	100
第一产业（%）	46.9	42.8	30.9	22.3	20.1	19.3
第二产业（%）	32.1	30.2	37.2	42.0	42.9	43.0
第三产业（%）	21.0	27.0	31.9	35.7	37.0	37.7

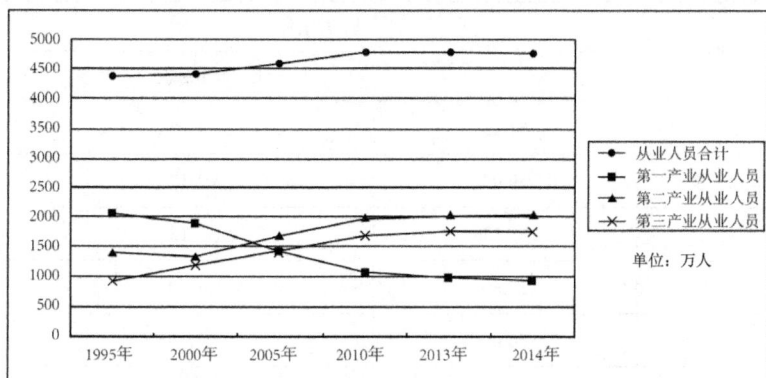

图 5-2　江苏省产业人口数量变化趋势图

（三）城镇化程度不断提高

根据数据统计显示，江苏省 2014 年城镇化率为 66.5%，在国内各省、自治区和直辖市排名居于前列。[1] 整体而言，近年来江苏省城镇化率稳步提高。以南通市为例，南通市在江苏省内具有一定的代表性，该市位于江苏省苏中地区，各项指标在省内具有中等偏上水平。以下为 2005—2015 年来江苏省南通市的城镇化率指标和城镇化率发展趋势。南通市是江苏省城镇化率的缩影。从表 5-3 和图 5-3 可见，南通市的城镇化率 10 年来不断提高，这为推动农村转移劳动力职业教育提供了良好的外部环境。

表 5-3　2005—2015 年江苏省南通市城镇化率一览表

时间	城镇化率	
	数值（%）	比上年增减百分点
2015 年	62.76	1.61

[1]　本数据来源于江苏省统计局和国家统计局江苏调查总队编制的《2015 年江苏省国民经济和社会发展统计公报》。

续 表

时间	城镇化率	
	数值（%）	比上年增减百分点
2014 年	61.15	1.25
2013 年	59.90	1.17
2012 年	58.73	1.13
2011 年	57.60	1.60
2010 年	56.00	3.30
2009 年	52.70	2.45
2008 年	50.25	1.65
2007 年	48.60	1.70
2006 年	46.90	2.30
2005 年	44.60	—

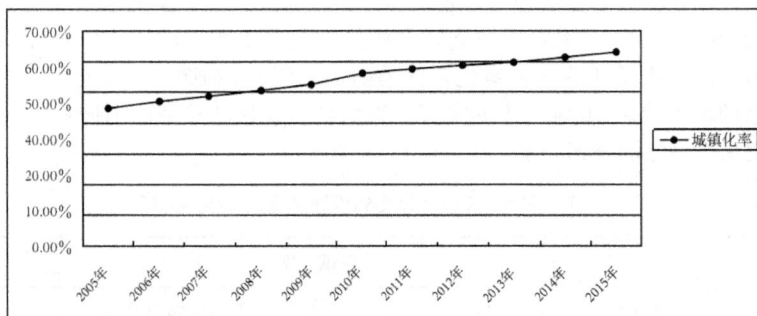

图 5-3　2005—2015 年江苏省南通市城镇化率增长趋势图

（四）劳动力就地转移的比重增加 [1]

从 2008 年开始，江苏省农村转移劳动力持续增加。根据江苏省统计局的信息归纳，目前劳动力转移的总体特点如下：（1）农村劳动力选择就地转移，进行本地就业的比重持续增加。全省农村转移劳动力中，选择在本乡本镇就业者超过 50%。（2）江苏省本地转移就业呈现南高北低，苏南地区呈现东高西低的特点。根据调查，在江苏省省辖市中，苏州农村劳动力选择在苏州本地就业的比重最高；无锡次之，超过 90%，常州、镇江均超过 70%，其次是南京；而连云港、淮安、宿迁均不足 30%。我省劳动力就地转移人数进一步持续增加，其中 2015 年徐州市就近就地转移 111.15 万人，[2] 扬州市就地转移 69.37 万人，[3] 就地转移比重继续提高。劳动力就地转移持续增长趋势对江苏省各地区劳动力课程设置、师资资源等职业教育环节将产生重大影响。

二、江苏省农村转移劳动力职业教育的培训现状

在农村劳动力转移过程中，职业教育与培训是其获得劳动技能、提升劳动能力的重要手段。2015 年，江苏省共计 66.45 万人参加城乡劳动者就业技能培训，14.05 万农村劳动力享受农村劳动力职业技能鉴定获证奖补政策，兑付奖补资金 1.2 亿元。江苏省注重农村转移劳动力的职业教育与培训，对农村转移劳动力职业教育培训工作进行了有益的探索。其中，对方式、内容、授课形式、社会资源整合方面的具体情况介绍如下。

（一）方式方面

农村转移劳动力职业教育与培训的对象是具有一定的劳动技能的

---

[1]　本数据来源于江苏省统计局和国家统计局江苏调查总队编制的《2015 年江苏省国民经济和社会发展统计公报》。

[2]　本数据来源于徐州市发展和改革委员会《2015 年徐州市"四项转移"工作成效显著》。

[3]　本数据来源于江苏省人民政府网站《2015 年扬州经济稳中有进》。

成人群体，各地在农村劳动力转移过程中，根据不同情况和特点，进行了多种农村转移劳动力职业教育方式的探索：

方式1：政府组织相关部门进行培训动员，学员得到信息后直接来参加培训，培训完毕后凭借获得的技能自主择业。这一模式简便易操作，效率高。

方式2：通过人力资源社会保障等部门了解农村劳动力的技能培训需求，然后在此基础上根据劳动力的培训需求开设相应的培训班，来满足农村劳动力技能提升的需求，与第一种方式相比，这是一种较为有效的教育培训方式。

方式3：政府部门一方面组织劳动力需求调查，另一方面进行企业需求调查，进而根据农村劳动力和企业的需求设计教育培训项目，组织学员学习。目前江苏省部分地区正在积极拓展这一模式的探索和实践，其中江苏省南京市鼓楼区的经验较为典型。鼓楼区依托人力资源社会保障协理员、企业信息员和当地的社会教育培训机构，对当地劳动力进行抽样调查，动态掌握劳动力职业培训需求；同时还对全区餐饮业、建筑业、社区服务业进行了调研，获得企业需求一手资料。由于信息分析到位，所以鼓楼区组织的教育培训项目成效显著。

方式4：地方政府直接与地方企业联系，对企业内的农村劳动力组织教育培训，这种技能培训结合国家技能证书的考核同步进行，培训对象主要是企业的新进员工，该方式在江苏省内非常普遍。与其他方式相比，这类教育培训方式最基本的特征是能够将培训点办在劳动力所在的企业，方便其参与教育培训。另外，培训时间由培训单位和企业进行协商，培训形式也较为灵活，培训内容具有较强的针对性，学员的满意度也较高。

（二）内容方面

在教育培训内容上，具有以下的特点：

1.涉及工种多、门类广

目前开展的教育培训内容有车工、钳工、电工、电子、数控机床操作工、维修工、烹饪师、焊工、宾馆服务员、家政服务员、插花师、缝纫工、盲人按摩师等工种，涉及制造业、服务业、信息产业等多个产业门类。

2. 具有一定的区域特色

部分培训学校开设能够与地方经济紧密结合的岗位培训，如滨海县开设的纺织挡车、横机针织等岗位培训，建湖县开设的花炮加工和皮鞋制作培训，都具有较强的地方特色，能够体现区域经济的特点，因而也获得了较好的教学效果。在淮安，地方传统特色工艺也同样被选择成为劳动力转移的教育培训项目，如盱眙龙虾、洪泽小鱼锅贴、淮安茶馓、涟水鸡糕等，这些具有一定社会影响力、从业人员多、有一定品牌效应的特色培训，一方面可以促进农村劳动力获得专项职业能力，同时还能够促进地方特色品牌得以发扬光大，推动更多的农村劳动力走上就业岗位。

3. 技术岗位、基层岗位多

根据统计发现，江苏省的农村转移劳动力职业教育岗位除了少数针对会计、广告设计和装饰设计等文职岗位外，多数以技术岗位，尤其是制造业的技术岗位居多。在技术工种中，目前针对电子、机械和服装行业的电工、车工、焊工、缝纫工等岗位职业教育占据职业教育专业的绝大部分。除此以外，服务业的家政、插花、电脑装配也占据较大比重。

4. 专业性和综合性并存

以江苏省盐城市为例，目前该市开展培训的171家办学点中，近1/4的办学点能够根据自身的办学强项开展专业性的特色办学，如东台市财会教育中心专业进行财务人员培训教育，大丰市农机职工学校专业进行拖拉机驾驶员、农机驾驶员、农机维修工培训，滨海县三益纺织技能培训中心进行纺织挡车的技能培训等，这体现了利用专业师资、专业强项进行农村劳动力专业培训的办学思路和理念。同时还有一些综合性强的办学机构开办综合类的技能教育培训，大大扩展了农村劳动力的技能拓展空间，也切实增强了地方技能教育培训的覆盖面。

（三）授课形式方面

目前江苏省各地均能够根据农村劳动力的差异因地制宜、采取形式多样的培训活动。在盐城和宿迁地区的调查中发现，当地通过不同的培训形式尽可能覆盖更大的教育培训面，体现了便利性原则。具体操作上，他们对于尚不具有专门技术但又有一定转移需求的中青年农村劳动力采用集中授课的方式进行培训；对于有明确转移意愿并正在往二、三产业转移的农村劳动力就近在企业内部进行授课；职业道德、安全生产环节采用大班上课，技术环节的讲练分班进行实践教学。

在淮安市，对于年龄偏大，文化水平偏低的农村劳动力开展难度不大、要求较低、容易操作的技术工种的专项职业技能培训、安全培训和法律知识教育；对于文化水平较高的新生代劳动力、农村籍退役士兵进行一些难度较大、技术含量稍高的工种培训；对于有一定文化水平的劳动力，进行岗位技能提高培训和规范化管理培训，使农村转移劳动力的职业类型由纯体力型向体力技能型转变；对有创业意愿并具备一定创业条件的农村劳动力，依托定点创业培训机构开展 SIYB 模式的创业培训，提升其创业能力和创业成功率。

江苏省苏州市对农村转移劳动力提供向第二、第三产业转移的岗位培训。对于中青年劳动力，采用短期培训，使其掌握一到两项先进适用技术，对于中年以上农村劳动力，则重点进行法律法规、安全意识等方面的培训；对于目前转移意向尚不明确的农村劳动力进行实用技术的培训，由龙头企业进行技术示范和产业孵化，而对于有明确转移意向的劳动力，则开展就业前引导培训，培植就业本领，增加生产技术知识和实际操作技能培训的课时，增强实践能力。

（四）社会资源整合方面

通过调查发现，目前校企联合的方式在江苏省得到了普遍的推行，这一方式将企业纳入农村劳动力职业教育的合作中，同时也使农村劳动力参加培训的积极性和教学效果得到了提高。以江苏省东台市为例，东台市妇联联合地方的职业培训指导中心和劳动就业中心，在东台市五烈镇开展了农村妇女劳动力职业教育培训活动及职业技能鉴定工作，主要培训服装机缝工，培训结束后超过 95% 的学员经考核被录用到东台市五烈镇江苏莱织华服饰有限公司就业。在调查过程中，不难发现这一合作方式能够有效整合各方的资源，协调各方的利益。

在这一过程中政府承担协调和引导作用，学校承担教学任务，企业接受就业，学员实现就业。通过这一协调可以充分调动各方利益，提高了培训的实际效果。

三、江苏省农村转移劳动力职业教育机制目前存在的问题

（一）劳动力职业教育网络构建和资源整合方面

经过多年的建设，江苏省农村转移劳动力职业教育发展迅速，具有教育资源规模大、数量多、培训类别广泛的特点，但是当前网络构建和整合方面主要还存在三方面缺陷，制约农村转移劳动力职业教育的推进。

一方面，管理体制上结构松散。目前涉及农村劳动力转移培训工作的部门有农业、教育、科技、劳动、社保、民政、财政、工会、妇联、共青团等，造成教育培训体系在组织上涉及部门数目太多，管理松散，相互之间交流受梗阻，各部门之间缺乏统一规划与协调，不能够集中资源进行项目的运作。

另一方面，办学资源整合力度不够。虽然省、市、县、乡镇各级已经建成了资源和数量相对可观的培训基地，但是总体上讲，各培训点质量良莠不齐，办学门槛低，并且这些办学资源在纵向和横向上缺乏有效整合，因此不能够形成整体网络效应。高水平、高标准的具有真正示范意义的农村转移劳动力职业教育基地和学校还比较稀少，因此还不能够真正产生高质量培训的辐射效应和带动作用。培训事业虽然能够得到量的提高，但是质量上进步速度缓慢。

另外，师资资源不足。通过对宿迁、盐城、淮安等地农村劳动力职业教育师资情况的调查发现，目前，兼职教师队伍是江苏农村转移劳动力职业教育的主力军，地方的成人教育中心等部门一般聘请当地技校的教师任教本地转移劳动力。由于缺乏专职从事农村劳动力职业教育的教师，在培训过程中对农村转移劳动力职业教育的针对性也显得较为薄弱。同时在兼职教师中，专业技术人员、高校和行业部门的

专家较少，不利于提升培训的技术水平和层次。

（二）教育机制的专业性、前瞻性方面

通过对农村转移劳动力职业教育的调研发现，教育培训机构和地方就业指导服务部门的联系不够紧密，还不能完全体现企业岗位需求和农村转移劳动力职业教育需求之间的联系。从宏观上看，这导致农村转移劳动力职业教育机制不能够立足于当前新型城镇化建设的大格局，因此这需要以劳动力转移就业为导向，以农村转移劳动力的职业成长和市民化发展为最终目标，全面推动农村转移劳动力职业教育。

从微观上看，一些教育培训机构对教育培训项目和教育培训内容的甄选方面缺乏足够的针对性和适用性的分析和研究。课程设置不能紧跟市场需求，教学内容陈旧，课程结构不够科学，培训项目单一。由于对本地农村劳动力特点、流向与市场需求缺乏周密的前期调研，因此教育培训的内容千篇一律，和普通的社会培训并无区别。校企合作办学深度还不够，不能最大限度地利用企业的技能实践场地，不能有效实现教育培训方式和生产方式的对接。

同时，包括一些农业技术培训在内的课程层次不高，不能体现出新颖性和前沿性的特点，缺乏前瞻性的教育培训实施规划，只是局限在实施科技培训与技术推广项目的范畴，有的甚至仅仅停留在完成教育培训指标的水平。在农村转移劳动力市民化进程不断深化，农村转移劳动力职业能力需求不断提升的背景下，低效的职业培训会造成农村劳动力职业教育经费的隐性流失，挫伤参加培训的转移劳动力的学习积极性，从而影响教学效果。

（三）培训宣传和引导机制方面

作为提高农村转移劳动力职业素质与推进新型城镇化建设的一项重大工作，目前的调查显示培训的动员和引导机制还有待进一步强化，这对于推进江苏省农村转移劳动力职业教育机制的正常运作意义重大。对盐城的调研结果显示，目前仍有 13.72% 的农村被调查对象不了解农村转移劳动力培训项目，说明宣传还有一定的死角，不能覆盖全员，在信息传递渠道上存在一定问题。37.53% 的被调查者表示听说过农村转移劳动力培训项目，但是参加培训前对于所参与的项目不是

非常了解，有些甚至完全不了解。仅有27.37%的被调查者表示完全了解教育培训项目，说明劳动力在培训前对于教育培训项目缺少一定的了解；在访谈中部分劳动力反映对教育培训项目背后的职业了解还不够，亟需了解培训职业的待遇和工作内容等信息。

通过调查进一步发现，某些人员参与培训的积极性不够高，参与培训的动机还不够明确。根据调查显示，17.35%的农村劳动力表示不太想参加培训，6.71%的农村劳动力表示很不想参加培训，21.84%的农村劳动力表示无所谓。这表明有相当部分的农村劳动力对于参加培训的意愿不是很强烈。从对培训意愿不够强烈人群的进一步统计结果显示，66.31%的农村劳动力反映不参加培训的原因是因为没有时间，14.09%的人表示担心会因为培训影响收入，9.79%的人表示担心影响工作，4.64%的人对课程不感兴趣。担心影响收入和影响工作的人群相对比重不高，而且主要集中在计件制为主的制造型企业。

通过进一步的访谈，我们发现一些学员思想尚未做通，认为这是上级交给的学习任务，而并非是自己能力提高的机会，还有一些人员认为劳动技能不需要通过系统培训就可以掌握，一些知识技术自己通过课后自学也可以获得。并且个别学员认为培训会影响自己的日产量和薪资，对培训有一定消极的态度。这些对待培训的消极心理会大大地影响培训的质量，使得教学效果大打折扣。

（四）教学效果评估机制方面

通过对一手和二手资料的分析，我们发现个别地方存在着地方职能部门管理不得力，对于教育培训机构的评估、监督走过场，造成劳动力职业教育质量不高、培训和实践脱轨、形式大于内容等现象。从行政管理的效能看，这些现象严重干扰和影响了农村劳动力职业教育这一惠民工程的实际效果，甚至还会影响地方政府的形象。

另一方面，从完善机制的角度看，我们需要认识到，虽然我们在评估体系的构成上已经初具规模，能够通过垂直化、科层制的方式进行评估体系的构建，但是真正意义上的能够覆盖培训全程的、科学的、系统的培训评估体系还没有能够完全建立起来，对于整个培训体系的运行情况还不能进行全面的分析和挖掘。所以在访谈中出现学员反馈课堂教学好，但是实际应用效果评价不佳的情况也不足为怪。从劳动力转移的角度看，上述问题如不能加以改善，将会导致农村转移劳动力技能水平不能满足市场需要，难以实现稳定就业，劳动力的市民化更是无从谈起，因此我们需要完善教学效果评估机制。

目前的农村转移劳动力职业教育评估体系也不够完善。从调查来看，多数地区的培训评估主要是对学员的学习效果培训，这一评估主要由两次考核组成，一次是由县／市人社局下辖的技术工人等级考核办公室负责考试，考试形式以理论考试为主，另一次由企业负责，以实践为主。这可以在一定程度上评价学员的学习情况，但是还不足以反映培训体系的整体运行效果，还不能完全、系统地说明培训系统总体效果。一个科学的、完整的人力资源开发培训评估体系，应该包括对学员培训前、培训中以及培训后的评估，涵盖整个培训过程。因此我们需要认识到目前培训评估体系还没有能够完全建立起来，对于所开设课程的效果，甚至于整个培训体系的运行情况还不能进行全面的分析和挖掘。

四、对创新江苏省农村转移劳动力职业教育机制的建议

（一）整合教育资源，完善劳动力职业教育网络

以德国、英国为代表的欧洲国家，将政府、学校、科研机构、农培等单位有机结合，建成立体化培训网络。在网络整体构建上，我们可以根据江苏省的实际情况，同时参考和借鉴西欧的网络化培训模式，进行教育资源的网络构建。

1. 网络总体构建思路上

从纵向看，市、县一级要成立农村人力资源培训开发的领导和协调部门，全面负责各行政职能部门间和教育培训机构的协调，避免出现由于多头领导造成教育资源分散与浪费的混乱现象。同时，各基层单位也要建立农村转移劳动力职业教育的组织和信息沟通渠道，并保证信息收集、报送和反馈渠道的畅通，使基层农村劳动力能够真正清晰、准确地获得培训信息。从横向看，各类教育培训机构要定期组织集体教研活动，进行农村劳动力教育培训信息的沟通和交流，进行课程创新和教学创新，提高教学效果。

2. 教育资源整合上

鉴于教育培训机构资源分散的缺陷，我们认为应该重新梳理省、市、县、乡镇一级的教育资源，尤其在县、乡镇一级资源的整合和维护上，要有协同管理的思维。

在政府劳动职能部门提供岗位、技能需求信息的基础上，以县一级职教中心、劳动就业训练中心为主体，乡镇的成人教育中心为分支，各类培训学校为补充，地方企业进行配合，从而形成一个联合体，实现职业教育的协同管理。

运作管理上，地方政府指定专门、专业的教育培训机构和人员通过对课程、培训师的有效管理来提高当地的教学水平，通过资源共享，来进一步强化各级教育培训机构之间的联系。具体而言，地方政府要指定包括企业专家在内的专业教师团队，遵循人力资源开发和成人教育的规律，集中拟定模块化培训大纲，并据此制定教学计划和考核标准，同时负责培训过程的监控；在师资管理上，要承担对培训师的结构和质量控制，负责对培训师进行录用、考核和教学管理；在资源上，县级职教中心要向全社会劳动力职业教育机构开放教学资源。

而乡镇一级的成教中心在县级机构制定的模块下负责基层学员的初级和短期培训教育，同时负责基层学员的宣传。其他教育培训机构则作为有效的补充参与到劳动力职业教育中，根据自己的专长提供特色培训。

另外，各级教育培训机构还要重视培训人员技能水平的提升，在初、中、高级技能的培养和拓展上，根据国家职业资格证书的标准以及行业企业提出的岗位能力要求学员，从而真正提高农村劳动力的职业能力，进而推动劳动力的市民化。

3. 师资资源的维护建设上

从教育层面看，培训师直接面对农村转移劳动力，肩负着提升农村转移劳动力职业能力的使命。因此，培养一支素质高而又具有创新能力的培训师资队伍是切实提升农村转移劳动力职业能力的关键。

这需要我们加强培训师资培训，建立育人机制，通过提供学习进修、岗位培训等机会，提升培训师的职业素质，确保教师的职业水平和培训能力能够胜任培训岗位的需要；同时要出台相关激励政策，努力改善培训师的工作条件，提高培训师的工作待遇，建立科学的留人和用人机制。

同时，要建立和扩大兼职教师队伍，建立师资库和专家库，把社会各行业的优秀人员吸纳到师资库和专家库中，从源头保障和提升农村转移劳动力职业能力培训的质量。在进行兼职培训师的遴选时，需要根据农村转移劳动力的从业特点，重点选择具有培训经验的生产一线技术专家参与到培训中，这对于提高转移劳动力教学效果意义重大。对于较高层次的技术培训，除了选择企业专家外，大专院校的师资也应纳入师资范畴，高校师资熟悉技术前沿，对行业和岗位要求有较强的洞察力，吸引他们的加入有助于提高技术培训的品质和含金量。这是当前新型城镇化进程中提高农村转移劳动力职业能力和市民化的必要举措。

当然，为配合上述兼职师资库的建立，还要建立相应的激励制度，通过精神激励和物质激励，双管齐下地鼓励企业和学校师资的参与，对于培训中的"名师""大师"给予奖励。同时为适应新型城镇化进程中农村转移劳动力职业能力持续提升的新常态，要将师资激励手段常态化、制度化。

此外，还要进行适合农村转移劳动力的教育资源的开发，根据其从事劳动的技术特点和成人学习的规律进行相关资源的设计，确保资源丰富，通俗易懂，保证能力提升效果。同时，在职业能力提升的相关教学方法上，要注重因材、因岗施教，根据培训对象和培训技能的不同设计不同的培训方法，为提升教学效果提供质量保证。其中，对于刚性职业能力，应该重点强化应用和实践能力的培养，强化实训实践环节。对于柔性职业能力的培训，例如职业素养和职业道德方面的培训，可以采取丰富多样的教育培训方式，例如邀请榜样和先进典型进行现身执教，这样更有利于提升教学效果。总体而言，在培训过程中要分析成人教育规律，根据成人的心理和学习能力特点，并结合培训课程内容进行教育培训，切实提升农村转移劳动力职业能力。

（二）以区域经济战略为导向，提高培训实用性、专业性、前瞻性

从宏观来看，地方要针对新型城镇化进程中江苏省劳动力就地转移的新情况，加强教育培训机构和当地就业指导服务部门的联系，为本地经济发展提供坚实的人力资源保障。在培训课程开设上，需要以劳动力转移就业为直接目标，以劳动力的职业成长和市民化为终极目标，全面协调和对接农村劳动力职业教育和城市进城务工人员职业教育，进一步拓展受训人员的成长通道。

另一方面，随着江苏省外来劳动力数量的下降，政府要及时分析本地的就业需求，加强政府劳保部门、企业、社会力量办学机构及职介机构之间的沟通与合作，灵活办学，结合当地产业结构调整的特点和劳动力转移的趋向，多形式、多渠道组织培训。同时，当地政府还要能够根据当地经济的发展要求以及未来产业升级的潜在需求，结合当地企业需求开设专业培训班，进行战略性人才的培养和储备，提前做好产业结构调整前的人力资源准备。

从教育培训机构的角度而言，教育培训机构要根据人力资源供求的分析，加强对农村劳动力职业教育项目和内容的分析和研究，要从单一的"培训机构观念"转化为"社会人力资源输送者"的观念。工作重心并非仅仅是"上课"，除此之外我们还要进一步根据国家职业资格证书的标准和要求推行培训与职业资格认证相结合的制度，同时对行业企业提出的岗位要求进行岗位能力分析，制定行业标准化培训大纲，为经济发展输送合格的劳动力。这要求教育培训机构既能完成国家职业资格鉴定培训，又能根据农村劳动力文化知识和技能结构的特点进行课程设计，还能够通过对授课客体的分析进行针对性的课程设计和教学安排。既考虑共性因素，又个性区别对待，坚持"能用、实用、够用"的原则，突出"易学、度浅、面广"的特色，创新教育培训内容。

除此之外，我们还要针对个别地区的具体情况，提升专业培训品质，特别是技术培训的专业性和前沿性，体现新颖性和有效性的特点。不但满足农村转移劳动力的就业需要，还要能够满足农村转移劳动力市民化进程的职业成长需要，这样才能真正增强学员的兴趣，提

高教学效果。

（三）重视宣传和动员，完善宣传引导机制

为了提高农村转移劳动力职业教育的效果，我们必须吸引和调动农村劳动力参与培训兴趣和积极性。

首先，政府相关部门应进一步关注农村劳动力的培训需求，使需求调研动态化、制度化，建立农村转移劳动力职业教育需求发布机制。基层政府、教育培训机构和学校要进行多渠道宣传，充分利用广播、电视、互联网等多种现代媒体工具，搭建政府培养农村转移劳动力的信息平台，及时向农村劳动力和社会公布相关培训和政策信息，使有转移需求的农村劳动力了解培训的项目和内容，激发他们的培训动机。研究表明，年龄是影响农村外出务工人员技能培训需求的首要因素。这就要求政府部门以农村新增劳动力为培训工作的核心，切实组织推广"9+1"义务教育，将九年制义务教育与短期职业教育对接，确保未能继续升学并准备进入非农产业就业或进城务工的初高中毕业生免费参加短期职业教育与技能培训。另外，要积极引导农村转移劳动力就地或就近转移，以节约劳务成本。

其次，为了提高农村劳动力的培训兴趣，我们需要从宏观上继续制定相关优惠政策，推行与农村转移劳动力职业教育有关的奖励制度和资助制度，要涵盖培训前、培训中和培训后，甚至执业后的各个环节。目前，培训券制度、农村劳动力职业技能培训鉴定获证奖补办法等，在这一方面起到了积极的作用。在这一基础上，我们还要进行农村转移劳动力职业教育后相关优惠政策的制定，对获得培训合格证书的农村转移劳动力在项目承包、信息服务、创业支持等方面给予优惠；对部分行业、工种和特殊岗位的劳动力可率先实行"先培训，后上岗"和"持证上岗"制度，调动农村劳动力的培训积极性。

实践证明，良好的教学效果既取决于受训者自身的学习兴趣和学习能力，又取决于培训部门的积极动员、引导以及持续激励。而后者对农村转移劳动力职业教育也非常重要。因此，我们需要了解学员的心理特点，掌握成人的认知规律，激发学员的培训兴趣，寻找提高农村劳动力学习积极性的良好方法，通过树立"榜样""典型"，使其产生自觉、自愿学习的意识，从被动的"要我学"转化为主动的"我

要学"。而要达到这一点，只有通过加强前期的动员工作，使得学员树立正确的培训观，才能使学员产生巨大的学习动力，从而自觉地积极参与学习。

需要进一步强调的是，对于走上社会和工作岗位的成人而言，学习动机不会自然形成，政府、企业有责任从心理上对受训人员进行辅导，从而实现政府、企业、社会以及劳动者本人的共赢局面。

（四）根据教育机制主体特点，完善培训评估系统

1. 在地方政府方面

地方政府在培训中主要承担培训政策研究和落实，教育资源的组织和协调等工作。在政府层面，我们需要根据培训目标，以及农村转移劳动力职业教育的数量和要求制定考评地方政府的指标体系，并且把考核培训工作绩效作为干部年度考核的重要内容，同时在指标体系确定后加强日常的检查、评估和考核，完善岗位目标责任制度。此外，从政府层面，应该加强梳理培训前、培训中和培训后各个环节需要解决的关键问题，并针对关键问题和目标建立一整套标准化的培训监测和评估系统，把监测和评估的结果作为重要的反馈信息来调整未来江苏省的总体培训规划。

2. 在完善教育培训机构的评估体系方面

教育培训机构是承担农村转移劳动力职业教育的最终执行部门，教育培训机构的培训质量直接影响教学效果的好坏。对于原有的教育培训机构评估体系，我们需要进行进一步的分析、研究和完善。

通过调研发现，目前江苏省各地均有针对培训定点单位（基地）的评估考评办法出台，这些规定和办法强化了对社会教育培训机构的规范化管理，但是我们也发现评估标准和评分细则在效果导向上还需要进一步强化。以《江苏省农村劳动力转移培训定点机构检查考核标准》（以下称《考核标准》）为例，《考核标准》是江苏省针对教育培训机构进行评分考核的依据之一。通过对《考核标准》的分析，我们发现一些"考核标准"亟需进一步强化和完善，同时为了突出部分指标的差异性，可以针对其中一些指标的"评分管理"进行重新梳理。在《检查考核标准》中有多处计分标准按照"达到要求得5分（或3分），

否则不得分"的标准进行考核，总分值近 40 分。这一评分方式有助于明确各教育培训机构间培训具体措施的"有"或"无"，但是对区别各机构间工作的优劣没有效果。因此为了能够更好区分不同的教育培训机构的工作优劣，推进农村转移劳动力职业教育，同时能够挖掘典型、树立标杆，我们建议采用等级制或者评分制进行各项工作效果的评定，以对各单位的实际教学效果有更加客观的认识。

另外，由于职业教育培训不同于一般的社会培训，更加看重培训转移效果，因此在评估体系设计中应该加大部分项目的评估权重，同时对于部分项目可以参照《江苏省充分就业乡镇创建标准和评估办法》中对于"乡镇内有劳动能力和培训愿望的劳动力至少参加 1 次技能培训，有记录"等规定，实行"一票否决制"。例如，对于"培训转移效果"项目的权重，必要时甚至可以将"培训转移效果"进行单独考核，并作为决定评价教育培训机构工作实绩的关键性绩效指标。

从完善培训体系的角度看，目前单一的上级评价方法显得过于薄弱。我们可以引入"360 度考评法"来加大对教育培训机构的全面考核，更全面地了解教育培训机构的工作情况。具体而言，就是通过从不同的角度对培训单位进行评估，评估完成后根据不同评价者的评价权重得出一个综合的评价结果。这些评价者包括：来自上级单位监督者自上而下的评价、来自受训者的自下而上的评价、来自同行的评价、来自企业部门以及本单位的自我评价。这一评价体系的建立可以弥补当前评估方式单一、受训者评估反馈影响值小（目前在考核中仅占 5%）的缺陷。

同时从机制的完整性看，我们要引入竞争和市场化运作机制，加强对各类教育培训机构的资格认定和审查，并针对考核结果推进农村转移劳动力职业教育示范学校与示范基地建设，提高农村转移劳动力对教育培训机构的信任和对教学效果的认可。同时，在这一过程中，我们要进一步完善相应的奖惩措施以激励教育培训机构在农村劳动力职业教育中最大化地发挥作用。

在具体措施上，我们需要建立教育培训机构的奖励和淘汰制度，定期对教育培训机构的办学水平、培训课程设置、教育培训内容、培训质量、学校声誉、招生情况、学员结业率、职业鉴定通过率、持续就业率等情况进行评估检查，奖优罚劣。对取得突出成绩的教育培训机构进行表彰和奖励，对不合格者限令整改和纠正，如果限期内不能达到整改要求的，通过教育培训机构的退出机制取消培训资格，确保培训质量。

3. 在完善受训人员评估体系方面

农村劳动力是最终接受劳动力职业教育的人员，是职业教育的直接受益者。为了能够掌握教育培训的最终效果，我们需要对其建立科学的考评标准和体系。目前的受训人员评估体系主要针对学员的学习情况和学习效果进行效果评估。但是从人力资源开发和教育培训机制的运行规律看，一个好的培训评估体系应由培训前、培训中和培训后三阶段的评估组成。

首先，培训前的评估体系构建，对于整个农村转移劳动力职业教育至关重要。这一评估可从两方面着手，一方面对受训人员的知识背景进行考察，作为制定教学计划的依据，另一方面进行所在地区产业布局和企业需求分析，使得教育培训内容能够紧密地与地方产业发展相联系。围绕这两点，主管部门和教育培训机构，甚至包括企业在内，应共同协作制定科学的培训规划，把握不同层次劳动力实际培训背景以及企业需求，制定可行的培训标准和计划，并要求基层培训部门按此执行，避免为完成教学计划而搞形式主义，造成人力和财力的浪费。其次，需要进行培训中的评估，以便及时发现和纠正问题。这主要包括对学员学习情况的阶段性评估、对教师教学方法内容的评估以及对教学管理和教学环境等因素的评估。在培训结束时，我们需要通过培训总体效果的评估，调查了解农村劳动力对培训课程的满意程度和培训的即时效果，同时对受训后农村劳动力的就业和成长情况进行后续的跟踪反馈，尝试建立农村转移劳动力职业教育的信息网络，动态了解其培训后职业发展情况、再培训的情况等，还可以选取典型案例进行分析。这一阶段的评价需要全面、系统、客观反映全局情况，从而为接下来的培训提供参考性意见，最终形成 PDCA 的良性循环。

总而言之，对于评估体系的构建需要引入培训全面质量管理（TQM）理念，从需求的识别，到培训教材、课程的开发，再到培训师资的再培训，以及对农村转移劳动力职业教育的内容、时间、地点、课时、职业资格证书的获取以及企业的满意程度等，进行全程有效评估和监督。

在当前新型城镇化进程中，科学有效的江苏农村转移劳动力职业教育机制对于江苏实现农村劳动力的转移以及经济发展转型、产业结构调整意义重大。从创新教育培训机制的角度上，我们要针对当前问题，以战略眼光，对网络构建、专业性和前瞻性、宣传引导机制以及效果评估机制进行创新，以推进江苏农村转移劳动力职业教育工作的进一步发展和完善。

案例 2　新型城镇化进程中江苏省新生代农民工职业能力提升案例研究

在新型城镇化进程中，农村转移劳动力的市民化是新型城镇化建设的核心。作为农村转移劳动力的中坚力量，新生代农民工的市民化是当前新型城镇化建设的关键。在促使新生代农民工实现市民化的诸多要素中，职业能力起到基础性能力支撑作用。具备一定的职业能力，不仅是新生代农民工实现就业的需要，更是促进其职业发展和社会融入，最终实现市民化的关键因素之一。在当前新型城镇化建设攻坚阶段，为促进新生代农民工职业能力提升，本案例在进行职业能力内涵分析的基础上，以江苏省新生代农民工为调查样本进行职业能力调查，分析江苏省新生代农民工职业能力的现状和存在的问题，并提出提升职业能力的针对性路径指引。

一、新型城镇化进程中新生代农民工职业能力内涵分析

（一）职业能力内涵界定

在对职业能力的界定上，我国学者徐国庆认为职业能力属于工作任务的胜任力范畴，将职业能力诠释为工作任务对职业人心理的映射。[1]李怀康认为职业能力是与劳动者生理与心理相关联的行为特征，反映了劳动者完成任务的方法和实施能力。[2]张琼等认为职业能力是劳动者通过学习所掌握的生存、发展、变革以及反思的能力。[3]张弛则认为职业能力是劳动者从事职业生产所具备的知识、技术、态度和价值观的总和。[4]从上述学者观点可知，职业能力实质上反映了劳动者从事特定职业所需要具有的行为能力，该能力并非与生俱来，而必须通过后天学习方能获得。

---

[1]　徐国庆 . 职业能力的本质及其学习模式 [J]. 职教通讯 ,2007(1):24-28,36.

[2]　李怀康 . 职业核心能力开发报告 [J]. 高等职业教育 ,2007(2):4-8.

[3]　张琼，郭德怀 . 校企合作：高等职业教育可持续发展的战略举措 [J]. 继续教育研究 ,2010(9):72-73.

[4]　张弛 . 职业能力概念框架的构建 [J]. 职教论坛 .2015(25):12-16.

（二）新型城镇化进程中新生代农民工职业能力内涵分析

与其他劳动主体相比，新生代农民工的职业能力内涵具有一定的特殊性。从静态看，新生代农民工的职业能力依附于特定的主体之上，在一定时期内具有稳定性；从动态看，新生代农民工的职业能力内涵在不断更新和变化，与当前新型城镇化建设和农民工自身的市民化发展逻辑相联系。在新生代农民工向新市民转化的职业发展各阶段，职业能力需求各不相同。

1. 前市民化阶段的职业能力内涵

前市民化阶段属于农村劳动力转移的初级阶段，这一阶段新生代农民工以就业为目标，需要迅速掌握职业迁移、地域迁移所需的就业技能。该阶段的新生代农民工多从事一线技术性和事务性工作，就业层次以基层岗位为主。

在这一阶段，新生代农民工的职业能力具有显著的就业导向性，顺利转移就业是新生代农民工面临的基本任务目标。从一定意义上讲，这一阶段的新生代农民工的职业能力甚至可以等同于就业能力，具备了职业能力就意味着获得了就业能力。在前市民化阶段，促使新生代农民工获得相应的职业能力既是促进其就业的根本条件，更是维护与保证社会稳定的基本前提。

2. 市民化阶段的职业能力内涵

随着新型城镇化建设的不断推进，新生代农民工在完成地域迁移和职业迁移之后，还需要通过职业发展和社会融入完成自身的市民化心理迁移，这是新生代农民工职业能力内涵不断更新和完善的根本动力。

新型城镇化进程中新生代农民工的职业能力呈现动态性和多样化特征，从个人职业发展角度看，新生代农民工既有实现职业成长的需要，又有职业转型的需要，还有职业超越的需要。多样化的职业发展需求对新生代农民工的职业能力提出了新的要求。因此，我们需要充分认识到新生代农民工在市民化进程中职业能力提升任务的长期性，而这个任务必须要通过持续的职业能力投入来实现。

（三）新型城镇化进程中新生代农民工职业能力结构分析

从世界范围看，在对职业能力结构的认识上，德国的职业能力结构研究、澳大利亚的能力标准框架、英国的权威性职业能力结构以及美国的综合职业能力研究各成一派，从不同视角研究新生代农民工职业能力结构问题。其中德国的职业能力结构汲取了理性主义和格式塔心理学的理论精华，在学术界得到普遍推崇。我国职业教育专家姜大源教授对德国的职业能力结构进行了深入研究，从横向和纵向两方面进行职业能力结构维度解构。[1] 姜大源认为横向职业能力包括专业能力、方法能力和社会能力，而纵向职业能力包括基本职业能力和综合职业能力。其中专业能力与某种具体的专业知识和技术技能有关，方法能力是具有一定职业普适性的工作思维能力，体现了工作中所需要具备的工作方法和学习方法，社会能力则体现了劳动者从事相关职业所需要具有的社会责任意识和行为能力。

与普通劳动者相同，新生代农民工同样具有以上职业能力结构。专业能力具有典型的技术刚性，可以划归刚性职业能力范畴，这种能力侧重于新生代农民工的工作知识和技能，具有显著的技术性特征。具有一定的专业能力是新生代农民工实现职业迁移的基本前提。与专业能力相比，方法能力和社会能力本身不具有技术性特质，属于柔性职业能力范畴，但是这两项能力具有更强的职业发展支撑性特质，更加有助于后续职业发展。方法能力与劳动者工作中的工作方法和学习方法有关，是促进专业能力持续提升的润滑剂。而社会能力则反映了劳动力为适应社会生活所需要具备的一系列能力，包括合作、交流等。在当前新生代农民工市民化攻坚阶段，社会能力尤为重要。社会能力的强弱既可以决定新生代农民工职业发展的步伐，也可以影响新生代农民工融入社会的进程。

二、江苏省新生代农民工职业能力调查情况分析

为获得江苏省新生代农民工职业能力的一手数据，有效推动江苏省新生代农民工职业能力持续提升，调查小组通过问卷调查的方式进

---

[1] 姜大源 . 基于全面发展的能力观 [J]. 中国职业技术教育 ,2005(8):22.

行江苏省新生代农民工职业能力调查研究。本次调查的范围主要包括无锡、苏州、常州、盐城、宿迁、徐州、泰州等地新生代农民工集中的工业企业、商业企业以及服务性企业，调查对象为 1980 年及 1980 年以后出生的新生代农民工。[1]

（一）调研概述

1. 问卷设计思路

本书在问卷设计方面充分借鉴了德国职业能力结构理论，以刚性职业能力和柔性职业能力为框架，基于我国新生代农民工的实际情况进行了职业能力问卷的本土化设计和改造，最终形成新生代农民工职业能力量表。

2. 问卷发放基本情况

本次调查通过问卷调查的形式开展，最终回收有效问卷 683 份。经过初步统计，样本基本情况如下：

表 5-4　样本基本特征分布情况统计表（N=683）

归类	类型	样本数	百分比（%）
性别	男	356	52.1
	女	327	47.9
婚姻状况	已婚	613	89.8
	未婚	70	10.2
户籍	苏北	395	57.8
	苏南	288	42.2
平均月收入	2000 元以下	294	43
	2000-4000 元	188	27.5
	4000-6000 元	193	28.3
	6000 以上	8	1.2

[1]　《2013 年全国农民工监测调查报告》指出新生代农民工为 1980 年及以后出生的农民工，这一界定标准得到了我国学术界广泛采纳。

续　表

归类	类型	样本数	百分比（%）
	小学以下	6	0.9
	小学	73	10.7
学历层次	初中	219	32.0
	高中（中专/中职）	224	32.8
	大专（高职）	157	23.0
	本科及以上	4	0.6

（二）调查数据分析

从总体调查数据看，目前江苏省新生代农民工总体职业能力优良率较高，表明近年来随着江苏省不断加大对新生代农民工的职业能力投入，全省新生代农民工在职业能力方面保持良好水平。调查结果相关数据如表5-5所示。

1. 刚性职业能力

表5-5　刚性职业能力统计表

单位：%

要素	区域分类	优	良	中	合格	不合格	合计
	苏南	27.10	61.30	11.10	0.00	0.50	100.00
知识技术	苏北	19.80	11.10	63.50	3.50	2.10	100.00
	江苏省	24.00	40.10	33.20	1.50	1.20	100.00
	苏南	23.00	64.30	11.60	0.60	0.50	100.00
读认资料能力	苏北	21.20	13.20	61.50	4.10	0.00	100.00
	江苏省	22.30	42.80	32.70	1.90	0.30	100.00
	苏南	22.80	77.20	0.00	0.00	0.00	100.00
知识应用能力	苏北	0.00	19.10	76.00	4.90	0.00	100.00
	江苏省	13.20	52.70	32.10	2.00	0.00	100.00

续 表

要素	区域分类	优	良	中	合格	不合格	合计
	苏南	17.70	73.20	8.10	1.00	0.00	100.00
设备操作能力	苏北	2.10	28.80	61.50	6.90	0.70	100.00
	江苏省	11.10	54.50	30.60	3.50	0.30	100.00

如前所述，刚性职业能力可以等同于专业能力。将上述刚性职业能力内部各能力的优秀率和优良率进行平均后汇总可知，江苏省新生代农民工刚性职业能力整体优良率为65.18%。知识技术、读认资料能力、知识应用能力和设备操作能力这四类能力相对均衡。上述调查数据说明江苏省新生代农民工总体上具备了较好的刚性职业能力。

此外，数据也显示江苏省新生代农民工的刚性职业能力整体优秀度不高，同时由表5-5数据可见，不同区域新生代农民工刚性职业能力的优秀度存在较大差距，苏南新生代农民工在刚性职业能力各项指标上的优秀率均高于苏北农民工，其中知识技术、读认资料能力的优秀率差距尤其巨大。

2. 柔性职业能力

（1）方法能力

表 5-6　柔性职业能力（方法能力）统计表

单位：%

要素	区域分类	优	良	中	合格	不合格	合计
	苏南	16.70	43.80	37.00	2.50	0.00	100.00
继续学习能力	苏北	6.30	27.40	62.20	3.40	0.70	100.00
	江苏省	12.30	36.90	47.60	2.90	0.30	100.00
	苏南	10.60	68.10	19.70	1.60	0.00	100.00
问题分析能力	苏北	3.50	27.40	65.60	2.10	1.40	100.00
	江苏省	7.60	51.00	39.10	1.70	0.60	100.00

续 表

要素	区域分类	优	良	中	合格	不合格	合计
应变能力	苏南	13.20	50.90	33.90	2.00	0.00	100.00
	苏北	2.10	27.40	64.90	4.20	1.40	100.00
	江苏省	8.50	41.00	47.00	2.90	0.60	100.00
压力管理能力	苏南	18.20	65.10	14.20	2.00	0.50	100.00
	苏北	6.30	27.40	59.40	4.80	2.10	100.00
	江苏省	13.20	49.20	33.20	3.20	1.20	100.00
时间管理能力	苏南	49.40	43.50	6.60	0.00	0.50	100.00
	苏北	33.70	9.70	53.80	2.10	0.70	100.00
	江苏省	42.80	29.30	26.50	0.80	0.60	100.00
风险控制能力	苏南	10.10	69.60	18.70	1.60	0.00	100.00
	苏北	4.90	33.00	60.10	1.30	0.70	100.00
	江苏省	7.90	54.20	36.20	1.40	0.30	100.00
细节管理能力	苏南	17.20	51.90	30.40	0.50	0.00	100.00
	苏北	6.30	30.90	59.40	3.40	0.00	100.00
	江苏省	12.60	43.10	42.60	1.70	0.00	100.00

　　方法能力是柔性职业能力的重要构成。将上述刚性职业能力内部各能力的优秀率和优良率进行平均后汇总可知，江苏省新生代农民工方法能力整体优良率为58.51%。从优良度总和上看，方法能力略逊于专业能力。在各项指标上，应变能力、继续学习能力指标值最低，均低于50%，其中，问题分析能力、压力管理能力等能力指标值相对较高，优良率在60%左右。数据表明，江苏省新生代农民工总体上具备一定的方法能力，但方法能力各指标值有一定差异。

　　从数据中也可以看到，江苏省新生代农民工柔性职业能力中的方法能力整体优秀度还不够高，问题分析能力、应变能力和风险控制能力的优秀度均在10%以下。此外从数据中可知，不同区域新生代农民工方法能力的优秀度存在较大差距，苏北地区新生代农民工的问题分析能力、应变能力和风险控制能力等方法能力优秀度偏低，均低于5%。苏南农民工在方法能力各项指标上的优秀率均高于苏北新生代农民工，其中，问题分析能力、时间管理能力、压力管理能力和风险控制能力指标在优秀率上差距较大。

（2）社会能力

表 5-7　柔性职业能力（社会能力）统计表

单位：%

要素	区域分类	优	良	中	合格	不合格	合计
口头表达能力	苏南	13.70	46.80	37.00	2.50	0.00	100.00
	苏北	2.80	30.20	63.50	3.50	0.00	100.00
	江苏省	9.10	39.80	48.20	2.90	0.00	100.00
情绪控制能力	苏南	11.60	48.90	38.50	0.50	0.50	100.00
	苏北	2.80	26.70	62.80	6.90	0.80	100.00
	江苏省	7.90	39.50	48.80	3.20	0.60	100.00
交往能力	苏南	19.20	65.10	14.20	1.00	0.50	100.00
	苏北	6.30	30.20	60.10	2.10	1.30	100.00
	江苏省	13.80	50.40	33.50	1.50	0.80	100.00
服从力	苏南	24.30	44.80	30.40	0.50	0.00	100.00
	苏北	8.30	28.80	60.10	2.80	0.00	100.00
	江苏省	17.60	38.10	42.90	1.40	0.00	100.00
冲突管理能力	苏南	10.60	68.10	19.20	2.10	0.00	100.00
	苏北	4.20	30.90	61.50	2.70	0.70	100.00
	江苏省	7.90	52.40	37.00	2.40	0.30	100.00

社会能力属于柔性职业能力的另一重要构成。将上述刚性职业能力内部各能力的优秀率和优良率进行平均后汇总可知，江苏省新生代

农民工社会能力整体优良率为 56.33%。在整体优良率方面，社会能力不但低于专业能力，还低于方法能力。在各指标优良度上，情绪控制能力和口头表达能力指标值最低，低于 50%，交往能力、服从力和冲突管理能力等指标较高，优良率介于 50% 到 70% 之间。数据表明，江苏省新生代农民工总体上具有一定的社会能力，但社会能力各指标值存在较大差异。

从数据还可以看到，江苏省新生代农民工柔性职业能力中的社会能力整体优秀度偏低，口头表达能力、情绪控制能力和冲突管理能力等多数能力指标值的优秀度在 10% 以下。此外，不同区域新生代农民工方法能力的优秀度存在较大差距，苏北地区新生代农民工的口头表达能力、情绪控制能力仅为 2.8%，其中交往能力、服从力和冲突管理能力多数指标值在 10% 以下；苏南农民工在方法能力各项指标上的优秀率全面高于苏北新生代农民工，其中交往能力和服从力的优秀率差距巨大。

三、新型城镇化进程中江苏省新生代农民工职业能力现状与问题分析

（一）新型城镇化进程中江苏省新生代农民工职业能力整体现状

为推动农村剩余劳动力的顺利转移，我国加大了对新生代农民工的职业能力投入，使新生代农民工的职业能力取得了较快的提升。

从我国新生代农民工的职业能力整体水平看，李瑛[1]、乔晓春[2]等通过调查发现近年来我国新生代农民工技术性职业能力取得了较大的提高，不过仍有很大的提升空间。从江苏省来看，江苏省新生代农民工的职业能力也同样提升明显。从职业能力投入形式看，当前江苏省

---

[1]　李瑛 . "新生代农民工"的生存现状及其职业能力提升 [J]. 山东行政学院学报 ,2013 (1):52-55.

[2]　乔晓春 . 新生代农民工职业能力研究的新探索——评《新生代农民工职业能力的建构：基于人力资本形成与开发的耦合研究》[J]. 江苏理工学院学报 ,2016, 22 (2):1.

新生代农民工职业能力投入以教育培训投入为主，主要针对基层技术岗位，尤其是制造业的技术岗位。其中，电工、焊工、钳工、缝纫工、操作工等一线岗位工种的能力培训占据主体，除此以外，服务业的培训也占较大比例，如家政、家电维修、电脑装配等。从职业能力投入方向看，当前主要针对初级岗位从业所需的初级技术性能力展开，侧重于技术岗位的上岗培训，讲授从事具体工作所需的技能和工作规范。整体而言，前期大规模的农民工职业能力投入迅速提高了新生代农民工的就业能力，帮助其迅速获得从事非农产业的相关技术，从而有助于实现行业和岗位迁移。

（二）新型城镇化进程中江苏省新生代农民工职业能力存在的问题

1. 部分职业能力指标值偏低

调查发现，虽然目前江苏省新生代农民工职业能力指标具有较高的整体优良率，但优秀率相对较低。其中职业能力中的专业能力优秀率为 17.65%，方法能力优秀率为 14.99%，社会能力优秀率为 10.97%。

与优秀率相比，"优秀"和"良好"汇总后的优良率更能反映新生代农民工的整体能力状况。调查发现，目前江苏省新生代农民工专业能力整体优良率较高，不过方法能力和社会能力的一些指标值不够理想，继续学习能力、应变能力、表达能力、情绪控制能力等指标的优良率甚至在 50% 以下。

经进一步研究发现，上述结果的形成与当前新生代农民工职业能力投入的方向和内容联系紧密。目前江苏省新生代农民工普遍参加各种类型的员工职业培训，主要包括劳动力转移就业职业培训和劳动力岗前培训。这两种培训内容主要包括基本操作技能、操作规范和劳动安全等，以专业能力培训为主，以促进劳动力转移、迅速入职，而非以劳动力职业能力全面提升为导向。换言之，目前江苏省虽然重视新生代农民工的刚性职业能力投入，但是对继续学习能力、应变能力和表达能力等柔性职业能力投入不足。这与部分社会相关培训主体在职业能力培训上的急功近利不无关联。例如，一些企业认为专业能力投入少，见效快，而非专业能力需要持续投入且投入资金巨大，因此企业对此类职业能力培训投入积极性不高，这是导致上述部分职业能力指标值过低的重要原因。

2. 柔性职业能力总体弱于刚性职业能力

根据前文分析，可按照职业能力的技术性特征差异将其分为刚性职业能力和柔性职业能力。汇总统计数据可以发现江苏省农民工刚性职业能力和柔性职业能力之间存在差异。其中刚性职业能力优良率约为 65%，而柔性职业能力优良率约为 53%。从上述结果可知，江苏省新生代农民工刚性职业能力强于柔性职业能力，其中柔性职业能力中的方法能力强于社会能力。

调查中还发现，上述培训主要针对初级岗位从业所需的初级刚性职业能力展开，侧重于技术岗位的上岗培训，讲授从事具体工作所需的技能和工作规范，培训内容涉及从事相关岗位所需的操作技能、劳动安全、企业规章等。现有培训有助于迅速提升新生代农民工就业能力，帮助其迅速获得从事非农产业的相关技术。

但是，从整体职业能力的角度来看，现有培训内容不能满足当前新型城镇化进程对于新生代农民工整体职业能力的需要，尤其是不能满足新型城镇化进程中新生代农民工职业发展所需的柔性职业能力需要。调研结果显示，虽然一些刚性职业能力指标值较高，但是职业能力中的应变能力、表达能力、继续学习能力、情绪控制能力等非技术职业能力指标值偏低，形成了新生代农民工职业能力洼地，这些职业能力的缺乏会阻滞新生代农民工市民化的进程。可以说，新生代农民工的现有职业能力提升速度已经滞后于新型城镇化进程对新生代农民工的职业能力需求，换言之，目前新生代农民工职业能力培训已经不能满足新生代农民工持续增长的职业发展需要。

3. 苏南苏北新生代农民工职业能力存在南北差距

根据调查结果，当前江苏省新生代农民工的职业能力存在苏南、苏北地域差异。这主要表现在三个方面。首先，从统计结果看，苏南新生代农民工各方面职业能力普遍优于苏北新生代农民工。其次，较之刚性职业能力，苏南苏北农民工柔性职业能力差异更大。具体而言，苏南苏北农民工在刚性职业能力方面优良率差距为 62.83%，而柔性能力差距则达到 38.40%。最后，某些具体的职业能力指标差距也比较明显。其中知识技术、知识应用能力、读认资料能力、设备操作能力、压力管理能力和时间管理能力的差距均在 50% 左右。以上调查结果反映两地新生代农民工在刚性职业能力和柔性职业能力方面都存在较大差距。

从总体上讲，能力投入决定了能力产出的差异。目前统计发现的地区间新生代农民工职业能力差距，实质上则反映出苏南苏北在包括基础教育和早期职业教育在内的整体教育投入上的差异。这一差异表现在两个方面，一是苏南、苏北对教育的直接资金投入上存在差距。根据江苏省教育厅统计，2013 年苏南五市公共财政教育支出 359.66 亿元，苏北八市为 252.12 亿元，按照人均公共财政教育支出，苏南五市人均 1086.32 元，苏北八市人均 544.69 元。二是间接文化教育资源投入存在差距，例如 2014 年江苏省苏南五市中等专业学校有专任教师 16174人，而苏北八市则有 14100 人。苏南图书馆藏书量 30644 千册，苏北地区 26938 千册，苏州为人均藏书最高的城市，达到 1.42 册，最低为宿迁市，仅为 0.23 册。从以上数据不难发现两地在教育投入上的差距巨大，教育投入上的差距会对区域内劳动力能力素质造成直接影响。

四、新型城镇化进程中江苏省新生代农民工职业能力提升路径

在新型城镇化进程中，为提升江苏省新生代农民工职业能力，需要继续贯彻和推进与农村转移劳动力职业能力提升相关的奖励和资助制度（如《全省农村劳动力职业技能培训鉴定获证奖补办法》《江苏省就业专项资金管理办法》等制度），以充分调动地方新生代农民工参与教育培训的积极性。同时强化对此类制度的宣传，通过宣传、引导以及制度激励等手段全面增强新生代农民工参与职业能力培训的兴趣和积极性。此外，还要通过制度激励、制度规划和制度创新，全面提升新生代农民工的刚性职业能力和柔性职业能力。

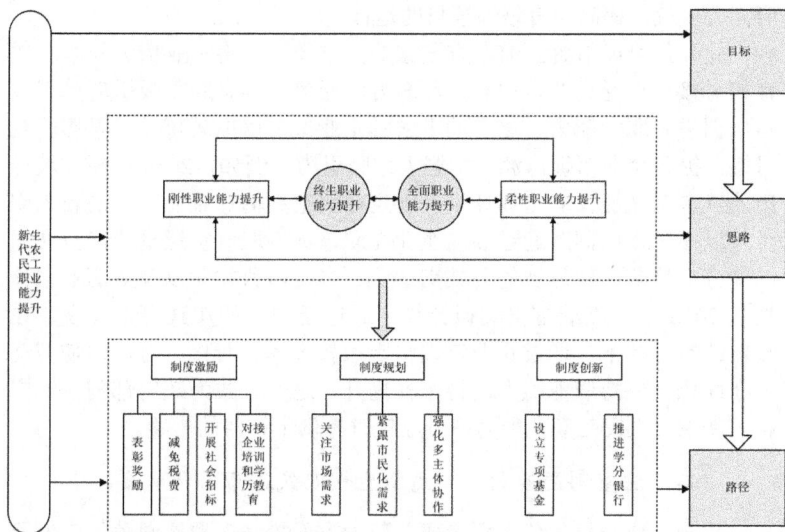

图 5-4　新型城镇化进程中江苏省新生代农民工职业能力提升路径

（一）加强制度激励，调动企业主体积极性

以企业为代表的教育培训主体是新生代农民工职业能力提升环节中的重要力量。与政府主体相比，企业等主体与市场联系更为紧密，提供的职业能力培训更具针对性。为激励企业等主体参与职业能力提升培训，全面提升新生代农民工职业能力，要加大对企业在新生代农民工职业发展教育投入方面的支持。在具体策略上，一方面政府需要加大对企业进行新生代农民工教育培训的激励和支持力度，对培训量大、培训效果好的企业进行表彰奖励和政策倾斜。另一方面，可以制定针对新生代农民工教育培训的税收减免优惠政策，例如将企业对新生代农民工的教育培训投入纳入企业所得税税前抵扣范畴内，从而提高企业对职业能力教育与培训资金费用投入的积极性。

再者，政府可以通过竞标等市场化机制将原来由政府承担的培训项目委托给企业，政府作为监管方，并辅以配套的颁证与考核体系加以支持，这样既可以调动企业参与政府公共管理的积极性，也能使政府充分放权，提高教育培训项目的运行效率。

此外，可以借鉴当前西方国家的先进经验，将企业培训和学历教育相对接，打通企业培训和学历教育的通道，既有助于吸引新员工参与培训提升职业能力，更有助于鼓励企业参与培训教育并与学历教育对接，提升企业培训内涵，增强人才吸引力。例如，2015 年新加坡推出的"未来技能在职培训计划"规定在航空运输业企业工作的新入职者可以在工作的同时通过参与企业在职培训换取航空运输业专业文凭的学分。目前，新加坡的公共交通业、咨询与科技业以及酒店业也计划从 2016 年起相继推出类似计划。通过新加坡的实践可以发现，在政府政策支持下，通过企业培训与国家教育体系对接，可以促使劳动者在职场上保持职业能力的持续性提升。这一方式为政府部门在制定相关新生代农民工职业能力提升政策时提供了有益的借鉴。

（二）注重制度规划，满足新生代农民工市民化需要

政府在提升新生代农民工职业能力方面扮演着重要角色，政府不仅仅是职业能力培训的供应方，更是培训的设计规划方。在具体培训项目设计上，政府必须具备政策制定的战略前瞻性，不但要紧跟市场需求，而且还要坚持就业目标和市民化目标并重的原则，进行职业能力培训项目规划。

传统的职业能力培训多以就业为导向，注重立竿见影的实效，强调培训项目实施过程的"短""平""快"；而在当前新型城镇化战略框架下，新生代农民工不仅有基本的现实就业需要，而且还有职业发展甚至市民化的需求。因此，在策略制定上要考虑不同人群职业能力差异的具体情况。提升技术培训的专业化程度，能够给新生代农民工带来现实利益。具体而言，一方面政府需要密切关注市场需求，加强与企业的沟通和联系，根据市场需要设计职业能力提升课程，将就业和职业能力培训相结合，提升培训效果，为本地经济发展提供坚实的人力资源保障。另一方面，还要关注新生代农民工市民化进程中职业发展的潜在需求，开设中高级技能培训班，进行战略性人才培养，提前做好人力资源战略储备。通过初、中、高三级职业能力培训联动方式稳步推进新生代农民工市民化进程中的职业能力持续提升。

当然，随着新型城镇化进程的不断深入，新生代农民工的职业能

力需求将呈现多样化，参与主体将呈现复杂化的态势，因此，管理机制创新，以政府为单一主体的农民工职业能力管理机制向多主体协同治理机制转变工作刻不容缓。其中，要重点增强行政部门的协调功能和引导功能，弱化行政部门的行政职能。同时，鼓励行业、企业、教育机构以及社区等主体的协作，[1] 通过发展社区学校、职教集团等主体来构建新生代农民工职业能力提升新型协作平台，将在岗和业余培训相结合，建设新生代农民工的终身职业能力提升体系，共同推动新生代农民工刚性职业能力和柔性职业能力的协同发展。

（三）推动制度创新，加大对苏北地区政策倾斜

鉴于目前苏北农民工职业能力相对较弱的现状，需要通过制度创新的方式充分挖掘教学资源。具体而言，江苏省政府和地方政府可以通过设立专项教育基金推动苏北新生代农民工职业能力提升，保障职业能力提升工作的有力推进。例如，可以参考其他相关专项基金的设立经验，设立并运作农民工职业发展专项教育基金。在资金来源上，专项基金可以由省、市、县级财政共同投入，共同分摊；同时还可以引入市场化力量，广开筹资渠道，吸引社会资本积极参与投资，为新生代农民工职业能力提升的师资建设、设备投入等教育开支提供更坚实的保障。

此外，在市民化进程中，终生职业能力的提升可以尝试建设"学分银行"。"学分银行"是提升新生代农民工提升自身职业能力的热情，推动职业能力持续提升机制建设的重要手段。这在教育资金投入相对较少的苏北地区更为必要且可行。"学分银行"通过参与职业教育后的学分累积调动新生代农民工长期参与培训的积极性，这与传统以物质奖励吸引学员培训的方式大相径庭。[2] 在"学分银行"账单中，职业能力培训的主题、内容、层次、频次和学习成果都有体现，在职位升迁时可进行提取。除了一般的"存""取"功能外，未来可以加

[1]　叶忠海，张永，马丽华，等.新型城镇化与社区教育发展研究 [J].开放教育研究,2014(4):100-110.

[2]　刘剑青，方兴，马陆亭.从终身教育（学习）理念到学分银行建设 [J].中国电化教育,2015(4):132-135.

大对"学分银行"中"学分信贷"机理和配套制度的探索和创新，通过新生代农民工市民化进程中持续的职业发展动机激发自身的持续学习、主动学习行为，切实推动其终身职业能力提升。

附录　相关法律法规和公文

中华人民共和国职业教育法

1996 年 5 月 15 日第八届全国人民代表大会常务委员会第十九次会议通过
1996 年 5 月 15 日中华人民共和国主席令第六十九号公布
自 1996 年 9 月 1 日起施行

第一章　总　则

第一条　为了实施科教兴国战略，发展职业教育，提高劳动者素质，促进社会主义现代化建设，根据教育法和劳动法，制定本法。

第二条　本法适用于各级各类职业学校教育和各种形式的职业培训。国家机关实施的对国家机关工作人员的专门培训由法律、行政法规另行规定。

第三条　职业教育是国家教育事业的重要组成部分，是促进经济、社会发展和劳动就业的重要途径。

国家发展职业教育，推进职业教育改革，提高职业教育质量，建立、健全适应社会主义市场经济和社会进步需要的职业教育制度。

第四条　实施职业教育必须贯彻国家教育方针，对受教育者进行思想政治教育和职业道德教育，传授职业知识，培养职业技能，进行职业指导，全面提高受教育者的素质。

第五条　公民有依法接受职业教育的权利。

第六条　各级人民政府应当将发展职业教育纳入国民经济和社会发展规划。

行业组织和企业、事业组织应当依法履行实施职业教育的义务。

第七条　国家采取措施，发展农村职业教育，扶持少数民族地区、边远贫困地区职业教育的发展。

国家采取措施，帮助妇女接受职业教育，组织失业人员接受各种形式的职业教育，扶持残疾人职业教育的发展。

第八条　实施职业教育应当根据实际需要，同国家制定的职业分类和职业等级标准相适应，实行学历证书、培训证书和职业资格证书制度。

国家实行劳动者在就业前或者上岗前接受必要的职业教育的制度。

第九条　国家鼓励并组织职业教育的科学研究。

第十条　国家对在职业教育中做出显著成绩的单位和个人给予奖励。

第十一条　国务院教育行政部门负责职业教育工作的统筹规划、综合协调、宏观管理。

国务院教育行政部门、劳动行政部门和其他有关部门在国务院规定的职责范围内，分别负责有关的职业教育工作。

县级以上地方各级人民政府应当加强对本行政区域内职业教育工作的领导、统筹协调和督导评估。

第二章　职业教育体系

第十二条　国家根据不同地区的经济发展水平和教育普及程度，实施以初中后为重点的不同阶段的教育分流，建立、健全职业学校教育与职业培训并举，并与其他教育相互沟通、协调发展的职业教育体系。

第十三条　职业学校教育分为初等、中等、高等职业学校教育。

初等、中等职业学校教育分别由初等、中等职业学校实施；高等职业学校教育根据需要和条件由高等职业学校实施，或者由普通高等学校实施。其他学校按照教育行政部门的统筹规划，可以实施同层次的职业学校教育。

第十四条　职业培训包括从业前培训、转业培训、学徒培训、在岗培训、转岗培训及其他职业性培训，可以根据实际情况分为初级、中级、高级职业培训。

职业培训分别由相应的职业培训机构、职业学校实施。

其他学校或者教育机构可以根据办学能力，开展面向社会的、多种形式的职业培训。

第十五条　残疾人职业教育除由残疾人教育机构实施外，各级各类职业学校和职业培训机构及其他教育机构应当按照国家有关规定接纳残疾学生。

第十六条　普通中学可以因地制宜地开设职业教育的课程，或者根据实际需要适当增加职业教育的教学内容。

第三章　职业教育的实施

第十七条　县级以上地方各级人民政府应当举办发挥骨干和示范作用的职业学校、职业培训机构，对农村、企业、事业组织、社会团体、其他社会组织及公民个人依法举办的职业学校和职业培训机构给予指导和扶持。

第十八条　县级人民政府应当适应农村经济、科学技术、教育统筹发展的需要，举办多种形式的职业教育，开展实用技术的培训，促进农村职业教育的发展。

第十九条　政府主管部门、行业组织应当举办或者联合举办职业学校、职业培训机构，组织、协调、指导本行业的企业、事业组织举办职业学校、职业培训机构。

国家鼓励运用现代化教学手段，发展职业教育。

第二十条　企业应当根据本单位的实际，有计划地对本单位的职工和准备录用的人员实施职业教育。

企业可以单独举办或者联合举办职业学校、职业培训机构，也可以委托学校、职业培训机构对本单位的职工和准备录用的人员实施职业教育。

从事技术工种的职工，上岗前必须经过培训；从事特种作业的职工必须经过培训，并取得特种作业资格。

第二十一条　国家鼓励事业组织、社会团体、其他社会组织及公民个人按照国家有关规定举办职业学校、职业培训机构。

境外的组织和个人在中国境内举办职业学校、职业培训机构的办法，由国务院规定。

第二十二条　联合举办职业学校、职业培训机构，举办者应当签订联合办学合同。

政府主管部门、行业组织、企业、事业组织委托学校、职业培训机构实施职业教育的，应当签订委托合同。

第二十三条 职业学校、职业培训机构实施职业教育应当实行产教结合，为本地区经济建设服务，与企业密切联系，培养实用人才和熟练劳动者。

职业学校、职业培训机构可以举办与职业教育有关的企业或者实习场所。

第二十四条 职业学校的设立，必须符合下列基本条件：

（一）有组织机构和章程；

（二）有合格的教师；

（三）有符合规定标准的教学场所、与职业教育相适应的设施、设备；

（四）有必备的办学资金和稳定的经费来源。

职业培训机构的设立，必须符合下列基本条件：

（一）有组织机构和管理制度；

（二）有与培训任务相适应的教师和管理人员；

（三）有与进行培训相适应的场所、设施、设备；

（四）有相应的经费。

职业学校和职业培训机构的设立、变更和终止，应当按照国家有关规定执行。

第二十五条 接受职业学校教育的学生，经学校考核合格，按照国家有关规定，发给学历证书。接受职业培训的学生，经培训的职业学校或者职业培训机构考核合格，按照国家有关规定，发给培训证书。

学历证书、培训证书按照国家有关规定，作为职业学校、职业培训机构的毕业生、结业生从业的凭证。

第四章 职业教育的保障条件

第二十六条 国家鼓励通过多种渠道依法筹集发展职业教育的资金。

第二十七条 省、自治区、直辖市人民政府应当制定本地区职业学校学生人数平均经费标准；国务院有关部门应当会同国务院财政部门制定本部门职业学校学生人数平均经费标准。职业学校举办者应当按照学生人数平均经费标准足额拨付职业教育经费。

各级人民政府、国务院有关部门用于举办职业学校和职业培训机构的财政性经费应当逐步增长。

任何组织和个人不得挪用、克扣职业教育的经费。

第二十八条 企业应当承担对本单位的职工和准备录用的人员进行职业教育的费用，具体办法由国务院有关部门会同国务院财政部门或者由省、自治区、直辖市人民政府依法规定。

第二十九条 企业未按本法第二十条的规定实施职业教育的，县级以上地方人民政府应当责令改正；拒不改正的，可以收取企业应当承担的职业教育经费，用于本地区的职业教育。

第三十条 省、自治区、直辖市人民政府按照教育法的有关规定决定开征的用于教育的地方附加费，可以专项或者安排一定比例用于职业教育。

第三十一条 各级人民政府可以将农村科学技术开发、技术推广的经费，适当用于农村职业培训。

第三十二条 职业学校、职业培训机构可以对接受中等、高等职业学校教育和职业培训的学生适当收取学费，对经济困难的学生和残疾学生应当酌情减免。收费办法由省、自治区、直辖市人民政府规定。

国家支持企业、事业组织、社会团体、其他社会组织及公民个人按照国家有关规定设立职业教育奖学金、贷学金，奖励学习成绩优秀的学生或者资助经济困难的学生。

第三十三条 职业学校、职业培训机构举办企业和从事社会服务的收入应当主要用于发展职业教育。

第三十四条 国家鼓励金融机构运用信贷手段，扶持发展职业教育。

第三十五条 国家鼓励企业、事业组织、社会团体、其他社会组织及公民个人对职业教育捐资助学，鼓励境外的组织和个人对职业教育提供资助和捐赠。提供的资助和捐赠，必须用于职业教育。

第三十六条 县级以上各级人民政府和有关部门应当将职业教育教师的培养和培训工作纳入教师队伍建设规划，保证职业教育教师队伍适应职业教育发展的需要。

职业学校和职业培训机构可以聘请专业技术人员、有特殊技能的人员和其他教育机构的教师担任兼职教师。有关部门和单位应当提供方便。

第三十七条 国务院有关部门、县级以上地方各级人民政府以及举办职业学校、职业培训机构的组织、公民个人，应当加强职业教育生产实习基地的建设。

企业、事业组织应当接纳职业学校和职业培训机构的学生和教师实习；对上岗实习的，应当给予适当的劳动报酬。

第三十八条 县级以上各级人民政府和有关部门应当建立、健全职业教育服务体系，加强职业教育教材的编辑、出版和发行工作。

第五章 附　则

第三十九条 在职业教育活动中违反教育法规定的，应当依照教育法的有关规定给予处罚。

第四十条 本法自 1996 年 9 月 1 日起施行。

财政部、农业部关于印发
《农村劳动力转移培训财政补助资金管理办法》的通知

财农 [2005]18 号

各省、自治区、直辖市财政厅（局）、农业厅（局），新疆生产建设兵团财务局，黑龙江农垦总局：

为进一步加强和规范农村劳动力转移培训财政补助资金管理，提高资金使用效益，财政部、农业部对《农村劳动力转移培训财政补助资金管理办法（试行）》（财农〔2004〕38 号）进行了修订，现将修订的办法印发给你们，请遵照执行。

附件：农村劳动力转移培训财政补助资金管理办法

抄送：财政部驻各省、自治区、直辖市财政监察专员办事处。

财政部
农业部
二〇〇五年十二月三十日

附件：

农村劳动力转移培训财政补助资金管理办法

第一章 总 则

第一条 为加强和规范农村劳动力转移培训财政补助资金（以下简称"培训补助资金"）管理，提高资金使用效益，特制定本办法。

第二条 培训补助资金是国家设立的对农村劳动力转移就业开展短期非农职业技能培训和引导性培训的专项资金。在开展职业技能培训的同时，辅助开展基本权益保护、法律知识、城市生活基本常识、寻找就业岗位等引导性培训和宣传。

第三条 培训补助资金用于对受培训农民的学费补助，或对培训机构因降低收费标准而给予的补助。中央财政对全国性的引导性培训和宣传给予适当补助。

第四条 培训补助资金由地方财政和中央财政共同承担，以地方财政为主。中央财政根据全国农村劳动力转移培训阳光工程办公室确定的各省（含新疆生产建设兵团、中央直属垦区，下同）示范性培训任务，平均每期每人按不低于100元的标准给予补助，重点用于农村劳动力输出大省、产粮大省、革命老区、贫困地区。各省具体的补助标准，由各省根据不同的教育培训内容、培训时间、工种等自行确定。

第五条 培训补助资金以农民直接受益为原则，以培训券或现金等形式直接补贴给受培训农民，也可以通过降低收费标准的方式补贴给培训机构。

全国性的引导性培训和宣传资料须经全国农村劳动力转移培训阳光工程办公室认可，并由其统一免费向农民发放。

第六条 培训机构须经公开招标确定或经当地农村劳动力转移培训阳光工程办公室评审确认；收费标准须经公开招标确定或经当地财政、物价部门核定，并报当地农村劳动力转移培训阳光工程办公室备案。

第七条 短期培训时间一般为15～90天，具体培训时间由培训机构根据工种的不同确定，并报当地农村劳动力转移培训阳光工程办公室备案。

第八条 培训要以市场需求为导向，以转移到非农产业就业为目标，培训机构应保证受培训农民充分转移就业。充分转移就业应满足如下条件：转移就业率应达 80％以上，用人单位与农民签订的劳务合同期限应不低于 3 个月。

第九条 培训补助资金只对农村劳动力转移就业前的培训给予补助，在岗培训的补助不在本办法之内。

第二章 资金申报

第十条 各省应按有关程序和要求向中央申报农村劳动力转移示范性培训任务和培训资金，中央根据各省的申报情况，并结合各省农村劳动力富余情况、培训工作开展情况、资金安排情况等，下达各省农村劳动力转移示范性培训任务和培训补助资金。各省将中央确定下达的示范性培训任务分解到各市县，并将任务分解情况报财政部和全国阳光工程办公室备案。各省要保证完成中央下达的示范性培训任务。

第十一条 采取培训券补助方式的，基层财政部门或阳光工程办公室直接将培训券发给受培训农民，由农民作为培训学费交到培训机构。培训机构凭培训券、收费凭证和受培训农民考核合格证明等有关材料到当地财政部门申报补助资金。培训券实行实名制，不得转让使用。

第十二条 采取降低收费补助方式的，培训机构凭项目合同书、经验收合格并由农民签名的受训人员名单、收费凭证等有关材料，经当地阳光工程办公室审核确认后，到当地财政部门申报补助资金。

第十三条 经授权提供全国性的引导性培训和宣传资料的机构，向农业部提出资金申请报告，由农业部对其成本费用进行审核后报财政部审批。

第三章 资金拨付和使用

第十四条 中央财政对地方的补助资金，由财政部直接拨付到省级财政，再由省级财政结合省本级安排的资金逐级下拨，补贴给受训农民或培训机构，培训资金不切块给各部门使用。

中央财政安排新疆生产建设兵团的培训资金，由财政部直接拨付到新疆生产建设兵团；安排中央直属垦区的培训资金，由财政部将资金拨付到农业部，再由农业部下拨到垦区。新疆生产建设兵团和中央直属垦区将中央财政补助的资金和本级财务安排的资金补贴给受训农工或培训机构。

对经授权提供全国性的引导性培训和宣传资料机构的资金补助，由财政部将资金拨付到农业部，再由农业部下拨到机构。

第十五条　当地财政部门收到培训机构的资金申请报告及经当地阳光工程办公室审核确认的项目合同书、经验收合格并由农民签名的受训人员名单、收费凭证等有关材料，经审核无误后，及时向培训机构拨付补助资金。

第十六条　培训补助资金不得用于培训机构的基础设施建设、培训条件改善和技能资格鉴定开支等。项目工作经费由中央与地方分级分担。地方负担的项目工作经费，可从地方财政补助资金中适当安排，或由地方财政另行安排，但不得从中央补助资金中安排。

第四章　资金管理与监督

第十七条　培训机构不得因财政给予补助而借机提高收费标准，增加受培训农民的学费负担。

第十八条　培训项目严格实行项目管理，做到资金到项目、管理到项目、核算到项目。基层财政部门要设立培训补助资金专账。

第十九条　建立项目公示制度。当地阳光工程办公室要对培训机构、培训任务、受训人员、收费标准、资金补助及使用、转移就业等情况进行公示。

第二十条　培训机构要建立农民培训台账和农民转移就业台账，提供用工单位用工证明等有关材料，并报当地财政部门和阳光工程办公室备案、备查。对没有达到本办法第八条相关要求的培训机构，将取消下年度参与申报"阳光工程"项目的资格。

第二十一条　受培训农民领取培训券或培训补助现金时，要登记身份证号和联系电话，并要有签字、签章（手印）。

第二十二条　地方各级财政部门要向上一级财政部门上报培训工作的完成情况、资金使用情况等。省级财政部门应于次年3月份前将本省培训工作的完成情况、资金安排及使用情况等上报财政部。

第二十三条 地方各级阳光工程办公室要设立举报电话，会同同级行政监察部门认真查证落实举报事项，对发现的违规违纪行为要及时严肃查处。

第二十四条 各级财政部门要依法加强培训补助资金的监督检查，配合审计等有关部门做好审计、检查、稽查工作。

第二十五条 对骗取、套取、挪用、贪污培训补助资金的行为，依法追究有关单位及其直接责任人的法律责任。

第二十六条 各省、自治区、直辖市财政厅(局)和新疆生产建设兵团、中央直属垦区财务部门可根据本办法，结合本地的实际情况，制定具体的实施细则，并报财政部备案。

第二十七条 本办法自下发之日起执行，原《农村劳动力转移培训财政补助资金管理办法(试行)》(财农〔2004〕38号)同时废止。

第二十八条 本办法由财政部负责解释。

教育部关于切实做好返乡农民工
职业教育和培训等工作的通知

教职成〔2009〕5 号

各省、自治区、直辖市教育厅（教委），各计划单列市教育局，新疆
生产建设兵团教育局：

　　最近，国务院办公厅印发了《关于切实做好当前农民工工作的通知》（国办发〔2008〕130 号），要求各地人民政府和国务院各部委采取切实措施，加强农民工职业教育和技能培训，促进农民工就业，及时妥善安排返乡农民工子女入学。为贯彻落实国办发 130 号《通知》精神，积极配合各地人民政府，进一步做好返乡农民工工作，现将有关要求通知如下：

　　1. 要充分认识做好返乡农民工职业教育、技能培训和子女入学工作的重要意义。积极开展返乡农民工职业教育和技能培训，切实保障农民工子女及时入学接受教育，不仅有利于返乡农民工实现就业、再就业和创业，而且对促进农民增收、城乡发展与稳定、构建社会主义和谐社会都具有积极意义和重大作用。各级教育行政部门和学校要把做好返乡农民工职业教育、技能培训和子女入学作为当前重要而紧迫的任务，采取强有力的措施，切实抓紧抓好。

　　2. 努力招收返乡农民工接受中等职业教育。2009 年，要进一步加大高中阶段教育结构调整的力度，重点加快发展中等职业教育。中等职业教育招生总规模在 2008 年招生 810 万人的基础上，再扩大招生50 万人，达到 860 万人。要通过国家财政补贴等措施，把招收有学习愿望的返乡农民工接受中等职业学历教育作为扩招工作的重要任务。

　　3. 积极主动开展返乡农民工的技能培训。各级教育行政部门要在当地政府统一领导下切实发挥好培训的主力军和工作平台作用，积极组织职业学校、成人学校帮助返乡农民工获得必要的职业技能，提高就业和再就业能力，尽快重返就业岗位。要充分利用职业学校、成人学校的资源，面向返乡农民工、进城农民工、青年农民、乡镇企业

职工、退役士兵、未升学高中毕业生和下岗轮岗职工开展职业技能培训。继续推进教育部"农村劳动力转移培训计划"和"农村实用技术培训计划"的实施，力争培训规模达到 9000 万人次。其中，面向返乡农民工和农村劳动力转移培训 3000 万人次，为促进农民工就业、再就业和创业做出新贡献。

4. 切实落实开展返乡农民工职业教育和技能培训的学校。地方各级教育行政部门要在返乡农民工集中的地区，根据需要确定一批有条件的中等职业学校，争取成为地方开展农民工职业技能培训的基地，发挥主力军作用，组织返乡农民工就近接受职业教育或技能培训。省级以上重点中等职业学校、省级示范乡镇成人教育学校必须开展农民工职业技能培训工作。省级以上重点中等职业学校每年培训农民工和城乡劳动者的数量要与在校学生规模大体相当。

5. 精心组织实施教育培训工作。要围绕市场需求开展订单培训和定向培训，提高返乡农民工择业竞争能力；围绕产业结构调整和企业技术改造新开项目开展职业技能培训，提高返乡农民工就业的适应能力；围绕返乡创业组织开展创业培训，提高返乡农民工的自主创业能力；围绕返乡农民工的需要，选择培训课程和专业（工种），增强课程的针对性和有效性，提高农民工的就业率。要以就业为导向，采取日校办夜校、办周末学校、集中培训、播放教学光盘、现场实习等灵活多样的形式，培训学习时间宜长则长，宜短则短。寒暑假期间可集中力量举办返乡农民工脱产学习班。

6. 确保返乡农民工子女及时入学接受教育。各地教育行政部门要逐级建立工作责任制，采取切实措施保证返乡农民工子女在春季开学时按时入学；要按照就近入学的原则，安排义务教育阶段返乡农民工子女入学，学校不得以任何借口拒绝接受返乡农民工子女入学。各地要按照农村义务教育经费保障机制的要求，足额落实包括返乡农民工子女在内的各项教育经费，为返乡农民工子女提供良好的教育环境。教育行政部门和教材出版发行部门要密切合作，尽快做好返乡农民工子女教材订购工作，保证做到在春季开学前到书。学校要及时掌握返乡农民工子女在外地学习的实际情况，有针对性地开展教学辅导工作，使他们能够尽快适应本地的教学进度。

7. 加强督导检查。各地教育行政部门要将面向返乡农民工开展职业教育、技能培训和子女教育工作，作为对职成教育、基础教育工作和职成学校、普通中小学工作考核重要内容，加强督导检查。

8．多渠道解决经费投入。各地教育行政部门要积极争取地方政府和劳动、农业、扶贫、科技等相关部门经费和政策的支持，对职业学校、成人学校开展返乡农民工培训、农村劳动力转移培训和解决返乡农民工子女入学工作提供必要的投入。

我部将采取有力措施，推动做好返乡农民工职业教育、技能培训和子女入学工作。在今后安排有关专项经费和项目时，向返乡农民工职业教育、子女入学工作成绩突出的地区和学校实行政策倾斜。

做好返乡农民工职业教育、技能培训和子女入学工作是一项十分紧迫的任务。请根据本通知精神，抓紧制订具体的实施意见和工作计划，利用当前农民工集中返乡的时机，迅速开展工作。各地贯彻落实情况请及时报告。

中华人民共和国教育部
二〇〇九年二月二十日

国务院办公厅关于进一步做好农民工培训工作的指导意见

国办发〔2010〕11号

各省、自治区、直辖市人民政府，国务院各部委、各直属机构：

近年来，各地区、各部门认真贯彻落实《国务院关于解决农民工问题的若干意见》（国发〔2006〕5号）和《国务院办公厅转发农业部等部门2003-2010年全国农民工培训规划的通知》（国办发〔2003〕79号），农民工培训工作取得显著成效，政策措施逐步完善，培训力度不断加大，农民工职业技能明显提高。但也应当看到，农民工培训工作仍然存在着培训项目缺乏统筹规划、资金使用效益和培训质量不高、监督制约机制不够完善等问题。为提高农民工技能水平和就业能力，促进农村劳动力向非农产业和城镇转移，推进城乡经济社会发展一体化进程，经国务院同意，现就进一步做好农民工培训工作提出如下指导意见：

一、基本原则和主要目标

（一）基本原则。

1. 统筹规划、分工负责。把农民工培训工作纳入国民经济和社会发展规划，按照地方政府分级管理，职能部门各负其责，农民工工作协调机制统筹协调的原则，建立相互配合、有序运行的工作机制。

2. 整合资源、提高效益。根据企业和农民工的实际培训需要，整合培训资源，统筹安排、集中使用农民工培训资金。按照同一地区、同一工种补贴标准统一的原则，科学制定培训补贴基本标准，规范培训项目管理，严格监管培训资金使用。

3. 政府支持、市场运作。加大政府培训投入，增强培训能力，加强规范引导。发挥市场机制在资金筹措、培训机构建设、生源组织、过程监管、效果评价等方面的积极作用，鼓励行业、企业、院校和社会力量加强农民工培训。

4. 突出重点、讲求实效。重点发挥企业和院校产学结合的作用，加强农民工职业技能培训、在岗技能提升培训、创业培训和农村实用技术培训。着力提升培训质量，使经过培训的农民工都能掌握一项实用技能，提高培训后的就业率。

（二）主要目标。按照培养合格技能型劳动者的要求，逐步建立统一的农民工培训项目和资金统筹管理体制，使培训总量、培训结构与经济社会发展和农村劳动力转移就业相适应；到 2015 年，力争使有培训需求的农民工都得到一次以上的技能培训，掌握一项适应就业需要的实用技能。

二、搞好培训工作统筹规划

（三）制定实施新一轮培训规划，抓好培训项目的组织实施。按照我国经济发展、经济结构调整、产业布局和农业农村经济发展人才需求，科学统筹和把握农村劳动力转移就业的力度和节奏，制定新一轮全国农民工培训规划，纳入国民经济和社会发展中长期规划。各省（区、市）以及相关部门要根据国家农民工培训规划并结合实际，编制本地区、本行业的农民工培训规划和年度计划，明确农民工培训的规模和重点，科学规划培训机构的类型、数量和布局，认真抓好组织实施。

（四）明确培训重点，实施分类培训。根据农民工的不同需求，进一步规范培训的形式和内容，提高培训质量和效果。外出就业技能培训主要对拟转移到非农产业务工经商的农村劳动者开展专项技能或初级技能培训。技能提升培训主要对与企业签订一定期限劳动合同的在岗农民工进行提高技能水平的培训。劳动预备制培训主要对农村未能继续升学并准备进入非农产业就业或进城务工的应届初高中毕业生、农村籍退役士兵进行储备性专业技能培训。创业培训主要对有创业意愿并具备一定创业条件的农村劳动者和返乡农民工进行提升创业能力的培训。农村劳动者就地就近转移培训主要面向县域经济发展，重点围绕县域内农产品加工、中小企业以及农村妇女手工编织业等传统手工艺开展培训。

（五）以市场需求为导向，增强培训针对性。建立培训与就业紧密衔接的机制，适应经济结构调整和企业岗位需求，及时调整培训课程和内容。重点加强建筑业、制造业、服务业等吸纳就业能力强、市场容量大的行业的农民工培训。做好水库移民中的农民工培训工作。以实现就业为目标，根据产业发展和企业用工情况，组织开展灵活多样的订单式培训、定向培训，增强培训的针对性和有效性。根据县域经济发展人才需求，开展实用技能培训，促进农村劳动力就地就近转移就业；结合劳务输出开展专项培训，培育和扶持具有本地特色的劳务品牌，促进有组织的劳务输出。

（六）创新农民工培训机制。国务院农民工工作联席会议要组织协调有关部门建立培训项目管理制度，完善政府购买培训成果的机制，保证承担培训任务的院校、具备条件的企业培训机构及其他各类培训机构平等参与招投标，提高培训质量。鼓励有条件的地区探索推行培训券（卡）等有利于农民工灵活选择培训项目、培训方式和培训地点的办法。充分发挥社会各方面参与培训的积极性，建立促进农民工培训的多元投入机制。落实好中等职业教育国家助学金和免学费政策，力争使符合条件的农村劳动力尤其是未能继续升学的初、高中毕业生都能接受中等职业教育。逐步实施农村新成长劳动力免费劳动预备制培训。

三、建立规范的培训资金管理制度

（七）以省级统筹为重点，集中使用培训资金。各省（区、市）要将农民工培训资金列入财政预算，进一步加大农民工培训资金投入，并按照统筹规划、集中使用、提高效益的要求，将中央和省级财政安排的各项农民工培训资金统筹使用，各部门根据职责和任务，做好相关培训工作，改变资金分散安排、分散下达、效益不高的状况。国家有关部门要依据新一轮全国农民工培训规划和年度计划，统筹安排农民工培训资金，对地方予以适当补助。

（八）制定农民工培训补贴基本标准。各省（区、市）要进一步完善农民工培训补贴政策，按照农民工所学技能的难易程度、时间长短和培训成本，以通用型工种为主，科学合理地确定培训补贴基本标准，并根据实际情况定期予以调整，以使农民工能够掌握一门实用技能。各中心城市或县（市）要按照同一工种补贴标准相同的原则，确定具体的补贴标准。优先对未享受过政府培训补贴的农民工进行职业技能培训，避免多部门重复培训。

（九）对培训资金实行全过程监管。各地要加强对农民工培训资金的管理，明确申领程序，严格补贴对象审核、资金拨付和内外部监管。建立健全财务制度，强化财务管理和审计监督。以完善培训补贴资金审批为重点，进一步加强基础工作。建立享受培训补贴政策人员、单位的基础信息数据库，有效甄别培训补贴申请材料的真实性，防止出现冒领行为。财政扶贫培训资金只能用于贫困家庭劳动力的培训补贴。

（十）按照谁审批谁负责的原则，严肃查处违规违纪行为。要按照政府信息公开的有关规定向社会公开培训资金使用管理情况，接受监察、审计部门和社会的监督。健全培训补贴资金与培训成本、培训质量、就业效果挂钩的绩效评估机制，严肃查处套取培训资金的行为。对有虚报、套取、私分、截留、挪用培训补贴资金等行为的单位和个人，要根据有关规定严肃查处，并按照谁审批谁负责的原则，追究相关单位和人员的责任。涉嫌犯罪的，要依法移送司法部门处理。

四、充分发挥企业培训促进就业的作用

（十一）加强产学结合的企业培训。完善企业与院校联合开展培训的政府激励机制，各级政府和有关部门要积极支持企业开展农民工培训，鼓励企业特别是劳动密集的大型企业与院校联合举办产学结合的农民工培训基地，鼓励中小企业依托职业学校、职业培训机构培训在岗农民工，鼓励有条件的企业为职业学校和培训机构提供实习场所和设备，鼓励有一定规模的企业举办农民工业余学校。

（十二）强化企业培训责任。企业要把农民工纳入职工教育培训计划，确保农民工享受和其他在岗职工同等的培训待遇，并根据企业发展和用工情况，重点加强农民工岗前培训、在岗技能提升培训和转岗培训。鼓励企业依托所属培训机构或委托所在地定点培训机构，结合岗位要求和工作需要，组织农民工参加技能提升培训。鼓励企业选送农民工参加脱产、半脱产的技能培训和职业教育，推动技术工人特别是高级技工的技能提升培训。鼓励企业组织农民工参加职业技能竞赛。

（十三）发挥行业的指导作用。行业主管部门要对本行业依托企业开展的农民工培训进行协调和指导，充分发挥行业管理优势，在培训标准、教育培训内容和专业师资队伍建设等方面，加强对农民工培训的监督检查。要结合行业特点和企业用工需求，办好职业学校和培训基地。各级行业组织要积极发挥作用，优化培训资源配置，做好行业人力资源预测，为企业提供培训信息等中介服务，重点抓好校企合作，形成一批具有一定规模、富有特色的农民工培训项目。

（十四）落实企业培训资金。积极探索培训资金直补用人单位的办法。对用人单位吸纳农民工并与其签订 6 个月以上期限劳动合同，在劳动合同签订之日起 6 个月内由用人单位组织到职业培训机构进行培训的，按照有关规定对用人单位给予职业培训补贴。企业要按照规定足额提取职工教育经费，在岗农民工教育和培训所需费用从职工教育培训经费中列支。职工教育培训经费要按规定使用，不得挪作他用，使用情况要向职工代表大会或员工大会报告。鼓励行业、企业建立农民工培训奖励基金，扶持农民工参加学习与培训。

五、努力提高培训质量

（十五）加大培训组织工作力度。逐步建立和完善农民工培训的政策法规，通过多种渠道大力宣传有关政策，督促指导行业、企业、基层劳动保障工作站点和培训机构做好各类培训的组织工作，广泛动员农民工参加培训。充分发挥人力资源市场、群团组织以及互联网、新闻媒体的作用，及时发布培训项目、培训机构、教学师资、实训设备等方面的信息，为农民工自主选择培训机构和培训项目提供便利条件。积极引导和规范培训机构组织生源的行为。

（十六）规范培训管理，加强绩效评估。各地区和有关部门要建立农村劳动力培训台账和转移就业台账，对培训对象实行实名制管理。制定农民工培训质量效益评估指标体系，统一培训考核指标、考核程序和考核办法。积极探索第三方监督机制，委托有资质的社会中介组织对培训机构的培训质量及资金使用情况进行评估。规范培训工作管理流程，加强对培训工作全程的监管考评，做到培训信息公开、审核结果公示、培训过程透明、社会参与监管。

（十七）严格培训结业考核和发证制度。对于培训机构承担的财政补贴培训项目，要建立统一规范的结业考核程序，加强对考核过程、考核结果和证书发放的监督检查。农民工参加职业技能培训，按规定程序和要求考核合格后，颁发培训合格证书、职业能力证书或职业资格证书。鼓励农民工参加职业技能鉴定，职业技能鉴定机构要积极支持企业开展培训考核和技能鉴定工作。对经鉴定合格并获得职业资格证书的农民工，要按照规定给予一次性职业技能鉴定补贴。要加强对从事高危行业和特种作业农民工的专门培训，按照有关规定持证上岗。

六、强化培训能力建设

（十八）加强培训基地建设，增强实训能力。要按照农民工培训总体规划和布局，在全国主要劳动力输出和输入地区，依托现有培训资源提升改造农民工培训示范基地。承担培训任务的机构要有符合规定条件的教学设施和实训设备，保证参加培训的农民工得到足够的实训时间，达到上岗实际操作的要求。充分利用和优化配置现有教育培训资源，共建共享共用，提高培训资源利用效率。依托农村党员干部远程教育网、农村中小学远程教育网等资源，推广农民工网络培训、广播电视教育和电化教育。新增农民工培训资源要符合区域发展规划，重点投向欠发达地区和薄弱环节。

（十九）规范农民工培训机构管理。各地方农民工工作协调机制要组织有关部门制定农民工培训机构资质规范，明确培训机构在资金、师资、设备、场地等方面的必备条件。按照公开、公平、公正的原则，根据规定的条件和程序，通过招投标方式，面向全社会选择农民工培训机构，确定其承担的培训项目和工种，并向社会公开发布。建立培训机构动态管理和退出机制，对不合格的农民工培训机构定期进行清理整顿。承担农民工培训任务的院校、具备条件的企业培训机构和其他各类培训机构要发挥优势，起到农民工培训主阵地的作用，其他农民工培训机构要加强基础建设，提高培训能力和办学水平。

（二十）加强培训基础工作。加强农民工培训专兼职师资队伍建设，鼓励高校毕业生和各类优秀人才到基层农民工培训机构服务。根据农民工培训工作的实际需要，抓好培训教材规划编写和审定工作。有关部门要切实做好农民工培训统计工作，准确统计参加培训项目的实际人数。充分利用和整合现有资源，加强公共就业服务信息网络建设，建立培训资源数据库，提供统一高效、互联互通的农民工培训信息，提高农民工培训教学和管理的信息化水平。发挥基层劳动保障工作平台的作用，及时掌握用人单位和农民工的培训需求，为农民工培训管理和服务提供准确、及时的信息。

七、加强组织领导

（二十一）完善统筹协调机制。国务院农民工工作联席会议负责全国农民工培训的统筹规划、综合协调和考核评估，联席会议成员单位按照相关政策规定和各自职责，根据统一规划和年度计划，指导各地具体组织实施农民工培训工作。各地要进一步完善农民工工作协调机制，充分发挥人力资源社会保障、发展改革、教育、科技、财政、住房城乡建设、农业、扶贫等有关部门和工会、共青团、妇联等组织的作用，相互协作，共同做好农民工培训工作。人力资源社会保障部门主要负责向城市非农产业转移的农村劳动者技能培训的政策制定和组织实施；农业部门主要负责就地就近就业培训的政策制定和组织实施；教育部门主要负责农村初、高中毕业生通过接受中等职业教育实现带技能转移的政策制定和组织实施。

（二十二）强化地方政府责任。做好农民工培训工作的主要责任在地方。地方各级政府要把农民工培训工作列入议事日程，按照分级管理的原则，建立领导责任制和目标考核制，对本地区农民工培训进行统一管理和监督检查，要充实必要的工作力量，努力建设一支高素质的农民工培训工作队伍，对在农民工培训工作中做出突出成绩的单位和个人要给予奖励。

（二十三）开展先进经验交流。要探索农民工培训的客观规律，加强对中长期农民工培训发展规划以及政策的分析研究，及时总结推广农民工培训工作的新鲜经验。要注意学习借鉴国外农村劳动力转移就业培训和移民培训的有益经验，开展农民工培训工作领域的国际合作与交流。

　　各省（区、市）和国务院有关部门要根据本指导意见制定具体实施办法，确保各项政策措施落到实处，及时将贯彻落实本指导意见的办法和实施情况报告国务院农民工工作联席会议办公室。

国务院办公厅

二〇一〇年一月二十一日

国务院关于进一步加强农村教育工作的决定

国发〔2003〕19号

各省、自治区、直辖市人民政府，国务院各部委、各直属机构：

为认真贯彻落实党的十六大精神，加快农村教育发展，深化农村教育改革，促进农村经济社会和城乡协调发展，现就进一步加强农村教育工作特作如下决定。

一、明确农村教育在全面建设小康社会中的重要地位，把农村教育作为教育工作的重中之重

1. 农村教育在全面建设小康社会中具有基础性、先导性、全局性的重要作用。发展农村教育，办好农村学校，是直接关系8亿多农民切身利益，满足广大农村人口学习需求的一件大事；是提高劳动者素质，促进传统农业向现代农业转变，从根本上解决农业、农村和农民问题的关键所在；是转移农村富余劳动力，推进工业化和城镇化，将人口压力转化为人力资源优势的重要途径；是加强农村精神文明建设，提高农民思想道德水平，促进农村经济社会协调发展的重大举措。必须从实践"三个代表"重要思想和全面建设小康社会的战略高度，优先发展农村教育。

2. 农村教育在构建具有中国特色的现代国民教育体系和建设学习型社会中具有十分重要的地位。农村教育面广量大，教育水平的高低关系到各级各类人才的培养和整个教育事业的发展，关系到全民族素质的提高。农村学校作为遍布乡村的基层公共服务机构，在培养学生的同时，还承担着面向广大农民传播先进文化和科学技术，提高农民劳动技能和创业能力的重要任务。发展农村教育，使广大农民群众及其子女享有接受良好教育的机会，是实现教育公平和体现社会公正的一个重要方面，是社会主义教育的本质要求。

3. 我国在人口众多、生产力发展水平不高的条件下，实现了基本普及九年义务教育和基本扫除青壮年文盲（以下简称"两基"）的

历史性任务，农村义务教育管理体制改革取得了突破性进展，农村职业教育和成人教育得到了很大发展，为国家经济社会发展提供了大量较高素质的劳动者和丰富的人才资源。但是，我国农村教育整体薄弱的状况还没有得到根本扭转，城乡教育差距还有扩大的趋势，教育为农村经济社会发展服务的能力亟待加强。在新的形势下，要增强责任感和紧迫感，将农村教育作为教育工作的重中之重，一手抓发展，一手抓改革，促进农村各级各类教育协调发展，更好地适应全面建设小康社会的需要。

二、加快推进"两基"攻坚，巩固提高普及义务教育的成果和质量

4. 力争用五年时间完成西部地区"两基"攻坚任务。目前，西部地区仍有 372 个县没有实现"两基"目标。这些县主要分布在"老、少、边、穷"地区，"两基"攻坚任务十分艰巨。到 2007 年，西部地区普及九年义务教育（以下简称"普九"）人口覆盖率要达到 85% 以上，青壮年文盲率降到 5% 以下。完成这项任务，对于推进扶贫开发、促进民族团结、维护边疆稳定和实现国家长治久安，具有极其重要的意义。要将"两基"攻坚作为西部大开发的一项重要任务，摆在与基础设施建设和生态环境建设同等重要的位置。国务院有关部门和西部各省（自治区、直辖市）人民政府要制定工作规划，设立专项经费，精心组织实施，并每年督促检查一次，确保目标实现。要以加强中小学校舍和初中寄宿制学校建设、扩大初中学校招生规模、提高教师队伍素质、推进现代远程教育、扶助家庭经济困难学生为重点，周密部署，狠抓落实。中央继续安排专项经费实施贫困地区义务教育工程，安排中央资金对"两基"攻坚进行重点支持。中央和地方新增扶贫资金要支持贫困乡村发展教育事业。中部地区没有实现"两基"目标的县也要集中力量打好攻坚战。大力提高女童和残疾儿童少年的义务教育普及水平。

5. 已经实现"两基"目标的地区特别是中部和西部地区，要巩固成果、提高质量。各级政府要切实做好"两基"巩固提高的规划和部署。继续推进中小学布局结构调整，努力改善办学条件，重点加强农村初中和边远山区、少数民族地区寄宿制学校建设，改善学校卫生设施和学生食宿条件，提高实验仪器设备和图书的装备水平。深化教育教学改革，根据农村实际加快课程改革步伐。提高教师和校长队伍素质，全面提高学校管理水平。努力降低农村初中辍学率，提高办学水平和教育质量，形成农村义务教育持续、健康发展的机制。经济发达的农村地区要实现高水平、高质量"普九"目标。经过不懈努力，力争 2010 年在全国实现全面普及九年义务教育和全面提高义务教育质量的目标。

6. 发展农村高中阶段教育和幼儿教育。今后五年，经济发达地区的农村要努力普及高中阶段教育，其他地区的农村要加快发展高中阶段教育。要积极开展各种形式的初中后教育。国家继续安排资金，重点支持中西部地区一批基础较好的普通高中和职业学校改善办学条件，提高教育质量，扩大优质教育资源。地方各级政府要重视并扶持农村幼儿教育的发展，充分利用农村中小学布局调整后富余的教育资源发展幼儿教育。鼓励发展民办高中阶段教育和幼儿教育。

7. 建立和完善教育对口支援制度。继续实施"东部地区学校对口支援西部贫困地区学校工程"和"大中城市学校对口支援本省（自治区、直辖市）贫困地区学校工程"，建立东部地区经济比较发达的县（市、区）对口支援西部地区贫困县、大中城市对口支援本省（自治区、直辖市）贫困县的制度。进一步加大中央对民族自治地区农村教育的扶持力度，继续办好内地西藏中学（班）和新疆班。

三、坚持为"三农"服务的方向，大力发展职业教育和成人教育，深化农村教育改革

8. 农村教育教学改革的指导思想是：必须全面贯彻党的教育方针，坚持为"三农"服务的方向，增强办学的针对性和实用性，满足农民群众多样化的学习需求；必须全面推进素质教育，紧密联系农村实际，注重受教育者思想品德、实践能力和就业能力的培养；必须实行基础教育、职业教育和成人教育的"三教统筹"，有效整合教育资源，充分发挥农村学校的综合功能，提高办学效益。

9. 积极推进农村中小学课程和教学改革。农村中小学教育内容

的选择、教科书的编写和教学活动的开展，在实现国家规定基础教育基本要求时，要紧密联系农村实际，突出农村特色。在农村初、高中适当增加职业教育的内容，继续开展"绿色证书"教育，并积极创造条件或利用职业学校的资源，开设以实用技术为主的课程，鼓励学生在获得毕业证书的同时获得职业资格证书。

10. 以就业为导向，大力发展农村职业教育。要实行多样、灵活、开放的办学模式，把教育教学与生产实践、社会服务、技术推广结合起来，加强实践教学和就业能力的培养。在开展学历教育的同时，大力开展多种形式的职业培训，适应农村产业结构调整，推动农村劳动力向二、三产业转移。实行灵活的教学和学籍管理制度，方便学生工学交替、半工半读、城乡分段和职前职后分段完成学业。在整合现有资源的基础上，重点建设好地（市）、县级骨干示范职业学校和培训机构。要积极鼓励社会力量和吸引外资举办职业教育，促进职业教育办学主体和投资多元化。

11. 以农民培训为重点开展农村成人教育，促进农业增效、农民增收。普遍开展农村实用技术培训，每年培训农民超过 1 亿人次。积极实施农村劳动力转移培训，每年培训 2000 万人次以上，使他们初步掌握在城镇和非农产业就业必需的技能，并获得相应的职业资格或培训证书。要坚持培训与市场挂钩，鼓励和支持"定单"培养，先培训后输出。逐步形成政府扶持、用人单位出资、培训机构减免经费、农民适当分担的投入机制。继续发挥乡镇成人文化技术学校、农业广播电视学校和各种农业技术推广、培训机构的重要作用。农村中小学可一校挂两牌，日校办夜校，积极开展农民文化技术教育和培训，成为乡村基层开展文化、科技和教育活动的重要基地。

12. 加强农村学校劳动实践场所建设。农村学校劳动实践场所是贯彻教育与生产劳动相结合，实行"农科教结合"和"三教统筹"的有效载体。地方政府要根据农村学校课程改革的需要，充分利用现有农业示范场所、科技推广基地等多种资源，鼓励有丰富实践经验的专业技术人员担任专兼职指导教师，指导和支持农村学校积极开展各种劳动实践和勤工俭学活动。政府有关部门和乡、村要根据实际情况和有关规定，提供少量土地作为学校劳动实践和勤工俭学场所，具体实施办法由教育部会同农业部、国土资源部等部门制定。

13．高等学校、科研机构要充分发挥在推进"农科教结合"中的重要作用。通过建立定点联系县、参与组建科研生产联合体和农业产业化龙头企业、转让技术成果等方式，积极开发和推广农业实用技术和科研成果；支持乡镇企业的技术改造和产品更新换代；帮助农村职业学校和中小学培养师资。

14．加大城市对农村教育的支持和服务，促进城市和农村教育协调发展。城市各级政府要坚持以流入地政府管理为主、以公办中小学为主，保障进城务工就业农民子女接受义务教育。城市职业学校要扩大面向农村的招生规模，到2007年争取年招生规模达到350万人。城市各类职业学校和培训机构要积极开展进城务工就业农民的职业技能培训。要积极推进城市与农村、东部与西部职业学校多种形式的合作办学，不断扩大对口招生规模。城市和东部地区要对农村家庭经济困难的学生适当减免学费并为学生就业提供帮助，促进农村新增劳动力转移。各大中城市要充分发挥教育资源的优势，加大对农村教育的帮助和服务。

四、落实农村义务教育"以县为主"管理体制的要求，加大投入，完善经费保障机制

15．明确各级政府保障农村义务教育投入的责任。农村税费改革以后，中央加大转移支付力度，有力保障了农村义务教育管理体制的调整。当前，关键是各级政府要进一步加大投入，共同保障农村义务教育的基本需求。落实"在国务院领导下，由地方政府负责、分级管理、以县为主"（简称"以县为主"）的农村义务教育管理体制，县级政府要切实担负起对本地教育发展规划、经费安排使用、校长和教师人事等方面进行统筹管理的责任。中央、省和地（市）级政府要通过增加转移支付，增强财政困难县义务教育经费的保障能力。特别是省级政府要切实均衡本行政区域内各县财力，逐县核定并加大对财政困难县的转移支付力度；县级政府要增加对义务教育的投入，将农村义务教育经费全额纳入预算，依法向同级人民代表大会或其常委会专题报告，并接受其监督和检查。乡镇政府要积极筹措资金，改善农村中小学办学条件。

各级政府要认真落实中央关于新增教育经费主要用于农村的要求。在税费改革中，确保改革后农村义务教育的投入不低于改革前的水平并力争有所提高。在确保农村义务教育投入的同时，也要增加对职业教育、农民培训和扫盲教育的经费投入。

16. 建立和完善农村中小学教职工工资保障机制。根据农村中小学教职工编制和国家有关工资标准的规定，省级人民政府要统筹安排，确保农村中小学教职工工资按时足额发放，进一步落实省长（主席、市长）负责制。安排使用中央下达的工资性转移支付资金，省、地（市）不得留用，全部补助到县，主要补助经过努力仍有困难的县用于工资发放，在年初将资金指标下达到县。各地要抓紧清理补发历年拖欠的农村中小学教职工工资。本《决定》发布后，国务院办公厅将对发生新欠农村中小学教职工工资的情况按省（自治区、直辖市）予以通报。

17. 建立健全农村中小学校舍维护、改造和建设保障机制。要认真组织实施农村中小学危房改造工程，消除现存危房。建立完善校舍定期勘察、鉴定工作制度。地方政府要将维护、改造和建设农村中小学校舍纳入社会事业发展和基础设施建设规划，把所需经费纳入政府预算。要认真落实《国务院关于全面推进农村税费改革试点工作的意见》（国发〔2003〕12号）中关于"省级财政应根据本地实际情况，从农村税费改革专项转移支付资金中，每年安排一定资金用于学校危房改造，确保师生安全"的规定。中央继续对中西部困难地区中小学校舍改造给予支持。农村"普九"欠债问题，要在化解乡村债务时，通盘考虑解决。债权单位和个人不得因追索债务影响学校正常教学秩序。

18. 确保农村中小学校公用经费。省级政府要本着实事求是的原则，根据本地区经济社会发展水平和维持学校正常运转的基本支出需要，年内完成农村中小学生均公用经费基本标准、杂费标准以及预算内生均公用经费拨款标准的制定和修订工作，并报财政部和教育部备案。杂费收入要全部用于学校公用经费开支。县级政府要按照省级政府制定的标准拨付公用经费，对实行"一费制"的国家扶贫开发工作重点县和财力确有困难的县，省、地（市）政府对其公用经费缺口要予以补足。公用经费基本标准要根据农村义务教育发展的需要和财政能力逐步提高。同时，要加大治理教育乱收费力度，对违反规定乱收费和挪用挤占中小学经费的行为要严肃查处。

五、建立健全资助家庭经济困难学生就学制度，保障农村适龄少年儿童接受义务教育的权利

19．目前，我国农村家庭经济困难的适龄少年儿童接受义务教育迫切需要得到关心和资助。要在已有助学办法的基础上，建立和健全扶持农村家庭经济困难学生接受义务教育的助学制度。到 2007 年，争取全国农村义务教育阶段家庭经济困难学生都能享受到"两免一补"（免杂费、免书本费、补助寄宿生生活费），努力做到不让学生因家庭经济困难而失学。

20．中央财政继续设立中小学助学金，重点扶持中西部农村地区家庭经济困难学生就学，逐步扩大免费发放教科书的范围。各级政府设立专项资金，逐步帮助学校免除家庭经济困难学生杂费，对家庭经济困难的寄宿学生提供必要的生活补助。

21．要广泛动员和鼓励机关、团体、企事业单位和公民捐资助学。进一步落实对捐资助学单位和个人的税收优惠政策，对纳税人通过非营利的社会团体和国家机关向农村义务教育的捐赠，在应纳税所得额中全额扣除。充分发挥社会团体在捐资助学中的作用。鼓励"希望工程"、"春蕾计划"等继续做好资助家庭经济困难学生就学工作。中央和地方各级人民政府对捐资助学贡献突出的单位和个人，给予表彰和奖励。

六、加快推进农村中小学人事制度改革，大力提高教师队伍素质

22．加强农村中小学编制管理。要严格执行国家颁布的中小学教职工编制标准，抓紧落实编制核定工作。在核定编制时，应充分考虑农村中小学区域广、生源分散、教学点较多等特点，保证这些地区教学编制的基本需求。所有地区都必须坚决清理并归还被占用的教职工编制，对各类在编不在岗的人员要限期与学校脱离关系。建立年度编制报告制度和定期调整制度。有关部门要抓紧制定和实施职业学校和成人学校的教职工编制标准。

23．依法执行教师资格制度，全面推行教师聘任制。严格掌握教

师资格认定条件，严禁聘用不具备教师资格的人员担任教师。拓宽教师来源渠道，逐步提高新聘教师的学历层次。教师聘任实行按需设岗、公开招聘、平等竞争、择优聘任、科学考核、合同管理。各省（自治区、直辖市）要制定切实可行的实施办法，指导做好农村中小学教职工定岗、定员和分流工作。积极探索建立教师资格定期考核考试制度。要将师德修养和教育教学工作实绩作为选聘教师和确定教师专业技术职务的主要依据。坚持依法从严治教，加强教师队伍管理，对严重违反教师职业道德、严重失职的人员，坚决清除出教师队伍。

24．严格掌握校长任职条件，积极推行校长聘任制。农村中小学校长必须具备良好的思想政治道德素质、较强的组织管理能力和较高的业务水平。校长应具有中级以上教师职务，一般有5年以上教育教学工作经历。坚持把公开选拔、平等竞争、择优聘任作为选拔任用校长的主要方式。切实扩大民主，保障教职工对校长选拔任用工作的参与和监督，并努力提高社区和学生家长的参与程度。校长实行任期制，对考核不合格或严重失职、渎职者，应及时予以解聘或撤职。

25．积极引导鼓励教师和其他具备教师资格的人员到乡村中小学任教。各地要落实国家规定的对农村地区、边远地区、贫困地区中小学教师津贴、补贴。建立城镇中小学教师到乡村任教服务期制度。城镇中小学教师晋升高级教师职务，应有在乡村中小学任教一年以上的经历。适当提高乡村中小学中、高级教师职务岗位比例。地（市）、县教育行政部门要建立区域内城乡"校对校"教师定期交流制度。增加选派东部地区教师到西部地区任教、西部地区教师到东部地区接受培训的数量。国家继续组织实施大学毕业生支援农村教育志愿者计划。

26．加强农村教师和校长的教育培训工作。构建农村教师终身教育体系，实施"农村教师素质提高工程"，开展以新课程、新知识、新技术、新方法为重点的新一轮教师全员培训和继续教育。坚持农村中小学校长任职资格培训和定期提高培训制度。切实保障教师和校长培训经费投入。

七、实施农村中小学现代远程教育工程，促进城乡优质教育资源共享，提高农村教育质量和效益

27．实施农村中小学现代远程教育工程要按照"总体规划、先行试点、重点突破、分步实施"的原则推进。在 2003 年继续试点工作的基础上，争取用五年左右时间，使农村初中基本具备计算机教室，农村小学基本具备卫星教学收视点，农村小学教学点具备教学光盘播放设备和成套教学光盘。工程投入要以地方为主，多渠道筹集经费，中央对中西部地区给予适当扶持。

28．实施农村中小学现代远程教育工程，要着力于教育质量和效益的提高。要与农村各类教育发展规划和中小学布局调整相结合；与课程改革、加强学校管理、教师继续教育相结合；与"农科教结合"、"三教统筹"、农村党员干部教育相结合。

29．加快开发农村现代远程教育资源。制定农村教育教学资源建设规划，加快开发和制作符合课程改革精神，适应不同地区、不同要求的农村教育教学资源和课程资源。国家重点支持开发制作针对中西部农村地区需要的同步课堂、教学资源光盘和卫星数据广播资源。建立农村现代远程教育资源征集、遴选、认证制度。

八、切实加强领导，动员全社会力量关心和支持农村教育事业

30．地方各级人民政府要建立健全农村教育工作领导责任制，把农村教育的发展和改革列入重要议事日程抓紧抓好。要在深入调查研究的基础上，制定本地农村教育发展和改革的规划，精心组织实施；加强统筹协调，及时研究解决突出问题，尤其要保障农村教育经费的投入；倾听广大教师和农民群众的呼声，主动为农村教育办实事；坚持依法行政，认真执行教育法律法规，维护师生的合法权益，狠抓农村教育各项政策的落实。

31．推进农村教育改革试验，努力探索农村教育改革新路子。各地要在总结改革经验的基础上，进一步解放思想、实事求是、与时俱进，大胆破除束缚农村教育发展的思想观念和体制障碍，在农村办学体制、运行机制、教育结构和教学内容与方法等方面进行改革探索。各省（自治区、直辖市）人民政府都要选择若干个县作为改革试验区；各地（市）、县都要选择 1 — 2 个乡镇和若干所学校作为改革试验点。要通过改革试验，推出一批有效服务"三农"的办学新典型；创造同社会主义市场经济体制相适应、符合教育规律、具有农村特色的教育新经验。

32．农业、科技、教育等部门要充分发挥各自优势，密切配合，共同推进"农科教结合"。为形成政府统筹、分工协作、齐抓共管的有效工作机制，各地可根据实际需要，建立"农科教结合"工作联席会议制度。

33．加强对农村教育的督查工作。要重点督查"以县为主"的农村义务教育管理体制和"保工资、保安全、保运转"目标的落实情况，以及"两基"攻坚和巩固提高工作的进展情况。建立对县级人民政府教育工作的督导评估机制，并将督导评估的结果作为考核领导干部政绩的重要内容和进行表彰奖励或责任追究的重要依据。34．广泛动员国家机关、部队、企事业单位、社会团体和人民群众通过各种方式支持农村教育的发展。发挥新闻媒体的舆论导向作用，大力宣传农村优秀教师的先进模范事迹。数百万农村教师辛勤耕耘在农村教育工作第一线，为我国教育事业发展和农村现代化建设作出了卓越贡献。特别是长期工作在"老、少、边、穷"地区的乡村教师，克服困难，爱岗敬业，艰苦奋斗，无私奉献，应该得到全社会的尊重。中央和地方各级人民政府要定期对做出突出贡献的优秀农村教师和教育工作者予以表彰奖励，在全社会形成尊师重教、关心支持农村教育的良好氛围。

国务院

二〇〇三年九月十七日

农民工职业技能提升计划——"春潮行动"
实施方案（2014）

人力资源社会保障部关于印发
《农民工职业技能提升计划——"春潮行动"实施方案》的通知

人社部发〔2014〕26 号

各省、自治区、直辖市和新疆生产建设兵团人力资源社会保障厅（局）：
 为贯彻落实中央经济工作会议和中央城镇化工作会议精神，进一步提高农村转移就业劳动者就业创业能力，根据《国家新型城镇化规划（2013-2020 年）》和《国务院关于加强职业培训促进就业的意见》（国发〔2010〕36 号），按照国务院要求，今年开始在全国开展农民工职业技能提升计划——"春潮行动"。现将《农民工职业技能提升计划——"春潮行动"实施方案》印发给你们，请结合本地实际，落实目标任务，抓好组织实施，做好相关工作。

人力资源社会保障部
2014 年 3 月 31 日

农民工职业技能提升计划——"春潮行动"实施方案

为贯彻落实中央经济工作会议和中央城镇化工作会议精神，进一步提高农村转移就业劳动者就业创业能力，加快推动农业转移人口市民化，根据《国家新型城镇化规划（2013-2020 年）》和《国务院关于加强职业培训促进就业的意见》（国发〔2010〕36 号），特制定农民工职业技能提升计划——"春潮行动"实施方案。

一、指导思想

贯彻落实党的十八大和十八届三中全会精神，适应新型工业化、信息化、城镇化的发展方向，坚持服务就业和经济社会发展，大力开展面向农村转移就业劳动者的职业技能培训，以农村新成长劳动力为重点，以提升劳动者职业素质和就业创业能力为目标，充分发挥政府、行业企业、社会团体、院校和职业培训机构等各方面作用，加快构建劳动者终身职业培训体系，促进农村转移就业劳动者实现就业和稳定就业，为推进国家新型城镇化作出贡献。

二、基本原则

（一）统筹规划，分工负责。开展"春潮行动"是当前及今后一个时期人力资源社会保障工作的重点任务。各地人力资源社会保障部门要科学统筹，制定工作规划，全面部署安排。要加强与相关部门协调配合，建立任务明确、分工负责、政策共享、运转协调的工作机制。

（二）突出重点，分类实施。"春潮行动"实施的重点是农村新成长劳动力。要根据不同类型农村转移就业劳动者的需求，分类组织实施各具特色的职业培训，大力开展就业技能培训、岗位技能提升培训、高技能人才培训和创业培训。

（三）市场引导，政府支持。发挥市场在农村转移就业劳动者培训中的导向作用，适应企业岗位要求和劳动者就业需求，探索培训新模式和新方法，增强培训的针对性和有效性，提升培训后的就业率。发挥政府支持作用，加大政策支持力度，完善公共就业和人才服务。

（四）广泛动员，形成合力。综合运用各类激励政策和措施，充分调动社会各方面的积极性，整合职业培训资源，引导行业企业、社会团体、院校和各类职业培训机构广泛开展农村转移就业劳动者培训。

三、目标任务

适应农村转移就业劳动者实现就业和稳定就业的需要，通过开展培训将农村转移就业劳动者培养成为符合经济社会发展需求的高素质技能劳动者。到 2020 年，力争使新进入人力资源市场的农村转移就业劳动者都有机会接受一次相应的就业技能培训；力争使企业技能岗位的农村转移就业劳动者得到一次岗位技能提升培训或高技能人才培训；力争使具备一定创业条件或已创业的农村转移就业劳动者有机会接受创业培训。

——就业技能培训。每年面向农村新成长劳动力和拟转移就业劳动者开展政府补贴培训 700 万人次，培训合格率达到 90% 以上，就业率达到 80% 以上。

——岗位技能提升培训。每年面向在岗农民工开展政府补贴培训 300 万人次，培训合格率达到 90% 以上。

——创业培训。每年面向有创业意愿的农村转移就业劳动者开展创业培训 100 万人次，培训合格率达到 80% 以上，创业成功率达到 50% 以上。

四、主要内容

（一）就业技能培训。对农村新成长劳动力和拟转移到非农产业务工经商的农村劳动者开展专项技能或初级技能培训。依托技工院校、职业院校、企业培训机构、就业训练中心、民办职业培训机构等教育培训机构，采取政府购买服务培训方式，坚持以就业为导向，强化实际操作技能训练和职业素质培养，使他们达到上岗要求或掌握初级以上职业技能，着力提高培训后的就业率。对少数民族农村转移就业劳动者，可根据其需要在开展职业技能培训的同时，开展国家通用语言培训。对符合条件的，按规定给予职业培训补贴和职业技能鉴定补贴。

（二）岗位技能提升培训。劳动预备制培训。对农村未继续升学并准备进入非农产业就业或进城务工的应届初高中毕业生、农业户籍退役士兵开展储备性专业技能培训。依托技工院校，采取政府购买服务培训方式，对其开展 1-2 个学期的储备性专业技能培训，基本消除农村新成长劳动力无技能从业现象。对符合条件的，按规定给予职业培训补贴、职业技能鉴定补贴和生活费补贴。

对与企业签订 6 个月以上期限劳动合同的在岗农民工开展提高技能水平的培训。由企业依托所属培训机构或政府认定的培训机构，根据行业特点和岗位技能需求，结合技术进步和产业升级对职工技能水平的要求，对新录用农村转移就业劳动者开展岗前培训或学徒培训，对已在岗农民工开展岗位技能提升培训。培训经费由企业职工教育经费列支。对符合条件的，按规定给予企业一定比例的职业培训补贴和职业技能鉴定补贴。

高技能人才培训。对具备中级以上职业技能等级的在岗农民工开展高技能人才培训。人力资源社会保障部门根据区域经济社会发展需求和产业发展要求制定高技能人才培养规划，鼓励符合条件的企业在岗农民工参加高技能人才培训，提升其技能水平和职业技能等级。培训经费由企业职工教育经费列支。对符合条件的，按规定给予技师培训补贴。

（三）创业培训。对有创业意愿并具备一定创业条件的农村转移就业劳动者开展提高其创业能力的创业培训。依托创业培训机构，结合当地产业发展和创业项目，根据培训对象特点和需求组织开展创业培训，重点开展创业意识教育、创业项目指导和企业经营管理培训，提高培训对象的创业能力。对符合条件的，按规定给予创业培训补贴。

五、保障措施

（一）加强组织领导。各地要贯彻国务院要求，建立在政府统一领导下，人力资源社会保障部门统筹协调，相关部门各司其职、密切配合，工会、共青团、妇联等人民团体广泛参与的工作机制，共同推动"春潮行动"的实施。各级人力资源社会保障部门要加大工作力度，履行牵头部门职责，确保"春潮行动"的顺利实施。

（二）加大政策落实力度。各地人力资源社会保障部门要按照《国务院关于加强职业培训促进就业的意见》（国发〔2010〕36号）、《国务院办公厅关于进一步做好农民工培训工作的指导意见》（国办发〔2010〕11号）和《财政部人力资源社会保障部关于进一步加强就业专项资金管理有关问题的通知》（财社〔2011〕64号）要求，严格执行职业培训补贴和职业技能鉴定补贴政策，落实补贴资金；加大政府用于职业培训的各项资金的整合力度，具备条件的地区，统一纳入就业专项资金，提高资金使用效益；加大投入，调整就业专项资金支出结构，逐步提高职业培训支出比重；指导企业按照有关法律法规足额提取职工教育经费，增加企业在岗农民工培训经费投入。

（三）加强培训监管和评估考核。各地人力资源社会保障部门要严格按照程序和标准，将优质培训资源公开遴选确定为定点培训机构，承担政府补贴培训任务。执行开班申请、过程检查、结业审核制度，加强培训过程管理。对培训结果如实记录汇总，开展绩效评估，以确保培训质量和效果。建立和完善农村转移就业劳动者培训实名制信息管理系统，对培训过程进行实时监测。会同财政等相关部门开展考核检查，加强资金监管工作，确保项目任务按时完成。

（四）加强就业服务和权益保障。加强公共就业和人才服务体系建设，为农村转移就业劳动者提供职业培训政策信息咨询、职业指导和职业介绍等服务，促进其实现就业和稳定就业。加强对农村转移就业劳动者的创业指导和创业服务，强化创业培训与小额担保贷款、税费减免等扶持政策及创业咨询、创业孵化等服务手段的衔接，提升其创业成功率。指导和督促用人单位与农民工依法签订并履行劳动合同，保障农民工劳动报酬权益，扩大农民工参加社会保险覆盖面，加强农民工职业健康保护，畅通农民工维权通道，加强对农民工的法律援助和法律服务。

（五）加强基础能力建设。结合区域经济发展，围绕农村转移就业劳动者集中的产业行业，选择现有技工院校、职业院校、企业培训机构、就业训练中心、民办职业培训机构等教育培训机构，择优确定承担政府补贴性职业培训任务的定点培训机构。依托定点培训机构建设农村转移就业劳动者职业技能实训基地和创业培训基地。

（六）加强舆论宣传。要创新宣传方式，充分运用各类新闻媒体，采取群众喜闻乐见的形式，通过集中宣传与日常宣传相结合的方式，深入开展宣传活动，扩大"春潮行动"知名度和影响力。要强化典型示范，突出导向作用，大力宣传各地农村转移就业劳动者培训工作的经验做法，大力宣传农村转移劳动者技能就业、技能成才的先进典型，进一步营造全社会关心尊重技能人才、重视支持职业培训工作的良好社会氛围。

关于实施农民工等人员返乡创业培训五年行动计划
（2016—2020 年）的通知

人力资源社会保障部办公厅农业部办公厅
国务院扶贫办行政人事司共青团中央办公厅全国妇联办公厅
关于实施农民工等人员返乡创业培训五年行动计划
（2016—2020 年）的通知

人社厅发〔2016〕90 号

各省、自治区、直辖市及新疆生产建设兵团人力资源社会保障厅（局）、农业（农牧、农村经济）厅（委、局）、扶贫办（局）、团委、妇联：

按照《国务院关于大力推进大众创业万众创新若干政策措施的意见》（国发〔2015〕32 号）和《国务院办公厅关于支持农民工等人员返乡创业的意见》（国办发〔2015〕47 号）要求，为进一步推进农民工、建档立卡贫困人口、大学生和退役士兵等人员返乡创业培训工作，有效促进农民工等人员在大众创业、万众创新热潮中实现创业就业，人力资源社会保障部等五部门将实施农民工等人员返乡创业培训五年行动计划（2016—2020 年）。现就有关事项通知如下：

一、指导思想

全面贯彻落实党的十八大和十八届三中、四中、五中全会精神，牢固树立创新、协调、绿色、开放、共享的发展理念，主动适应经济发展新常态，以服务就业和经济发展为宗旨，鼓励以创业带动就业，紧密结合农民工等人员返乡创业培训需求，健全完善创业培训体系，充分发挥优质培训资源作用，大力开展创业培训，提高针对性和有效性，全面激发农民工等人员创业热情，提高创业能力，逐步形成以创业培训为基础，创业扶持政策和创业服务相结合，全面推进创业促就业工作的新局面。

二、工作目标

以提升农民工等人员创业能力，促进其成功创业为根本目标，以开展符合不同群体实际需求的创业培训为主要抓手，形成创业培训、创业教育、创业考评、试创业、创业帮扶、创业成效第三方评估等六环联动，政府、院校和相关企业合作推进，与精准扶贫、精准脱贫紧密结合，全覆盖、多层次、多样化的创业培训体系，使创业培训总量、结构、内容、模式与经济社会发展和农民工等人员创业需求相适应；到 2020 年，力争使有创业要求和培训愿望、具备一定创业条件或已创业的农民工等人员都能参加一次创业培训，有效提升创业能力。

三、主要任务

（一）做好培训对象信息统计分析。将返乡农民工等人员中有意愿开展创业活动和处于创业初期的人员全部纳入创业培训服务范围。依托乡镇（街道）劳动保障等公共服务平台，摸清返乡农民工等人员底数、创业总体情况、创业培训需求等。建立返乡创业农民工等人员信息库和数据统计分析机制，对人员类型、性别、创业情况等进行分析，为编制创业培训计划、确定创业培训项目等提供有效依据。推动创业培训与扶贫开发紧密结合，有创业愿望的建档立卡等精准扶贫人员优先成为创业培训对象，具有创业能力的建档立卡贫困人口特别是贫困妇女开展试创业或正式创业优先享受各项扶持政策。

（二）开展有针对性的创业培训。以生产性农业服务业和生活性农业服务业创业为重点，针对返乡农民工等人员不同创业阶段的特点、不同性别、不同需求和地域经济特色，开展内容丰富、针对性强的创业培训。力求依托真实项目设计教育培训内容，使培训成为试创业的过程，切实提高培训实效。开展多层次的创业培训。对有创业要求和培训愿望、具备一定创业条件的人员，结合适合创业的绿色农产品经营、民族传统手工艺、乡村旅游、家庭农家乐或输入地市场与输出地资源能够有效对接的项目等，重点开展创业意识教育、创业项目指导等培训；对处于创业初期的人员，结合区域专业市场对企业发展需求，重点开展企业经营管理等培训；对已经成功创业的人员，重点开展发达地区产业组织形式、经营管理方式等培训，把小门面、小作坊等升级为特色店、连锁店、品牌店。

（三）积极开展互联网创业培训。依托电子商务进农村综合示范县建设、农村电子商务百万英才计划以及农村青年电商培育工程等，积极开展电子商务培训。推动农民工等人员借力"互联网＋"信息技术开办和发展企业，利用互联网拓宽扩展产品销售渠道。有条件的地区可以依托专业的电子商务人才培训基地和师资队伍，努力培养一批既懂理论又懂业务、会经营网店、能带头致富的复合型人才。引导具有实践经验的电子商务从业者从城镇返乡创业，鼓励电子商务职业经理人到农村发展。

（四）依托优质资源开展创业培训。建立政府支持、市场运作工作机制。发挥市场机制在资金筹措、机构建设、生源组织、过程监管、效果评价等方面的积极作用。鼓励各类优质培训资源参与农民工等人员返乡创业培训。在师资培养、就业创业信息服务、政府购买创业培训成果等方面实行公办民办培训机构平等待遇。推进优质创业培训资源下乡。按照有关规定择优确定培训资源承担政府补贴性培训项目。做好定点机构日常管理与指导，及时了解定点机构在制订培训计划、规范教学管理、组织实施培训等方面的情况，指导定点机构按照统一要求组织教学，确保培训质量，打造农民工等人员返乡创业培训品牌。对培训过程进行实时监测，开展绩效评估，将受训人数、创业人数、创业成功率作为培训机构重要评价指标，确保培训质量和效果。

（五）加强创业培训基础能力建设。探索创业培训与技能培训、创业培训与区域产业相结合的培训方式，采取有针对性和实用性的培训模式开展创业培训。试点推广"互联网＋"创业培训模式。扩大创业培训教师选拔范围，优化师资队伍结构，通过教学研讨、培训交流、教学竞赛等多种方式提高创业培训教师教学水平。国家、省、市、县形成四级联动，利用好现有各类创业培训师资培训项目，加强师资队伍建设。可结合实际，自主开发和选用具有地方特色的教辅资料。支持返乡创业培训实习基地建设，并纳入公共实训基地建设项目范围。有条件的地区可依托现有实训基地、技工院校等职业教育院校，探索建立培训创业扶贫一体化基地。加强输出地与本省及全国经济发达地区劳务协作。公共就业服务机构要做好创业服务工作，提高主动服务意识，为农民工等人员打造创业服务绿色通道，提高公共服务质量。

（六）建立创业培训与创业孵化对接机制。指导创业培训机构在加强自身开展培训、实训、实践能力的基础上，建立与农民创业园、乡村旅游集聚地等各类创业孵化机构的对接机制，实施培训、孵化、服务"一条龙"帮扶，帮助学员尽快将培训所成付诸创业行动，通过孵化服务和政策落实，使其稳定发展并能成功创业。举办适合农民工等人员创业的项目对接交流活动，收集并推荐适应大众创业的项目，使学员及早定位自身创业方向，通过载体孵化和项目选择两步走的方式，提高培训后创业成功率。

（七）做好创业培训对象后续跟踪扶持。按照政府提供平台、平台集聚资源、资源服务创业的原则，依托基层就业和社会保障、中小企业、农村社区等公共服务平台，进一步强化培训后的后续扶持和跟踪服务，建立培训学员跟踪服务机制，动态掌握培训后学员就业创业情况，积极帮助返乡创业人员改善管理、改进技术、开拓市场。引导和支持龙头企业建设市场化创新创业促进机制，加速资金、技术和服务扩散，带动和支持返乡创业人员依托其相关产业链创业发展。

四、有关要求

（一）加强组织领导，健全工作机制。各地区、各部门要高度重视农民工等人员返乡创业培训工作，根据部门职能落实工作责任，完善工作机制。制定、实施组合型创业培训政策，实行资金、税收、用地、设施设备、成果购买、质量评价等联动，并切实抓好各项政策措施的落实。各级有关部门特别是县级有关部门要结合地区实际情况，将农民工等人员创业培训工作纳入当地经济发展的总体部署和职业培训规划，研究制定农民工等人员返乡创业培训年度计划和实施方案，与现有农民工培训项目有效对接，进行专项统计，建立年度报告、检查和评估机制。

（二）加大资金投入，确保资金安全。各地要科学合理确定创业培训补贴标准，建立动态调整机制，确保完成高质量培训教学活动。相关部门要按照统筹规划、集中使用、提高效益的原则，将各级各类创业培训资金统筹使用。各部门根据职责和任务，做好相关培训工作，改变资金分散安排、分散下达、效益不高的状况。要加大资金投入，安排工作经费，对培训创业扶贫一体化基地建设、师资培训、管理人员培训、管理平台开发等基础工作给予支持。相关部门要及时足额拨付各类补贴资金，建立健全资金管理制度，明确资金监管责任主体，采取有效措施，加强对培训补贴资金监管，提高资金使用效益，确保资金使用安全。

（三）严格培训考核，健全管理制度。对于培训机构承担的政府补贴性培训项目，要建立统一规范的结业考核程序，加强对考核过程、考核结果和培训合格证书发放的监督检查。返乡农民工等人员参加创业培训，按规定程序和要求考核合格后，颁发培训合格证书，对其中不能开展创业的人员可优先推荐其就业。

（四）注重宣传引导，营造良好氛围。以返乡农民工等人员喜闻乐见的形式，宣传解读支持农民工等人员返乡创业的有关政策。通过创业训练营、创业创新大赛、创业项目展示推介等活动，宣传各地区、各部门开展农民工等人员返乡创业培训、提高创业服务质量的经验与成效。通过开展"青春创富故事汇"等活动，大力宣传农民工等人员返乡创业典型事迹，营造鼓励创业、支持创业、全民创业的社会氛围。

人力资源社会保障部办公厅

农业部办公厅

国务院扶贫办行政人事司

共青团中央办公厅

全国妇联办公厅

2016 年 6 月 13 日